La grammaire espagnole

Monique Da Silva
Agrégée d'espagnol
Maître de conférences en Linguistique Hispanique
à l'université de Paris VIII

Carmen Pineira-Tresmontant
Docteur en Linguistique Hispanique
Maître de conférences en Linguistique Hispanique
à l'université de Paris VIII

HATIER

Conception maquette : **Marc & Yvette**

Mise en page : **Dominique Bourgoin (Grain de Papier)**

© HATIER - Paris - juin 1998

ISSN 0990 3771 – ISBN 2-218-72267-4

Avant-propos

Grammaire de référence, la *Grammaire espagnole Bescherelle* décrit le fonctionnement de la langue espagnole contemporaine dans son ensemble, à travers ses multiples emplois.

Rédigée dans un style clair et simple, elle amène l'utilisateur à découvrir la logique de la langue espagnole, lui permettant ainsi de produire à son tour des énoncés corrects.

Grammaire de réflexion, elle vise non pas tant à énoncer des règles, mais à faire comprendre le comment et, si possible, le pourquoi des mécanismes de fonctionnement de la langue espagnole.

La présentation adoptée (allant du son à la phrase) rend compte tant de l'oral que de l'écrit. Elle permet **une lecture en continu** aussi bien qu'**une consultation ponctuelle**, facilitée par un **index** très détaillé et de nombreux **renvois** qui rendent possible une circulation rapide et efficace à l'intérieur des différentes parties.

S'adressant à un large public – lycéens, étudiants, adultes – la *Grammaire espagnole Bescherelle* propose de nombreux exemples traduits et commentés qui favorisent l'assimilation de la grammaire de l'espagnol.

En alliant description et explication, la *Grammaire espagnole Bescherelle* fournit à l'utilisateur les moyens d'une réelle maîtrise

Sommaire

Rubriques

 « Pour aller plus loin » : réflexion linguistique

 « Attention ! » : erreur fréquente

 « Contrastif » : comparaison espagnol / français

Petit glossaire

• **locuteur** : celui qui parle/écrit

• **Ø** : marque l'absence d'un élément : déterminant, terminaison, conjonction, pronom relatif...

• **i** : le souligné sous une voyelle marque qu'elle est tonique

Du son au mot

Quand on parle, on exprime ce qu'on veut dire à l'aide de **mots** qui sont une suite de sons ayant un sens. Quand on écoute quelqu'un parler, on entend une suite de **sons** dont on ne comprend le sens que si l'on connaît la langue utilisée par le locuteur.

Toute langue est un code composé d'unités ayant un sens et une forme, qui se combinent selon un certain nombre de règles. Connaître une langue, c'est en connaître :
– les unités, qui sont consignées dans les dictionnaires,
– les variations de formes,
– et les règles de combinaison de ces unités, qui font l'objet des grammaires.

L'énoncé : ¡Qué árboles! (Quels arbres !) est formé de deux **mots** (qué et árboles) mais de trois unités de sens (**morphèmes**) : un mot exclamatif (qué), un nom (árbol) et la marque du pluriel du nom (-es).

Ces trois morphèmes sont composés d'une suite de neuf **sons** articulés distinctifs appelés **phonèmes** : /k/ /e/ /a/ /r/ /b/ /o/ /l/ /e/ /s/. L'énoncé oral est rythmé par des syllabes toniques qui servent de repères (voir p. 19).

Si l'énoncé est écrit, les phonèmes sont transcrits par des signes, les graphèmes, nommés **lettres** quand l'écriture est alphabétique comme en français ou en espagnol.

Les catégories grammaticales

Chaque mot a, hors de la phrase, une identité sur les plans de la forme et du sens, consignée dans les dictionnaires. Ces identités sont regroupées en **catégories grammaticales** qui peuvent se classer en deux grands ensembles aux caractéristiques différentes.

Les mots lexicaux

Ce sont les noms, les adjectifs qualificatifs, les verbes et les adverbes formés sur les adjectifs. Ces mots, qui appartiennent au lexique, ne sont pas limités en nombre. Ils subissent des variations grammaticales (accord en genre et en nombre par exemple).

Niños traviesos reían ruidosamente.
nom   adjectif verbe   adverbe
Des enfants espiègles riaient bruyamment.

 Les mots grammaticaux

Ce sont les **déterminants** (actualisateurs) : articles, démonstratifs, possessifs, numéraux, indéfinis, interrogatifs, exclamatifs qui introduisent le nom.

Ce sont aussi les **pronoms** qui le remplacent, les **verbes auxiliaires**, certains **adverbes** qui modifient quantitativement les adjectifs et les verbes, les **prépositions** et les **conjonctions** de coordination et de subordination qui mettent en relation des mots, des propositions ou des phrases.

Ces mots-outils sont en nombre limité et s'organisent en listes fermées dont on peut énumérer tous les composants.

Aunque los dos álamos de la plaza son muy altos, no los mondarán .
conj. dét. dét.   ↓   prép. dét. ↓ V aux. adv. ↓ adv. pron.   ↓
                 nom   nom   adj.   verbe
Bien que les deux peupliers de la place soient très hauts, ils ne les élagueront pas.

Dans son évolution permanente, la langue ne crée pratiquement jamais de mots grammaticaux, alors qu'elle fabrique constamment de nouveaux mots lexicaux.

Du mot à la phrase

Les mots lexicaux et grammaticaux se combinent suivant certaines règles et forment des unités plus longues : les **groupes** (nominaux, verbaux) et les **phrases**. Ainsi se constitue un sens qui résulte à la fois du lexique et de la grammaire.

 Fonction sujet et fonction prédicat

À l'intérieur de la phrase, les mots, seuls ou en groupes, occupent des fonctions, suivant des règles grammaticales qui les organisent entre eux. Parmi ces fonctions, deux apparaissent toujours : la **fonction sujet** et la **fonction prédicat.** Ces deux fonctions forment les constituants principaux de la phrase.

La fonction sujet représente ce dont on parle.
La fonction prédicat représente ce qui est dit du sujet.

SUJET	PRÉDICAT
Los hijos de la vecina Les enfants de la voisine	*juegan al escondite en el patio.* jouent à cache-cache dans la cour.

 Groupe nominal et groupe verbal

La fonction sujet est remplie par un **groupe nominal (GN)** et la fonction prédicat par un **groupe verbal (GV)**.

Le **groupe nominal** (GN) est formé d'un **nom** (N), seul ou accompagné d'autres mots qui en dépendent : déterminants, adjectifs, autres GN compléments, propositions relatives…Le groupe nominal peut aussi être formé d'un **pronom** (substitut d'un nom).

Le **groupe verbal** (GV) est formé d'un **verbe** (V), seul ou accompagné d'autres mots : verbes auxiliaires, GN compléments, adverbes…

SUJET	PRÉDICAT	
Pablo	*sonríe.*	phrase
N	V	cat. gramm.
GN	GV	groupe
Paul	sourit.	
Pedro	*es moreno.*	phrase
N	V aux. + adj.	cat. gramm.
GN	GV	groupe
Pierre	est brun.	
Mi tía	*ha llegado.*	phrase
dét. + N	V aux. + V	cat. gramm.
GN	GV	groupe
Ma tante	est arrivée.	
El peatón, asustado,	*cruzó la calle de prisa.*	phrase
dét. + N + adj.	V + dét. + N + adv.	cat. gramm.
GN	GV	groupe
Le piéton, effrayé,	traversa la rue rapidement.	
Yo	*puedo hacer algo.*	phrase
pron.	V aux. + V + pron.	cat. gramm.
GN	GV	groupe
Je	peux faire quelque chose.	

3 L'accord

Les relations existant entre le sujet et le prédicat sont visibles par le phénomène d'accord.

sujet	prédicat		prédicat
Las niñas	*juegan en el patio*	*y*	*parecen contentas.*
Les fillettes	jouent dans la cour	et	ont l'air contentes.

sujet	prédicat	sujet	prédicat
Los espectadores	*parecen contentos*	*y nosotras*	*estamos satisfechas.*
Les spectateurs	ont l'air contents	et nous, nous sommes	satisfaites.

- Le nom et le verbe sont les éléments essentiels d'un énoncé.

- Les adjectifs (épithètes) et les adverbes sont souvent facultatifs.

- Les prépositions et les conjonctions servent à relier entre eux les composants des groupes, les groupes ou les phrases.

10

Oral et écrit

Pour commencer

1 Les phonèmes utilisés oralement sont transcrits par des signes dans une communication écrite. Mais d'une langue à l'autre, même dans le cas de deux langues voisines, comme l'espagnol et le français, des différences peuvent être observées.

• **Le même signe** peut correspondre à des sons articulés différents.

	FRANÇAIS	ESPAGNOL
signe «z»	**z**one [**z**on]	**z**ona [θóna]
signe «r»	**r**ime [**r**im]	**r**ima [r̄íma]
signe «v»	**v**ache [**v**aʃ]	**v**aca [báka]

• **Le même son** peut être transcrit différemment.

	FRANÇAIS	ESPAGNOL
son [f]	[**f**armasi] **ph**armacie	[**f**armáθja] **f**armacia
sons [b] et [k]	[**b**as**k**] **b**as**qu**e	[**b**ás**k**o] **v**as**c**o

D'une façon générale, l'orthographe en espagnol est plus simple, plus « phonétique » qu'en français.

2 Une langue maternelle s'acquiert **oralement**, sa transcription graphique n'étant enseignée éventuellement que quelques années plus tard. Au contraire, dans l'apprentissage d'une langue étrangère, souvent l'oral et l'écrit sont abordés de façon parallèle. Il convient donc d'établir une comparaison entre l'espagnol et le français sur ces deux plans.

 Pour commencer

A **Le système vocalique espagnol** est le plus simple des langues romanes : il ne comporte que cinq phonèmes (contre seize en français) : /i/ /u/ /e/ /o/ /a/.

PHONÈME	GRAPHIE EN ESPAGNOL	SE PRONONCE COMME LE FRANÇAIS
/i/	*mil* (mille), *y* (et)	mie, cycle
/u/	*tul* (tulle)	Toul
/e/	*fe* (foi)	fée
	fiel (fidèle)	bête
/o/	*solo* (seul)	lot, **eau**
	sol (soleil)	sol, Lot
/a/	*mal* (mal)	mal, patte

• */i/* se prononce et s'écrit comme en français.

• */u/* se prononce comme ce qui s'écrit en français « ou » : *tul* (tulle) se prononce comme le nom de la ville de Toul en français.

• */e/* et */o/*, suivant leur environnement, ne se prononcent pas toujours de la même façon. Dans *fe* [fe] (foi), le **e** est fermé. Dans *fiel* [fiɛl] (fidèle), le **e** est plus ouvert. Dans *solo* [solo] (seul), les deux **o** sont fermés. Dans *sol* [sɔl] (soleil), le **o** est plus ouvert.
Mais cette différence ne sert jamais à opposer des mots dans la langue espagnole à la différence du français standard où « vall**ée** » [vale] avec un **e** fermé s'oppose à « val**et** » [valɛ] avec un **e** ouvert et « h**au**te » [ot] avec un **o** fermé à « h**o**tte » [ɔt] avec un **o** ouvert.

• */a/* se prononce comme le **a** de « patte » en français (et non de « pâte » pour ceux qui font la différence).

> Les sons vocaliques des mots français « lu », « peu », « peur », « le », « las », « lin », « l'un », « lent », « long » n'existent pas en espagnol.

B **Les diphtongues.**

On appelle diphtongues **deux voyelles formant une seule syllabe**. Les diphtongues comportent en espagnol :
• soit une **voyelle forte** (**a**, **e**, **o**) suivie d'une **voyelle faible** (**i**, **u**) **atone** (voir page 20), appelée semi-voyelle ;

aire : air   *reina* : reine   *heroico* : héroïque
cauce : lit d'un cours d'eau   *deuda* : dette   *bou* : chalutier

• soit une **voyelle faible atone** (**i, u**), appelée semi-consonne, suivie d'une **voyelle forte** (**a, e, o**) ;

piano : piano	*fiel* : fidèle	*piojo* : pou
agua : eau	*puente* : pont	*antiguo* : ancien
wapiti : wapiti	*western* : western	*wonderbra* : wonderbra

• soit une **voyelle faible atone** suivie de l'autre **voyelle faible tonique** (voir p. 21).

viudo : veuf	*ruido* : bruit
yunta : attelage	*whisky* : whisky

> • Il n'y a pas diphtongue mais deux syllabes :
>
> – si une voyelle forte est accompagnée d'une voyelle faible tonique (voir p. 20) :
>
> *país* : pays,   *río* : fleuve, rivière,   *reúne* : il / elle réunit ;
>
> – si deux voyelles fortes se suivent (voir p. 21) :
>
> *caos* : chaos,   *reo* : accusé,   *roe* : il/elle ronge.
>
> • En fin de mot, le **y** est considéré comme une consonne :
> *virrey* (vice-roi) ► *virreyes* (vice-rois).
>
> ► Pour la règle d'accentuation dans ce cas, voir p. 21.

C Les triphtongues.

On appelle triphtongues **trois voyelles formant une seule syllabe**. Les triphtongues comportent une semi-consonne (**i / y, u**) + une voyelle forte tonique + une semi-voyelle (**i, u**).

limpiais : vous nettoyez	*huyáis* : que vous fuyiez
averiguáis : vous vérifiez	

2 Le système consonantique

A Le système consonantique de l'espagnol comporte 19 phonèmes (contre 17 en français).

/m/ /n/ /ɲ/   /p/ /t/ /tʃ//k/   /b/ /d/ /j/ /g/
/f/ /θ/ /s'/ /x/   /l/ /ʎ/   /r/ /r̄/

PHONÈME	GRAPHIE EN ESPAGNOL	SE PRONONCE COMME LE FRANÇAIS
/m/	*mal* (mal), *enviar* (envoyer)	**m**al
/n/	*ni* (ni), *son* (ils/elles sont)	**n**i, so**nn**e
/ɲ/	*ñoqui* (gnocchi), *niño* (enfant)	**gn**occhi, monta**gn**e
/p/	*por* (par, pour)	**p**ort
/t/	*te* (te)	**t**hé
/tʃ/	*cheque* (chèque), *mucho* (beaucoup)	**tch**èque
/k/	*como* (comme), *que* (que), *kilo* (kilo)	**c**omme, **qu**e, **k**ilo
/b/	*bar* (bar), *enviar* (envoyer), *water*	**b**ar, **b**aoba**b**
/d/	*dar* (donner), *andar* (marcher)	**d**ar**d**
/j/	*yo* (je), *mayo* (mai), *halla* (trouve)	**y**oga, mai**ll**ot, pai**ll**e
/g/	*gol* (but), *Miguel* (Michel)	**g**a**g**, **g**i**gu**e
/f/	*fe* (foi), *foca* (phoque)	**f**ée, **ph**oque
/θ/	*zarza* (ronce), *cero* (zéro)	(pas d'équivalent)
/s'/	*sesos* (cervelle)	**s**auci**ss**e
/x/	*jefe* (chef), *gente* (gens)	(pas d'équivalent)
/l/	*lila* (lilas**)**, *mal* (mal)	**l**ilas, ma**l**
/ʎ/	*llano* (plat), *halla* (trouve)	**li**ane, a**lli**a**g**e
/r/	*pero* (mais), *creer* (croire)	(**r** roulé régional)
/r̄/	*rojo* (rouge), *perro* (chien)	(pas d'équivalent)

• /m/, /n/ et /ɲ/ sont les mêmes en espagnol et en français mais le son [ɲ] qui s'écrit **gn** en français (monta**gn**e) s'écrit **ñ** en espagnol (*montaña*).

• /p/, /t/ et /k/ sont identiques en espagnol et en français et s'écrivent de la même façon.

por : **p**our	*té* : thé	
canal : canal	*como* : comme	*curva* : courbe
que : **qu**e	*quilo* (*kilo*) : **k**ilo	*kiwi* : **k**iwi

• **/tʃ/** s'écrit **ch** en espagnol mais se prononce comme le début de « **tch**èque » en français.

• **/j/** correspond en espagnol aux graphies **y** dans tous les cas et pour un certain nombre d'hispanophones à **ll** (voir plus bas /ʎ/) ; il se prononce comme le **y** de « **y**oga » ou le **ill** de «ma**ill**ot».

• **/b/** s'écrit **b** ou **v**, parfois **w** dans certains mots étrangers ; *baca* (galerie de voiture) et *vaca* (vache) se prononcent exactement de la même façon : [báka] ; le **w** de *water* (wc) se prononce /b/ : [báter].

• **/d/** s'écrit toujours **d** mais la prononciation de cette lettre varie en fin de mot. Soit elle tend à disparaître : *usted,* le vous de politesse au singulier, se prononce alors [usté]. Soit elle se transforme en [θ], identique au **th** de l'anglais *thin*, en particulier dans la prononciation madrilène et dans celle de Castilla-León : *usted* se prononce alors [ustéθ].

• **/g/** s'écrit **g** devant les voyelles **a**, **o**, **u** ou devant une consonne.

gato : chat	*golpe* : coup	*gusto* : goût
gloria : gloire	*grito* : cri	*regla* : règle

• En espagnol le **g** et le **n** se prononcent séparément comme dans le verbe français « stagner » : *digno* (digne).

• /g/ s'écrit **gu** devant les voyelles **e** et **i** : *Miguel* (Michel), *guitarra* (guitare). Remarquez que, comme en français, le **u** ne se prononce pas, sauf s'il est surmonté d'un tréma : *cigüeña* (cigogne).

• **/b/**, **/d/** et **/g/** se prononcent en espagnol comme en français après **m** et **n** ou après une pause.
/d/ se prononce en espagnol comme en français après un **l**.

embarcar : embarquer	*un barco* : un bateau	*enviar* : envoyer
¡basta! : ça suffit !	*andar* : marcher	*un día* : un jour
una aldea : un hameau	*¡Dios mío!* : mon Dieu !	
un engaño : une tromperie	*un gancho* : un crochet	*¡gol!* : but !

Dans les autres cas, plus nombreux, l'articulation est moins tendue, la fermeture du passage de l'air ne se produit pas complètement.
Dans *un bobo* (un niais), les deux **b** ne se prononcent pas tout à fait de la même façon : seul le premier **b** est identique à un **b** français, pas le second. De même dans *una ganga* (une affaire), les deux **g** ne se prononcent pas tout à fait de la même façon : seul le second **g** est identique à un **g** français, pas le premier.

• **/f/** est identique en français et en espagnol où il s'écrit toujours **f** et jamais **ph** : *falta* (faute) ou *farmacia* (pharmacie).

• **/θ/**, prononcé en plaçant la langue entre les dents, s'écrit soit **z**, soit **c** suivi d'un **e** ou d'un **i**.

z ► *zarza* : ronce	*zinc* : zinc	*zumo* : jus (de fruit)
conozco : je connais	*hallazgo* : trouvaille	*voz* : voix
c ► *Cecilia* : Cécile	*cinco* : cinq	*voces* : voix (pl.)

• **/s'/**, en **espagnol d'Espagne,** est intermédiaire entre le /s/ et le /ʃ/ (écrit **ch** en français). Il s'écrit toujours **s** : *sosos* (fades), *fiesta* (fête).

> En **espagnol d'Amérique** , le /s/ est identique au /s/ du français. Par ailleurs, le phonème /θ/ interdental n'y existe pas : donc *caza* (chasse) s'y prononce comme *casa* (maison), *cerrar* (fermer) comme *serrar* (scier). C'est ce qu'on appelle le phénomène du **seseo.**

• **/X/**, articulé au niveau du voile du palais, est identique à la finale de *Bach* en allemand et proche du **r** parisien de «poire». Généralisé en espagnol seulement au XVIIᵉ siècle, ce phonème n'existe pas dans les autres langues romanes. Il s'écrit soit **j**, soit **g** suivi d'un **e** ou d'un **i**.

j ► *joven* : jeune   *jefe* : chef   *jirafa* : girafe   *reja* : grille
g ► *gente* : gens   *gigante* : géant   *auge* : apogée

• **/l/** se prononce et s'écrit comme en français.

• **/ʎ/** correspond à la graphie **ll** de *llegar* (arriver) ou de *huella* (trace) et se prononce pratiquement comme **li.**

> Ce phonème, inexistant en espagnol d'Amérique, tend à disparaître aussi en Espagne, selon les régions, au profit du phonème /j/ : c'est ce qu'on appelle le phénomène du **yeísmo**, source d'erreurs orthographiques chez les hispanophones eux-mêmes. En effet, pour la plupart des hispanophones, *pollo* (poulet) se prononce comme *poyo* (banc de pierre), *halla* (il / elle trouve) comme *haya* (que j'aie, qu'il / elle ait, qu'il y ait ou hêtre).

• **/r/** se prononce en faisant vibrer une fois la pointe de la langue au niveau des alvéoles du palais, juste derrière les incisives supérieures comme pour le **r** roulé d'un certain nombre de régions de France.
para : pour   *creer* : croire   *puerta* : porte

• **/r̄/** se prononce comme /r/ mais en faisant vibrer la pointe de la langue au moins deux fois.
– Il s'écrit **r** en début de mot ou après **n**, **l** ou **s**.
rojo : rouge   *honra* : honneur   *alrededor* : autour   *Israel*
– Il s'écrit **rr** entre deux voyelles au milieu d'un mot.
pelirrojo : roux   *parra* : treille   *perro* : chien

> • /tʃ/ de *mucho* (beaucoup), /θ/ de *zapato* (chaussure), /X/ de *juntos* (ensemble), /ʎ/ de *lluvia* (pluie) et /r̄/ de *cerrar* (fermer) existent en espagnol et pas en français.
>
> • Trois phonèmes, /z/ de « **z**oo », /ʃ/ de « **ch**at » et /ʒ/ de « **j**e » existent en français et pas en espagnol.

Il y a en espagnol deux sortes de changements orthographiques.
Les uns se justifient pour conserver le même son consonantique
quand la voyelle qui suit une consonne change, en cas de dérivation
(diminutifs, superlatifs...) ou dans la conjugaison.

Les autres relèvent uniquement de la tradition orthographique. C'est le
cas en particulier quand on ajoute un **h** devant la diphtongue initiale :
oler ► *huelo* (sentir ► je sens). Les uns comme les autres sont obligatoires.

Changement de consonne pour conserver le même son.	
/k/ c + a / c + o ► qu + i / qu + e	*chica* (petite) ► *chiquita* (toute petite) *rico* (riche) ► *riquísimo* (très riche) *aparco* (je gare) ► *aparqué* (j'ai garé) *Dinamarca* (Danemark) ► *dinamarqués* (danois)
/g/ g + a / g + o ► gu + i / gu + e	*pulga* (puce) ► *pulguita* (petite puce) *largo* (long) ► *larguísimo* (très long) *pago* (je paie) ► *pagué* (j'ai payé)
/gu/ gu + a / gu + o ► gü + i / gü + e	*averiguar* (vérifier) ► *averigüé* (je vérifiai) *atestiguo* (je témoigne) ► *atestigüe* (que je témoigne)
/χ/ g + i / g + e ► j + a / j + o	*cogí* (je pris) ► *cojo* (je prends) *escoger* (choisir) ► *escoja* (choisissez)
/r̄/ r- ► -rr-	*roja* (rouge) ► *pelirroja* (rousse) *rey* (roi) ► *virrey* (vice-roi)

Changement de consonne par tradition orthographique.	
/θ/ z + ø / z + a / z + o ► c + i / c + e	*raíz* (racine) ► *raíces* (racines) *cruzo* (je croise) ► *crucé* (j'ai croisé)
o- ► **hue-**	*oler* (sentir) ► *huelo* (je sens)
e- ► **ye-**	*errar* (se tromper) ► *yerro* (je me trompe)

Une syllabe qui porte l'**accent tonique** (syllabe tonique) est prononcée avec une plus grande tension articulatoire et sur un ton plus élevé que les syllabes **atones** (non toniques) voisines. En français, seule la dernière syllabe de chaque groupe de mots est tonique. En espagnol, chaque mot comporte une syllabe tonique, à l'exception de quelques mots grammaticaux monosyllabiques (articles, possessifs, prépositions, pronoms compléments).

> Attention à ne pas confondre **accent tonique** et **accent écrit** : un accent écrit sur une voyelle marque toujours une syllabe tonique, mais une syllabe tonique ne porte pas toujours un accent écrit.

Cet accent tonique a deux fonctions :
– il permet de repérer les unités d'un énoncé **(fonction démarcative)**, mais ceci de façon imparfaite, car il ne tombe pas sur la même syllabe dans tous les mots ;
– il permet de distinguer deux mots entre eux ou deux formes d'un même verbe **(fonction distinctive)**.

*pa*pa (pape) ≠ *papá* (papa)
*ma*ma (sein, il / elle tète) ≠ *mamá* (maman)
*can*to (je chante) ≠ *cantó* (il chanta)

FONCTION DÉMARCATIVE

La place de l'accent tonique était liée en latin à la longueur de l'avant-dernière syllabe. En général, cette place a été conservée en espagnol, mais, pour l'accent écrit, elle est liée à la nature de la fin du mot.

candidum ▸ *cándido* (candide)
amicum ▸ *amigo* (ami)
calorem ▸ *calor* (chaleur)

A **L'accent n'est pas écrit.**

• **Ont leur avant-dernière syllabe tonique et ne portent pas d'accent écrit** :
– les mots qui ont conservé leur voyelle atone (non tonique) finale : *gato* (chat) ;
– les mots qui se terminent par un -**s,** qu'il soit ou non la marque du pluriel des noms ou adjectifs : *gatos* (chats), *negros* (noirs), *crisis* (crise / crises) ;

– les mots qui se terminent par un **-n**, qu'il soit ou non la marque du pluriel des verbes : *comen* (ils/elles mangent), *volumen* (volume).

> On appelle ***llanos*** ou ***graves*** (paroxytons) les mots dont l'avant-dernière syllabe est tonique (qu'elle porte ou non un accent écrit).

• Ont leur dernière syllabe tonique et ne portent pas d'accent écrit les mots qui se terminent par une consonne autre que **-s** et **-n** : *papel* (papier), *verdad* (vérité), *bebed* (buvez), *reloj* (montre, horloge).

> On appelle ***agudos*** (oxytons) les mots dont la dernière syllabe est tonique (qu'elle porte ou non un accent écrit).

B L'accent est écrit.

Un accent aigu surmonte la voyelle tonique dans tous les cas non cités en A.

• Portent un accent écrit sur la dernière syllabe les mots ***agudos*** (dont la dernière syllabe est tonique) terminés par une voyelle, un **-s** ou un **-n**.

menú : menu	*cantará* : il/elle chantera
vivís : vous vivez/habitez	*buzón* : boîte aux lettres

• Portent un accent écrit sur l'avant-dernière syllabe les mots ***llanos*** (dont l'avant-dernière syllabe est tonique) terminés par une consonne autre que **-s** et **-n**.

árbol : arbre   *césped* : gazon

• Portent toujours un accent écrit les mots dont la syllabe tonique est **l'avant-avant-dernière.** Ils sont appelés ***esdrújulos*** (proparoxytons).

cántaro/s : cruche/s   *análisis* : analyse/s   *régimen* : régime

C Accentuation des diphtongues et des triphtongues.

• Lorsque la syllabe tonique comporte une diphtongue (voir p. 13), l'accent tonique tombe sur la voyelle forte (**a, e, o**). Si la diphtongue est constituée de deux voyelles faibles (**i, u**), l'accent tonique tombe sur la deuxième voyelle. L'accent est écrit ou non selon les règles précédentes.

– Voyelle forte + voyelle faible.

baile : danse	*reina* : reine	*causa* : cause
cantáis : vous chantez	*bebéis* : vous buvez	*náufrago* : naufragé

– Voyelle faible + voyelle forte.

bueno : bon	*viernes* : vendredi	*biombo* : paravent
huésped : hôte	*miércoles* : mercredi	*bebió* : il/elle a bu
situé : je situai	*reunieron* : ils/elles réunirent	*reunión* : réunion

– Deux voyelles faibles.

triunfo : triompho   *juioio* : jugomont

• Lorsque la syllabe tonique comporte une **triphtongue** (voir p. 14), l'accent tonique tombe aussi sur la voyelle forte (**a, e, o**). Il est écrit ou non selon les règles générales d'accentuation.

atestiguáis : vous témoignez   *buey* : bœuf

> Donc dans *Paraguay,* l'accent n'est pas écrit sur le **a**, car le **y** en fin de mot est considéré comme une consonne pour l'accentuation.

• **Deux voyelles qui se suivent ne forment pas toujours une diphtongue**.

– Si une voyelle forte est accompagnée d'une voyelle faible tonique, on a **deux syllabes séparées**. Dans ce cas, l'accent est toujours écrit sur la voyelle faible.

raíz : racine	*baúl* : malle	*leído* : lu
reúne : il/elle réunit	*heroína* : héroïne	*ría* : estuaire
ríe : il/elle rit	*río* : fleuve, rivière	*continúo* : je continue

Si on compare *dúo* (duo) et *búho* (hibou) ou *heroína* (héroïne) et *prohíbo* (j'interdis), on constate que la présence d'un **h** ne change rien à la règle.

> Attention : dans les syllabes **gui** [gi], **gue** [ge], **qui** [ki], **que** [ke], il n'y a pas de diphtongue car le **u** ne se prononce pas.

– Deux voyelles fortes qui se suivent ne forment pas de diphtongue mais **deux syllabes séparées**. Les mots suivants ont donc trois syllabes.

canoa : canoë	*paella* : paella	*sentaos* : asseyez-vous
poema : poème	*héroe* : héros	*paseo* : promenade

L'accent est écrit ou non sur la voyelle tonique selon la règle générale.

• **Trois voyelles qui se suivent ne forment pas toujours une triphtongue.**
Dans *oían* (ils entendaient) ou *huían* (ils fuyaient), l'accent tonique tombe sur une voyelle faible et les trois voyelles forment **trois syllabes séparées**.

L'accent tonique tombe en général sur l'une des trois dernières syllabes. C'est sans doute pourquoi *régimen* (régime) et *espécimen* (spécimen) changent de syllabe tonique au pluriel : *regímenes, especímenes*.

Un autre nom fait de même : *carácter* ► *caracteres* (caractère / caractères).

Attention toutefois :

• En cas d'**enclise** de pronom(s), l'accent tonique se maintient, sur la syllabe tonique de la forme verbale.
diga (dites) ► *dígame* (dites-moi), *dígalo* (dites-le) ► *dígamelo* (dites-le-moi).

• Avec les **adverbes en -*mente,*** il se maintient également. Ces adverbes ont pour syllabe tonique *men* mais conservent aussi l'accent tonique, écrit ou non, de l'adjectif d'origine (dit accent secondaire).
lento ► *lentamente, irónico* ► *irónicamente*.

• Si on ajoute à un nom ou à un adjectif un **suffixe** (diminutif, augmentatif, superlatif…), l'accent tonique se déplace sur ce suffixe et il n'y a pas d'accent secondaire.
pájaro ► *pajarito* (oiseau / oisillon), *soltero* ► *solterón* (célibataire / vieux garçon), *sencillo* ► *sencillísimo* (simple / très simple).

FONCTION DISTINCTIVE

A **L'accent tonique modifie la prononciation.**

La place de l'accent tonique est dans un certain nombre de cas la seule marque distinctive entre des mots, apparentés ou non étymologiquement.

cortes (coupures, coupes, que tu coupes, Parlement) ≠ *cortés* (poli)
hacia (vers) ≠ *hacía* (je faisais / il faisait)
sábana (drap) ≠ *sabana* (savane)
aun (même) ≠ *aún* (encore)
*Es verdad, **aun** aquí, no ha llegado **aún** la noticia.*
C'est vrai, même ici, la nouvelle n'est pas encore arrivée.

La place de l'accent tonique est particulièrement importante dans la conjugaison car elle permet de distinguer des formes semblables par ailleurs.

continúo (je continue) ≠ *continuó* (il/elle continua) ≠ *continuo* (continu)
tomará (il / elle prendra) ≠ *tomara* (qu'il / elle prît).

L'accent ne modifie pas la prononciation.

Des **accents** écrits dits **grammaticaux** sont utilisés dans deux cas.

• **Ils servent à distinguer des mots identiques** mais d'inégale intensité tonique à l'oral. Dans : *te quiero* (je t'aime), le pronom *te* est atone alors que dans : *quiero té* (je veux du thé), le nom *té* est tonique, mais la prononciation est identique. Il en est de même dans les cas suivants :

te (te)	*té* (thé)
de (de)	*dé* (que je donne / qu'il, elle donne / donnez)
se (se)	*sé* (je sais / sois)
si (si)	*sí* (oui / soi)
mi (mon, ma)	*mí* (moi, après préposition)
tu (ton, ta)	*tú* (toi, tu : pronoms sujets)
el (le, article)	*él* (lui, il : pronoms sujets ; lui : après préposition)
mas (mais)	*más* (plus)
solo (seul)	*sólo* (seulement)
este, ese, aquel (adjectif)	*éste, ése, aquél* (pronom)

• **Dans les phrases interrogatives et exclamatives**, directes ou indirectes, le mot interrogatif ou exclamatif porte toujours un accent écrit.

¿Cuánto quiere? Combien veut-il / elle ?

No sé cuánto quiere. Je ne sais pas combien il / elle veut.

¡Qué lástima! Quel dommage !

Mais :

Le da cuanto quiere. Il/elle lui donne tout ce qu'il / elle veut.

> Selon la *Real Academia Española*, à l'écrit, l'accent graphique n'est obligatoire qu'en cas d'ambiguïté sur l'adverbe *sólo* et sur les pronoms démonstratifs *éste*, *ése* et *aquél*, comme dans les phrases suivantes.
>
> *Lo encontrarás solo en casa.* Tu le trouveras seul chez lui.
>
> *Lo encontrarás sólo en casa.* Tu le trouveras seulement chez lui.
>
> *Los niños querían estos libros y aquellos lápices.* Les enfants voulaient ces livres-ci et ces crayons-là.
>
> [*estos* et *aquellos* = adjectifs démonstratifs, déterminants de *libros* et de *lápices*]
>
> *Los niños querían éstos libros y aquéllos lápices.* Les enfants voulaient ceux-ci des livres et ceux-là des crayons.
>
> [*éstos* et *aquéllos* = pronoms qui remplacent *niños*]

2 De l'écrit à l'oral

1 L'alphabet

A L'alphabet espagnol comporte 28 lettres ou graphèmes. Elles sont du genre féminin. On dira donc : *la a, la be, la hache...*

LETTRE ►	NOM	LETTRE ►	NOM	LETTRE ►	NOM	LETTRE ►	NOM
A	a	G	ge	M	eme	S	ese
B	be	H	hache	N	ene	T	te
C	ce	I	i	Ñ	eñe	U	u
CH	che	J	jota	O	o	V	uve, ve
D	de	K	ka	P	pe	X	equis
E	e	L	ele	Q	cu	Y	i griega, ye
F	efe	LL	elle	R	ere	Z	zeta, zeda

• Il faut y ajouter la lettre **w** (*uve doble*), utilisée uniquement pour quelques mots d'origine étrangère comme *windsurf* (planche à voile). Elle se prononce suivant les cas de deux façons.

/b/	water [báter] : WC	Westfalia [bestfálja] : Westphalie
/w/	windsurf [windsurf]	whisky [wíski] prononcé aussi [gwíski]

> Jusqu'à une date récente, la plupart des dictionnaires espagnols classaient les mots commençant par **CH** entre C et D, et ceux commençant par **LL** entre L et M. Le classement international, qui intègre CH dans les C et LL dans les L, commence à prévaloir.

• La lettre **h** ne se prononce pas, sauf dans certains mots étrangers comme *hall* prononcé [χól] la prononciation du j espagnol [χ] s'approchant de l'initiale aspirée de l'anglais.

B Se prononcent différemment du français les graphèmes suivants :

────────── **voyelles** ──────────

• **u** se prononce comme le français « ou » : *tul* (tulle) prononcé comme Toul.

• **e** se prononce comme le français « é » [e] : *pie* (pied) et parfois comme « è » [ε] : *piel* (peau).

• **y** se prononce [i] quand il est seul, dans les autres cas il se prononce [j] comme dans le français *maillot*.

─────────────────────── **consonnes** ───────────────────────

ch se prononce comme « tch ».

j devant toutes les voyelles et **g** suivi d'un **i** ou d'un **e** ressemblent au **r** parisien.

ll se prononce selon les régions comme **y** ou comme **li**.

ps à l'initiale d'un mot se prononce toujours [s]. D'ailleurs les mots commençant par **ps** s'écrivent de plus en plus sans le « p » : *seudónimo*.

r, simple ou double, est toujours « roulé », avec la pointe de la langue.

-s- entre deux voyelles se prononce comme **ss**, jamais comme **z**.

t se prononce toujours [t]. Dans *patio* t se prononce [t] et non [s] comme dans le français *nation*.

v est identique au **b** espagnol.

z devant toutes les voyelles et **c** suivi d'un **i** ou d'un **e** sont interdentaux.

x se prononce /ks'/ ou /gs'/ et non /kz/ ou /gz/ comme en français : *examen*. Il peut se réduire à /s'/ devant une consonne : *extraño* (étrange) ou dans la prononciation familière courante : [es'amen].

Au Mexique, on a conservé l'ancienne graphie avec **x** pour les noms de lieux, comme *México* ou *Oaxaca*, mais la prononciation est celle du **j** : *Méjico* [méχiko].

ñ se prononce comme le français « gn » de « campagne ».

C Parmi les **quatre consonnes doubles possibles** :

– les deux **rr** correspondent à un seul phonème /r̄/ : *correr* (courir) ;

– les deux **ll** correspondent aussi à un seul phonème, soit /j/ soit /λ/ : *llave* (clé) ;

– les deux **cc** sont prononcés séparément /kθ/ ou /gθ/ : *lección* (leçon) ;

– les deux **nn** sont prononcés séparément : *perenne* (éternel), *ennegrecer* (noircir), *innovar* (innover).

Les consonnes doubles ll, rr ne peuvent être séparés en fin de ligne.

pe-rro : chien   *re-lleno* : farci, bourré

2 L'accentuation

A l'exception de certaines monosyllabes, tous les mots espagnols ont une syllabe tonique. Elle porte ou non un accent écrit.

A L'accent est écrit.

La syllabe qui porte l'accent écrit est la syllabe tonique.

así : ainsi	*francés* : français	*andén* : quai de gare
reunión : réunion	*cárcel* : prison	*hacía* : je faisais / il, elle faisait
pájaro : oiseau	*crímenes* : crimes	*volúmenes* : volumes

B L'accent n'est pas écrit.

• Le mot se termine par une voyelle, un **-s** ou un **-n**, la syllabe tonique est l'avant-dernière.

casi : presque	*hacia* : vers	*francesa* : française
crimen : crime	*alguien* : quelqu'un	*franceses* : français (masc. pl.)
sintaxis : syntaxe(s)	*reuniones* : réunions	*andenes* : quais de gare

• Le mot se termine par un **y** ou par une consonne autre que **-s** ou **-n**, la syllabe tonique est la dernière.

jersey : pull-over	*aquel* : ce	*vejez* : vieillesse
igualdad : égalité	*jugar* : jouer	*reloj :* montre, horloge

⚡

• Certains mots (noms, adjectifs, déterminants) portant un accent écrit au singulier n'en ont pas au pluriel et inversement.

limón ► *limones* (citron ► citrons)
francés ► *franceses* (français)
algún ► *algunos* (quelque ► quelques)
boletín ► *boletines* (bulletin ► bulletins)
examen ► *exámenes* (examen ► examens)
virgen ► *vírgenes* (vierge ► vierges)

• *Carácter* change de syllabe tonique au pluriel.

carácter ► *caracteres* (caractère ► caractères)

• *Régimen* (régime) et *espécimen* (spécimen), changent aussi de syllabe tonique au pluriel. Ils ont un accent écrit au pluriel comme au singulier.

régimen ► *regímenes*   *espécimen* ► *especímenes*

A **Les points d'interrogation et d'exclamation.**

En espagnol, les phrases interrogatives et exclamatives sont encadrées par **deux** signes de ponctuation :

– un point d'interrogation ou d'exclamation à l'envers au début de la phrase (avant la majuscule) ou à l'intérieur de la phrase avant le mot interrogatif ou exclamatif sans majuscule ;

– un point d'interrogation ou d'exclamation à l'endroit en fin de phrase.

¿Cuándo vienes ? Quand viens-tu ?
Entonces ¿qué te parece ? Alors, qu'est-ce que tu en penses ?
¡Qué bonito ! Comme c'est joli !

À l'écrit le type de phrase est ainsi annoncé dès le début par le signe de ponctuation renversé, même quand il n'y a pas de mots interrogatifs ou exclamatifs.

Dans ce cas, à l'oral, seule l'intonation marque qu'il s'agit d'une interrogation ou d'une exclamation, et non d'une assertion affirmative ou négative.

Vendrá con sus hijos. Il / elle viendra avec ses enfants.
¿Vendrá con sus hijos ? Viendra-t-il/elle avec ses enfants ? Est-ce qu'il / elle viendra avec ses enfants ? Il / elle viendra avec ses enfants ?
No llueve. Il ne pleut pas.
¿No llueve ? Ne pleut-il pas ? / Est-ce qu'il ne pleut pas ? / Il ne pleut pas ?
¡Parece imposible ! Ce n'est pas croyable !

B **Tableau des signes de ponctuation.**

Mis à part les points d'interrogation et d'exclamation, les autres signes de ponctuation sont comme en français.

SIGNE DE PONCTUATION	NOM DU SIGNE DE PONCTUATION
.	*el punto* : le point
,	*la coma* : la virgule
;	*el punto y coma* : le point virgule
:	*dos puntos* : deux points
« »	*las comillas* : les guillemets
...	*los puntos suspensivos :* les points de suspension
–	*el guión* : le tiret
( )	*los paréntesis* : les parenthèses
[ ]	*los corchetes* : les crochets
¿ ?	*los signos de interrogación :* les points d'interrogation
¡ !	*los signos de admiración :* les points d'exclamation

Le groupe nominal

Structure du groupe nominal

Le groupe nominal a une structure à la fois simple et variée. En effet, il est constitué d'un **noyau** (nom ou pronom) éventuellement accompagné d'autres mots qui le déterminent, en limitant et en précisant son sens :

– le **déterminant** ou **actualisateur** (article, démonstratif...), obligatoire dans certains cas ;

– le **groupe adjectival** qui lui, est facultatif.

Leurs relations au sein du groupe nominal sont mises en évidence par l'accord en genre et en nombre.

Les différentes structures possibles

DÉTERMINANT (ACTUALISATEUR)	NOYAU	GROUPE ADJECTIVAL
articles	nom	adjectif / participe passé
démonstratifs		nom / groupe nominal en apposition
possessifs		complément de nom prépositionnel
numéraux		proposition relative (adjectivale)
indéfinis		
interrogatifs		
exclamatifs		
absence de déterminant (ø)	pronom	

Un groupe nominal est donc la combinaison d'un ou plusieurs de ces trois éléments : nom (ou substitut du nom, voir p. 114), déterminant (actualisateur), groupe adjectival.

- **Nom seul**.

*Veo **perros***. Je vois des chiens.

- **Déterminant + nom.**

*Tengo **dos perros***. J'ai deux chiens.
*¿**Cuántos perros** tienes?* Combien de chiens as-tu ?

- **Déterminant + nom + groupe adjectival.**

*Tengo **un perro negro***. J'ai un chien noir.
***Cualquier perro asustado** muerde*. Tout chien apeuré mord.
***Mi perro Pirata** ha desaparecido*. Mon chien Pirate a disparu.
***Este perro de caza** no es mío*. Ce chien de chasse n'est pas à moi.
*Te doy **el perro que prefiero***. Je te donne le chien que je préfère.

- **Déterminant + groupe adjectival + nom.**

*¡**Qué bonito perro** tienes!* Quel beau chien tu as !

- **Déterminant + nom + groupes adjectivaux.**

*Tengo **un perro negro, con manchas blancas, que ladra mucho** y **cuyo hocico es puntiagudo***. J'ai un chien noir, avec des taches blanches, qui aboie beaucoup et dont le museau est pointu.

- **Pronom seul.**

***Ellos** ladran*. Ils aboient.
***Los** oigo*. Je les entends.

- **Pronom + groupes adjectivaux.**

*Es **el negro, con manchas blancas** y **que ladra mucho***. C'est le noir avec des taches blanches et qui aboie beaucoup.

 Fonctions du groupe nominal

Dans une phrase, le **groupe nominal** peut occuper **diverses fonctions.**

- **Sujet.**

***Este avión** viene de Madrid*. Cet avion vient de Madrid.
[*este avión*: sujet de *viene*]

- **Attribut du sujet.**

*Lola es **una actriz famosa***. Lola est une actrice célèbre.
[*una actriz famosa*: attribut du sujet *Lola*, à qui il est relié par un verbe copulatif, *es*]

• Complément d'un groupe verbal.

complément direct

*He comprado **un coche**.* J'ai acheté une voiture.

complément indirect

*He dejado las llaves **a la vecina**.* J'ai laissé les clés à la voisine.

complément prépositionnel du verbe

*Los niños juegan **a la gallina ciega**.* Les enfants jouent à colin-maillard.

complément d'agent

*El gordo fue ganado **por un pescador gallego**.*
Le gros lot a été gagné par un pêcheur galicien.

complément adverbial (équivalent à un adverbe)

*El ladrón corría **a toda velocidad** (muy velozmente).*
Le voleur courait à toute vitesse (très rapidement).

• Complément circonstanciel.

*Habías dejado las llaves **en la mesa**.*
Tu avais laissé les clés sur la table.
*Las niñas juegan al escondite **los miércoles**.*
Les fillettes jouent à cache-cache le mercredi.

Un groupe nominal peut aussi compléter un autre groupe nominal. Dans ce cas, il peut être :

• Complément d'un autre nom ;

sans préposition (complément de nom en apposition)

*Dolores, mi **mujer**, llegará mañana.*
Dolores, ma femme, arrivera demain.

avec une préposition (complément de nom prépositionnel)

*Antonio es el marido **de la peluquera**.*
Antoine est le mari de la coiffeuse.

• Complément d'un adjectif.

*Este señor, contento con **su suerte**, saludaba a todos.*
Ce monsieur, content de son sort, saluait tout le monde.

 Substituts du groupe nominal

Pour éviter des redites dans l'énoncé, le groupe nominal peut être représenté par un **substitut**. Ce substitut peut être :

• Un pronom.

Compró un pastel de nata y lo comió en seguida.
Il a acheté un gâteau à la crème et l'a mangé tout de suite.
[Le pronom **lo** évite de répéter un *pastel de nata* dans la proposition coordonnée.]

La forme du pronom varie suivant sa fonction.

Ana llama a su hija, la felicita y le da un caramelo.
Anne appelle sa fille, la félicite et lui donne un bonbon.
[Le groupe nominal *su hija* est remplacé par le pronom *la* quand il est complément direct du verbe *felicita* et par le pronom *le* quand il est complément indirect du verbe *da*.]

• Un déterminant (actualisateur) ayant la valeur d'un pronom.

*No quiero este libro sino **el** del escaparate.*
Je ne veux pas ce livre mais celui de la vitrine.
[L'article **el** qui représente le groupe nominal *el libro* a la valeur d'un pronom]

• Un adverbe.

Celui-ci représente un groupe nominal précédé d'une préposition.

***Aquí** no hace mucho calor.* Ici il ne fait pas très chaud.
[Selon le contexte, **aquí** = *en esta sala, en esta región, en este país*: dans cette salle, dans cette région, dans ce pays...]

1 Le nom

Pour commencer

 Le nom ou substantif est le mot lexical qui sert à désigner, à «nommer» les êtres animés et les choses (objets, actions, sentiments, qualités, idées, phénomènes...).

 Du point de vue de la forme, un nom peut être :

• **primaire** (non dérivé) : *luna* (lune), *ira* (colère), *ojo* (œil)...

• **dérivé d'un adjectif** : *libre* (libre) ► *libertad* (liberté) ; *triste* (triste) ► *tristeza* (tristesse) ; *lento* (lent) ► *lentitud* (lenteur)...

• **dérivé d'un verbe** : *comer* (manger) ► *comida* (repas) ; *leer* (lire) ► *lectura* (lecture) ; *pintar* (peindre) ► *pintor* (peintre), *pintura* (peinture)...

• **dérivé d'un nom** : *ciudad* (ville) ► *ciudadela* (citadelle) ; *cama* (lit) ► *camastro* (grabat)…

Pour commencer

1 Les types de noms

NOMS PROPRES ET NOMS COMMUNS

A **Les noms propres individualisent** ce qu'ils désignent. Ils correspondent aux noms de famille ou prénoms de personnes, aux noms d'animaux, de pays, de régions, de villes, de mers, de fleuves, de montagnes... Ils commencent par une **majuscule**.

Ana Coronado vive en Sevilla, no muy lejos del Guadalquivir.
Ana Coronado habite à Séville, pas très loin du Guadalquivir.

B **Un nom commun s'applique à une classe** d'êtres ou d'objets, dont on prend en compte les caractéristiques. Par exemple, quand nous employons le nom *mesa* (table), nous faisons référence à la classe des meubles avec quatre pieds qui soutiennent un plateau.

NOMS CONCRETS ET NOMS ABSTRAITS

A Un nom est dit **concret**, quand il désigne quelqu'un ou quelque chose de matériel que l'on peut percevoir par l'un de nos cinq sens :

nadador (nageur), *patata* (pomme de terre), *viento* (vent), *perfume* (parfum).

B Les noms **abstraits** renvoient à des notions immatérielles, qui n'ont d'existence que dans notre pensée :

igualdad (égalité), *maldad* (méchanceté), *ignorancia* (ignorance), *fe* (foi).

NOMS DÉNOMBRABLES ET INDÉNOMBRABLES

A **Les noms dénombrables** renvoient à des êtres ou des objets que l'on peut compter, dénombrer : ils peuvent se combiner avec les numéraux. La plupart de ces noms peuvent s'employer aussi bien au singulier qu'au pluriel :

un niño, mil niños (un enfant, mille enfants).

B **Les noms indénombrables** renvoient à des êtres ou à des objets que l'on peut mesurer ou peser mais pas dénombrer ; ils sont le plus souvent employés au singulier :

trigo (blé), *paciencia* (patience).

C **Certains noms dénombrables** peuvent être employés comme indénombrables et inversement. À chaque fois, le sens est différent.

He comprado veinte corderos. J'ai acheté vingt agneaux.

He comido cordero asado. J'ai mangé de l'agneau rôti.

Quisiera agua. Je voudrais de l'eau.

Quisiera dos aguas sin gas. Je voudrais deux eaux non gazeuses. [deux bouteilles ou deux verres d'eau non gazeuse]

NOMS INDIVIDUELS ET NOMS COLLECTIFS

A **Les noms individuels** désignent au singulier un seul être ou objet dénombrable :

ciclista (cycliste), *cafetera* (cafetière), *país* (pays).

pueblo (peuple, village = les habitants), *gente* (gens = groupe de personnes), *dentadura* (dentition = ensemble de dents).

2 Le genre

• **Chaque nom a un genre**, masculin ou féminin, fixé par la langue et indiqué dans les dictionnaires.

Ce genre est **réel** à l'animé, c'est-à-dire pour les noms qui désignent des êtres humains ou des animaux.

el padre : **le** père / *la* madre : **la** mère   *el* toro : **le** taureau / *la* vaca : **la** vache
el tío : l'oncle / *la* tía : la tante   *el* perro : **le** chien / *la* perra : **la** chienne

Il est **arbitraire** à l'inanimé, c'est-à-dire dans les autres cas.

el tomate : **la** tomate   *la* nariz : **le** nez
el melocotón : **la** pêche   *la* luna : la lune

Le nom varie aussi en nombre, singulier ou pluriel, selon le choix de celui qui parle, et en fonction de la réalité.

• Notons que le **masculin** fonctionne comme genre « non marqué », c'est-à-dire qu'il peut avoir valeur de masculin et de féminin, alors que le féminin désigne toujours un féminin.

Tengo dos hijos. J'ai deux enfants. [soit deux garçons, soit une fille et un garçon]
Tengo dos hijas. J'ai deux filles.

• De même le **singulier** est le nombre « non marqué », c'est-à-dire qu'il peut avoir valeur de singulier et de pluriel, alors que le pluriel désigne toujours un pluriel (voir p. 41).

• Le genre et le nombre du nom sont obligatoirement annoncés ou repris par le(s) déterminant(s) actualisateur(s) et l'(es) adjectif(s), mais seul le nombre est repris par le verbe (sauf à la voix passive qui reprend nombre et genre).

Estas palabras ofendieron a la muchacha. Ces paroles offensèrent la jeune fille.
Ella fue ofendida. Elle a été offensée.

Le genre réel correspond à l'opposition réelle des sexes pour les noms qui expriment un lien de parenté, un métier, un titre, un grade... ou désignent un animal. Cette opposition est marquée de plusieurs façons.

MARQUE DU GENRE	MASCULIN	FÉMININ
-o / -a	*tío* (oncle) *burro* (âne) *médico* (médecin)	*tía* (tante), *burra* (ânesse) *médica* (femme médecin)
-e / -a	*jefe* (chef) *infante* (infant)	*jefa* (chef) *infanta* (infante)
consonne / + **a**	*profesor* (professeur) *huésped* (hôte)	*profesora* (professeur) *huéspeda* (hôtesse)
dét. (masc. / fém.) *este / esta...* **el / la**, *un / una*	**el** *testigo* (le témoin) *este cantante* (ce chanteur) *un joven* (un jeune homme)	**la** *testigo* (le témoin) *esta cantante* (cette chanteuse) *una joven* (une jeune fille)
terminaison spécifique	*rey* (roi) *actor* (acteur) *José* (Joseph)	*reina* (reine) *actriz* (actrice) *Josefa* (Joséphine)
noms différents	**yerno** (gendre) **caballo** (cheval)	**nuera** (bru, belle-fille) **yegua** (jument)
macho / hembra	*la jirafa* **macho** (la girafe mâle) *el cocodrilo* **macho** (le crocodile mâle)	*la jirafa* **hembra** (la girafe femelle) *el cocodrilo* **hembra** (le crocodile femelle)

| LE GENRE ARBITRAIRE

Le genre des substantifs qui correspondent à l'inanimé est arbitraire. Donc, généralement, seule la connaissance du mot permet de savoir s'il est masculin ou féminin. Toutefois on constate les tendances suivantes.

A **Certaines terminaisons se rencontrent plus fréquemment avec des noms masculins, d'autres avec des noms féminins.**

TERMINAISON	TENDANCE	EXEMPLES	MAIS...
-o	masculin	*el labio* (la lèvre) *el minuto* (la minute) *el segundo* (la seconde) *el vídeo* (la vidéo)	*la mano* (la main) *la foto(grafía)* (la photo[graphie]) la *seo* (la cathédrale en Aragon et Catalogne)
-a	féminin	*la ceja* (le sourcil) *la pestaña* (le cil) *la barbilla* (le menton) *la puerta* (la porte)	*el día* (le jour) *el mapa* (la carte) la plupart des mots d'origine grecque : *el problema* (le problème) *el tema* (le thème, le sujet) mais pas tous : *la estratagema* (le stratagème)
-e	pas de régularité	*el diente* (la dent) *el tomate* (la tomate) *el puente* (le pont)	*la sangre* (le sang) *la suerte* (la chance) *la clase* (la classe)
consonne	pas de régularité	*el papel* (le papier) *el arroz* (le riz) *el fin* (la fin) *el buzón* (la boîte aux lettres) *el mar* (la mer)	*la sal* (le sel), *la miel* (le miel) *la nariz* (le nez) *la razón* (la raison)
-dad **-tad** **-ción** **-sión** **-tud**	féminin	*la verdad* (la vérité) *la libertad* (la liberté) *la tradición* (la tradition) *la decisión* (la décision) *la virtud* (la vertu)	
-or	masculin	*el color* (la couleur) *el calor* (la chaleur) *el sabor* (le goût, la saveur)	quatre exceptions : *la flor* (la fleur) *la coliflor* (le chou-fleur) *la labor* (l'ouvrage, le labour) *la sor* (la sœur = religieuse)

• Les mots féminins commençant par un **a** ou **ha** tonique sont précédés au singulier, pour des raisons euphoniques, de l'article **el** (voir p. 55).

el agua : l'eau   *el* ave : l'oiseau   *el* hambre : la faim

• Certains noms ont changé de genre au cours des siècles : *el mar* est aujourd'hui du genre masculin, mais l'ancien genre féminin a été conservé…

– dans des expressions :

la mar de cosas / de personas : une foule de choses / de gens
la mar de bien : tout à fait bien
la bajamar : la marée basse
la pleamar : la marée haute
la alta mar : la haute mer
hacerse a *la* mar : prendre le large

– dans le langage des marins et des météorologues

Estado de **la** *mar : Cantábrico: mar gruesa ; Baleares: rizada, nieblas. (El País)*
État de la mer. Cantabrique, mer forte ; Baléares, mer agitée, brouillards.

– souvent en poésie :

¡Quién cabalgara el caballo	Si je pouvais chevaucher le cheval
de espuma azul de *la* mar!	d'écume bleue de la mer !
[...]	[...]
¡Amárrame a tus cabellos,	attache-moi à tes cheveux,
crin de los vientos d**el** mar!	crin des vents de la mer !
Rafael Alberti. *Marinero en tierra.*	

B **Sont du genre masculin**, à cause d'un nom masculin sous-entendu, les noms suivants :

• **fleuves et rivières** (*río*) ;

el Guadiana : le Guadiana	*el* Sena : la Seine
el Amazonas : l'Amazone	*el* Támesis : la Tamise

• **montagnes** (*montes*) ;

los Andes : les Andes	*los* Alpes : les Alpes
mais *las* Alpujarras (près de Grenade)	

• **mers, océans** (*mar, océano*) ;

el Mediterráneo : la Méditerranée	el Ártico : l'Arctique

• **marques de voiture** (*coche*) ;

un Mercedes : une Mercedes	*un* Toyota : une Toyota

C **Quand le genre est arbitraire**, l'opposition masculin/féminin ne renvoie pas à une réalité. Cette opposition peut donc être utilisée pour différencier :

• **deux substantifs ayant la même forme** ;
el cometa (la comète) ≠ *la* cometa (le cerf-volant)
el frente (le front militaire) ≠ *la* frente (le front du visage)
el parte (le communiqué) ≠ *la* parte (la part, la partie)
el orden (l'ordre-rangement) ≠ *la* orden (l'ordre-commandement)

• **deux substantifs se terminant l'un par -o, l'autre par -a**
– pour exprimer une différence de grandeur (en général, **-o** désigne le plus petit, **-a** le plus grand) :

el charc**o** (la flaque)	*la* charc**a** (la mare)
el cub**o** (le seau)	*la* cub**a** (la cuve)
el ventan**o** (le vasistas)	*la* ventan**a** (la fenêtre)

Notez cependant :

el barc**o** (le bateau)	*la* barc**a** (la barque)
el rued**o** (l'arène)	*la* rued**a** (la roue)

– pour différencier l'arbre et le fruit :

el naran**jo** (l'oranger)	*la* naran**ja** (l'orange)
el ciruel**o** (le prunier)	*la* ciruel**a** (la prune)

– pour différencier un objet concret et le terme générique :

el leñ**o** (la bûche)	*la* leñ**a** (le bois de chauffage)
el mader**o** (le madrier)	*la* mader**a** (le bois)
el banc**o** (la banque)	*la* banc**a** (le système bancaire)

LE GENRE DES NOMS COMPOSÉS

Le genre d'un nom composé dépend des mots qui le composent.

A **Si le nom composé comporte un verbe**, il est du genre masculin, sauf s'il renvoie à l'animé où les deux genres sont possibles.

un **quita**manchas : un détachant
un **vai**vén : un va-et-vient
un/*una* **guarda**barrera : un/une garde-barrière
un/*una* **correve**idile : un rapporteur/une rapporteuse
[mot-à-mot : cours, vois et dis-lui]

B **Si le nom composé se termine par un substantif**, il a en général le genre de ce dernier.

una arti**maña** : une ruse	*un* punta**pié** : un coup de pied
la vana**gloria** : la vanité	*el* menos**precio** : le mépris
la malque**rencia** : la malveillance	*la* inter**sección** : l'intersection

Notez cependant : **un** *alta***voz** (un haut-parleur) par opposition avec **una** *alta* *voz* (une haute voix).

C **Si le nom composé se termine par un adjectif :**

- il a le genre du nom qu'il contient, s'il y en a un (et l'adjectif s'accorde avec le nom) ;

el *campo***santo** : le cimetière   **la** *enhorabuena* : les félicitations
la *aguatinta* : la gravure à l'eau-forte   **la** *aguamarina* : l'aigue-marine

> *Aguardiente* (eau-de-vie) est masculin alors que *agua* (eau) est féminin. A cela deux raisons : l'adjectif *ardiente* a la même forme au féminin qu'au masculin et on dit *el agua* (voir p. 55)

- il est du genre masculin (genre non marqué, voir p. 36) s'il ne contient pas de nom (et l'adjectif se met au masculin, genre non marqué).

el *contra***fuerte** : le contrefort   **el** *clar***oscuro** : le clair-obscur

3 Le nombre

- Le nom varie en nombre, singulier ou pluriel, selon le choix de celui qui parle et en fonction de la réalité.

- Seuls les substantifs dénombrables peuvent s'employer au pluriel.

*Me gusta **este bocadillo**.* J'aime ce sandwich. [nom dénombrable]
*Me gustan **estos bocadillos**.* J'aime ces sandwichs.
*Me gusta **la cerveza**.* J'aime la bière [nom indénombrable]

> Dans : *Quiero **dos cervezas**.* (Je veux deux bières), *cerveza* est dénombrable et signifie « verre » ou « bouteille de bière ».

- Un nom portant la marque du pluriel désigne toujours un pluriel. Mais un nom au singulier peut désigner aussi bien un singulier qu'un pluriel.

On dit en espagnol : *el día de **la** Madre* pour « la fête des Mères » *el día **del** Padre* pour « la fête des Pères ».

En effet, le singulier est le nombre non marqué comme le masculin est le genre non marqué (voir p. 36).

*Entró **un hombre**.* Un homme est entré. [un seul individu masculin]

***El hombre** es mortal.* L'homme est mortel. (= Les hommes et les femmes sont mortels.) [genre et nombre non marqués]

PLURIEL DES NOMS SIMPLES

A Le pluriel peut être marqué par l'ajout de **-s**, **-es** ou **-Ø** suivant la terminaison du nom au singulier.

voyelle atone	► + **-s**
voyelles toniques **á**, **í**, **ó**, ou **ú**	► + **-es** ou **-s**
voyelle tonique **é**	► + **-s**
voyelle atone suivie de **s** ou **x**	► + **Ø** (pas de marque du pluriel)
voyelle tonique suivie de **s** ou **x**	► + **-es**
consonne sauf **-s** ou **-x**	► + **-es**
y	► + **-es**

MARQUE DU PLURIEL	TERMINAISON AU SINGULIER	
-s	voyelle atone	*patio/ patios* (cour/s), *mesa/ mesas* (table/s), *calle/ calles* (rue/s), *tribu/ tribus* (tribu/s)
	-é (tonique)	*café/ cafés* (café/s), *chalé/ chalés* (villa/s)
-es	consonne sauf **-s** / **-x**	*papel/ papeles* (papier/s), *voz/ voces* (voix) *pilar/ pilares* (pilier/s), *reloj/ relojes* (montre/s, horloge/s)
	-y	*ley/ leyes* (loi/s), *buey/ bueyes* (bœuf/s)
	voyelle tonique + **s**, **x**	*mes/ meses* (mois) *compás/ compases* (compas, mesure/s) *país/ países* (pays), *fax/ faxes* (fax)
-s **-es**	**-á**, **-í**, **-ó**, **-ú** (tonique)	*papá/ papás* (papa/s), *mamá/ mamás* (maman/s) *dominó/ dominós* (domino/s) *menú/ menús* (menu/s) *esquí/ esquís* ou *esquíes* (ski/s) *champú/ champús* ou *champúes* (shampooing/s) *bajá/ bajaes* (pacha/s) *rondó/ rondoes* (rondeau/x) *jabalí/ jabalíes* (sanglier/s) *tisú/ tisúes* (tissu/s)
Ø	voyelle atone + **-s**, **x**	*el/ los* análisis (la /les analyse/s), *el/ los* tórax (le /les thorax) ¡Qué crisis! (Quelle /s crise/s !)

Remarques

• Les noms étrangers selon leur intégration à la langue marquent leur pluriel de façon variable.

líder ► *líderes* (leader/s)   *mitin* ► *mítines* (meeting/s)
déficit ► *déficit*   ou   *déficits* (déficit/s)
jersey ► *jerseys*   ou   *jerséis* (pull-over/s)
guirigay ► *guirigays*   ou   *guirigáis* (charabia/s, brouhaha/s)

• Trois noms changent de syllabe tonique au pluriel.

carácter/ caracteres (caractère/s)   *régimen/ regímenes* (régime/s)
espécimen/ especímenes (spécimen/s)

B **Certains noms ne s'emploient qu'au pluriel**, comme en français.

las tinieblas (les ténèbres), *las gafas* (les lunettes), *los víveres* (les vivres)...

Mais il y a parfois divergence entre les deux langues.

el archivo (les archives)   *el ajedrez* (les échecs)
las andas, las angarillas (le brancard)   *las heces* (la lie de vin)

L'opposition singulier/pluriel peut correspondre à une différence de sens, comme en français (« l'échec » ≠ « les échecs »).

la esposa (l'épouse)   ≠   *las esposas* (les menottes)
el celo (le zèle)   ≠   *los celos* (la jalousie)
la razón (la raison)   ≠   *las razones* (les propos)
la Corte (la Cour)   ≠   *las Cortes* (le Parlement)

C À la différence du français, le **pluriel masculin** peut servir à désigner un couple.

los padres = les pères mais aussi les parents [père et mère]
los tíos = les oncles mais aussi l'oncle et la tante
los Reyes (magos) = les Rois (mages) mais aussi le Roi et la Reine

> Les « Rois Catholiques » est un hispanisme (*los Reyes Católicos*) pour désigner le roi Ferdinand d'Aragon et la reine Isabelle de Castille.

Sur une enveloppe, on écrira *Señores de Pérez* pour Monsieur et Madame Pérez.

D **L'infinitif**, qui n'a pas de genre et ne peut se mettre au pluriel, n'accepte qu'un déterminant actualisateur au masculin singulier (genre et nombre non marqués) quand on le transforme en nom.

***El** comer y **el** rascar todo es empezar.*
Manger et se gratter, il suffit de commencer. = L'appétit vient en mangeant.

Certains noms ont la même forme que l'infinitif. Par exemple, *cantar* est un nom, quand, dans un énoncé, il peut se mettre au pluriel.

cantares : chanson/s, cantique/s

E Notons que l'espagnol a une façon originale d'écrire **certains sigles** au pluriel, en doublant les initiales.

(los) Estados Unidos (les États-Unis) = *(los) EE.UU.*
los Juegos Olímpicos (les Jeux Olympiques) = *los JJ.OO.*
las Comisiones Obreras (les Commissions Ouvrières) = *las CC.OO.*

PLURIEL DES NOMS COMPOSÉS

On peut dégager des tendances mais pas de règles.

A Le plus fréquemment, quand le nom composé s'écrit en un seul mot, la marque du pluriel apparaît une seule fois, **sur le deuxième élément**, en général un nom ou un adjectif.

nom + nom ► *bocacalle/ bocacalles* : entrée(s) de rue(s)
nom + adjectif ► *aguardiente/ aguardientes* : eau(x)-de-vie

Elle peut aussi apparaître contre toute attente, quand le dernier élément est une forme verbale ou un pronom.

verbe + conjonction + verbe ► *vaivén/ vaivenes* : va-et-vient
verbe + pronom ► *pésame/ pésames* : condoléances

B La marque du pluriel apparaît une seule fois, **mais sur le premier élément** du nom composé de deux mots quand le deuxième est un nom qui joue le rôle d'adjectif du premier.

hora punta/ horas punta : heures de pointe
piso piloto/ pisos piloto : appartement/s témoin/s

C La marque du pluriel apparaît **deux fois** quand le nom est composé d'un nom et d'un adjectif, séparés ou non, ou de deux noms séparés.

guardia civil/ guardias civiles : garde(s) civil(s)
gentilhombre/ gentileshombres : gentilhomme/ gentilshommes
coche cama/ coches camas (ou *coches cama*) : wagon(s)-lit(s)

D Il existe des noms composés **invariables**. Dans ce cas, la marque du pluriel apparaît éventuellement avec le(s) déterminant(s) :

el/ los cumpleaños : le/les anniversaire/s
el/ los hazmerreír : le/ les bouffon/s
el/ los todoterreno : le/les 4 x 4

A la différence du français, on peut en espagnol ajouter un suffixe diminutif à tous les noms dont le sens le permet.

On a en français : fleur ▸ fleurette, maison ▸ maisonnette, mais on ne peut former de diminutif avec nez (*nariz* ▸ *naricita*), rideau (*cortina* ▸ *cortinita*), café (*café* ▸ *cafecito*), sourire (*sonrisa* ▸ *sonrisita*)…

Le suffixe le plus courant est actuellement -*ito* (et ses variantes -*cito*, -*ecito*).

La formation du diminutif est assez complexe : elle dépend du nombre de syllabes, du son final, de l'accent tonique, de la présence ou non de certaines diphtongues. De plus, il y a des formations irrégulières.

A **Forme** -*ecito*/-*ecita* **pour** :

• les monosyllabes

flor ▸ *florecita* (fleur ▸ fleurette)
pan ▸ *panecito* (pain ▸ petit pain)
ley ▸ *leyecita* (loi ▸ petite loi)
<u>Mais</u> : *pie* ▸ *piececito* (pied ▸ petit pied)
Juan ▸ *Juanito* (Jean ▸ Jeannot)
Luis ▸ *Luisito* (Louis ▸ Petit Louis)

• les noms de deux syllabes dont la première comporte une diphtongue accentuée -**ue**-, -**ie**- ou -**ei**-

puerto ▸ *puertecito* (port ▸ petit port)
piedra ▸ *piedrecita* (pierre ▸ petite pierre)
reina ▸ *reinecita* (reine ▸ petite reine)
<u>Mais</u> : *cielo* ▸ *cielito* (ciel ▸ nom affectueux : mon trésor, mon amour…)

• les noms de deux syllabes terminés par la diphtongue atone -**io**, -**ia** ou -**ua**

genio ▸ *geniecito* (génie ▸ petit génie)
lengua ▸ *lengüecita* (langue ▸ petite langue)
<u>Mais</u> : *agua* ▸ *agüita* (eau ▸ eau délicieuse),
Julio ▸ *Julito* (Jules ▸ Juju)

• les noms de deux syllabes terminés par -**ío** ou -**ía**

frío ▸ *friecito* (froid ▸ un de ces froids)
cría ▸ *criecita* (petit d'un animal)
<u>Mais</u> : *tío, tía* ▸ *tíito, tíita, tiyito, tiyita* (oncle ▸ tonton, tante ▸ tata)

B Forme *-cito/-cita* pour :

• les noms de deux syllabes terminés par un **-e**

valle ► *valle**cito*** (vallée ► vallon)
café ► *cafe**cito**, cafe**tito**, cafe**lito*** (café ► petit café)

• les noms de deux syllabes ou plus terminés par un **-n**

canción ► *cancion**cita*** (chanson ► chansonnette)
joven ► *joven**cito**, joven**cita*** (jeune homme, jeune fille ► petit jeune homme, jeunot, petite jeune fille, jeunette)
Mais : *jardín* ► *jardin**cito**/jardin**ito***

• les noms de deux syllabes ou plus terminés par un **-r**

mujer ► *mujer**cita*** (femme ► petite femme)
Mais beaucoup ont (aussi) un diminutif en *-ito* :
señor ► *señor**ito*** (monsieur ► fils à papa),
alfiler ► *alfiler**ito*** (épingle ► petite épingle),
pilar ► *pilar**cito**/pilar**ito*** (pilier ► petit pilier)

C Forme *-ito /-ita* dans tous les autres cas :

• les noms de plus de deux syllabes terminés par **-e** ;

paquete ► *paquet**ito*** (paquet ► petit paquet)

• les noms terminés par **-a**, **-o** ou une consonne autre que **-n** ou **-r** ;

carta ► *cart**ita*** (lettre ► billet)
pájaro ► *pajar**ito*** (oiseau ► oisillon)
árbol ► *arbol**ito*** (arbre ► arbrisseau)

Le suffixe *-ito* s'emploie avec un certain nombre d'adjectifs (valeur d'intensité) : *redond**ito*** (tout rond), *pequeñ**ito*** (tout petit) et de façon beaucoup plus sporadique avec pronoms : *él, ella y ell**itos*** (lui, elle et toute la ribambelle) et gérondif : *calland**ito*** (sans faire le moindre bruit, *callarse* = se taire).

D Autres diminutifs : *-illo/a (-cillo/a, -ecillo/a)* , *-uelo/a (-zuelo/a, -ezuelo/a)*.

Les mêmes règles de formation s'appliquent à ces diminutifs.

flan ► *flan**ecillo*** (crème caramel ► bonne petite crème caramel)
fuente ► *fuent**ecilla*** (fontaine ► petite fontaine, source ► petite source)
tenedor ► *tenedor**cillo*** (fourchette ► petite fourchette)
dedo ► *ded**illo*** (doigt ► petit doigt ; *al dedillo* : sur le bout des doigts)
mozo ► *moz**uelo*** (garçon ► garçonnet)
Mais : *puerta* ► *port**ezuela*** (porte ► petite porte)
río ► *ria**chuelo*** (rivière ►ruisseau)

E Diminutifs régionaux : *-illo, -iño, -ín, -uco, -ico, -ete.*

- *illo* est très répandu en Andalousie : *un trabaj**illo*** (un petit boulot) ;

- *iño* en Galice : *rosiña* = *rosita* (petite rose)
- *ín* aux Asturies : *un momentín* = *un momentito* (un petit moment)
- *uco* dans la région de Santander : *la tierruca* (la terre natale)
- *ico* en Aragon et à Murcie : *la Pilarica* (la Vierge du Pilar)
- *ete* en Catalogne et Valence : *Miguelete* = *Miguelito*, *Roseta* = *Rosita*.

Tous ces diminutifs peuvent avoir selon le contexte une valeur affective ou péjorative.

mi amorcito : mon petit amour
Este librillo no me sirve de nada. Ce livre-là ne me sert à rien.

A l'exception de *-ito*, les diminutifs peuvent modifier le sens du nom.

cigaro ► *cigarillo* (cigare ► cigarette)
paso ► *pasillo* (passage ► couloir)
estribo ► *estribillo* (étrier ► refrain)
paño ► *pañuelo* (drap (tissus) ► mouchoir, foulard)

F **Diminutifs particuliers aux animaux : *-ato, -ezno, -ucho, -ino*.**

ciervo ► *cervato* (cerf ► daguet, jeune cerf)
lobo ► *lobezno* (loup ► louveteau)
águila ► *aguilucho* (aigle ► aiglon)
paloma ► *palomino* (pigeon ► pigeonneau)

Pour les augmentatifs et les collectifs qui ne peuvent s'ajouter qu'à un nombre restreint de noms (voir annexe, p. 342).

5 La nominalisation

Tout mot ou groupe de mots peut réaliser, occasionnellement, la fonction de nom, grâce à la **nominalisation** ou **substantivation** qu'opère l'emploi d'un déterminant devant le mot ou groupe de mots en question.

Ce mot ou groupe de mots peut être :

• **un adjectif ;**
Los enfermos se quejaban. Les malades se plaignaient.
[L'article défini *los* nominalise l'adjectif *enfermos*.]
Este amarillo no le gustó a la anciana. Ce jaune n'a pas plu à la vieille dame.
[Le démonstratif *este* nominalise l'adjectif *amarillo* et l'article défini *la* nominalise l'adjectif *anciana*].

• **un adverbe ;**
Tu sí me parece muy tímido. Ton oui me semble bien timide.
[Le possessif *tu* nominalise l'adverbe *sí*.]

• une préposition ;

Por y *para* son dos preposiciones españolas que no se deben confundir. En esta frase, pondría yo un **por** y no un **para**.
Por et para sont deux prépositions espagnoles qu'il ne faut pas confondre. Dans cette phrase, moi je mettrais un *por* et non un *para*.
[Dans la 2ᵉ phrase, l'article indéfini *un* nominalise les prépositions *por* et *para*. Dans la 1ʳᵉ phrase, *por* et *para* sont employés sans déterminant, comme des noms propres.]

• une conjonction ;

El juego consiste en no usar ningún **cuando** *en el relato.*
Le jeu consiste à n'utiliser aucun « quand » dans le récit.
[L'indéfini *ningún* nominalise la conjonction *cuando*.]

• un verbe à l'infinitif ;

El **oscurece**r *nos complicó la tarea.*
La venue de l'obscurité nous compliqua la tâche.
[L'article défini *el* nominalise le verbe *oscurecer* à l'infinitif, qui exprime mieux que le nom *oscuridad* (obscurité) le déroulement du temps.]
Este leve **susurrar** *del surtidor le ponía nervioso.*
Ce léger murmure du jet d'eau l'agaçait.
[Le démonstratif *este* nominalise le verbe *susurrar* à l'infinitif. Comme tout verbe, *susurrar* exprime mieux le déroulement du temps, la durée, que le nom *susurro*. Comme un nom, il peut être complété par des groupes adjectivaux : dans cet exemple, l'adjectif *leve*.]

Notons qu'en espagnol, tout verbe à l'infinitif peut être nominalisé. Le déterminant est toujours à la forme non marquée du masculin singulier.

• une proposition infinitive ;

Es una tontería (el) **no desayunar** *antes de salir de excursión.*
C'est une bêtise de ne pas prendre de petit déjeuner avant de partir en excursion.
[Dans une proposition infinitive, le verbe à l'infinitif continue à jouer le rôle d'un verbe : il peut avoir des compléments et être complété par des adverbes. Le déterminant, dans cet exemple l'article défini *el*, est facultatif.]

• une proposition introduite par *que* ou *como*.

(El) **que me digas eso** *no me extraña nada.*
Le fait que tu me dises cela ne m'étonne pas du tout. [L'article défini *el*, le seul déterminant possible, est facultatif.]
Me gustaría saber (el) **cómo lo has conseguido.**
J'aimerais savoir comment tu y es arrivé. = J'aimerais connaître ta façon d'y arriver. [L'article défini *el*, le seul déterminant possible, est facultatif.]

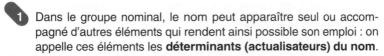

2

Les déterminants (actualisateurs) du nom

1 Dans le groupe nominal, le nom peut apparaître seul ou accompagné d'autres éléments qui rendent ainsi possible son emploi : on appelle ces éléments les **déterminants (actualisateurs) du nom**.

2 Le plus souvent, les **déterminants précèdent** le nom au sein du groupe nominal. **Ils précisent ou limitent son sens** et dans la majorité des cas, ils s'accordent en genre et nombre avec lui.

la mano : la main
la hipótesis : l'hypothèse
el paréntesis : la parenthèse

las manos : les mains
las hipótesis : les hypothèses
los paréntesis : les parenthèses.

3 Le déterminant peut parfois être le seul élément distinctif du genre ou de la signification.

este/esta pianista : ce/cette pianiste
doscientos cometas : deux cents comètes/*doscientas cometas* : deux cents cerfs-volants.

> *dos cometas* peut signifier « deux comètes » ou « deux cerfs-volants », *mi colega* « mon » ou « ma collègue ». En effet, le sens est ambigu, quand le déterminant a la même forme au masculin et au féminin.

4 Font partie de la catégorie grammaticale des déterminants (actualisateurs) : les **articles**, les **adjectifs démonstratifs**, les **adjectifs possessifs**, les **numéraux**, les **adjectifs indéfinis**, les **interrogatifs** et les **exclamatifs**.

5 Quand le nom est omis, les déterminants peuvent le remplacer et devenir ainsi **pronoms** ou **substituts** du groupe nominal (voir p. 114).

1 Les articles

GÉNÉRALITÉS

A L'article peut être indéfini ou défini.

Observez les exemples suivants :
*Entraron aquí **un** hombre y **una** mujer. **E**l hombre era moreno y **la** mujer rubia.*

Un homme et une femme sont entrés ici. L'homme était brun et la femme blonde.
[L'article indéfini (*un*/ *una*) précède un nom (*hombre*/ *mujer*) dont on n'a pas encore parlé. L'article défini (*el*/ *la*) précède un nom déjà mentionné.]

***E**l vestido **que compré ayer** me sienta bien.*

La robe que j'ai achetée hier me va bien.
[L'article défini (*el*) précède un nom (*vestido*) immédiatement déterminé par une proposition relative (*que compré ayer*), qu'on ne pourrait pas supprimer.]

*Ayer compré **un** vestido que me sienta muy bien.*

Hier, j'ai acheté une robe qui me va très bien.
[La proposition relative *que me sienta muy bien* complète mais ne détermine pas *vestido*; on pourrait la supprimer (voir p. 340).]

> Ces articles, qui n'existaient pas en latin, sont des créations des langues romanes à partir du numéral *unum*/ *unam* pour **l'article indéfini** *un*/ *una* et à partir du démonstratif de 3e personne *illum*/ *illam* pour **l'article défini** *el*/ *la.*
>
> Un (1) homme et une (1) femme sont entrés ici. Cet homme-là était brun, cette femme-là était blonde.

B L'article indéfini devant un nom qui désigne une entité unique introduit un aspect particulier de cette entité.

un sol de justicia : un soleil de plomb

L'article n'est pas incompatible avec l'expression de la généralité.

***Un** gorrión no vuela tan alto.* Un moineau ne vole pas si haut.

Dans ce cas, il s'agit d'un individu quelconque pris dans un ensemble et qui a valeur d'exemple.

C L'article défini s'emploie avec les noms qui désignent une entité unique, qui n'a donc pas besoin d'être définie.

***el** sol* : le soleil   *la luna* : la lune   ***el** Papa* : le Pape.

De même, on l'utilise pour exprimer une généralité.

***El** hombre es mortal.* L'homme est mortel.

L'ARTICLE INDÉFINI

A **Les formes**.

	MASCULIN	FÉMININ
singulier	*un*	*una*
pluriel	*ø / (unos)*	*ø / (unas)*

un libro : un livre
una casa : une maison

un tomate : une tomate
una nariz : un nez

> Devant un nom féminin singulier commençant par **a** ou **ha**
> tonique, *un* est plus fréquent que *una*, mais les deux formes sont
> possibles.
>
> *un/ (una) ave rápida* : un oiseau rapide
> *un/ (una) agua tibia* : une eau tiède
> *un/ (una) águila espléndida* : un aigle splendide
> *un/ (una) hambre canina* : une faim de loup
> *un/ (una) hacha afilada* : une hache aiguisée
> Mais : *una aguja muy puntiaguda* : une aiguille très pointue

B **Les emplois au singulier**.

• L'article indéfini est surtout employé pour **individualiser** un être ou
un objet à l'intérieur d'une catégorie.

No es un lirio sino una azucena. Ce n'est pas un iris mais un lys.

Il donne au nom qu'il précède à la fois la valeur d'un indéfini et celle
du numéral « un/ une ». Comparez :

Ladró un perro. Un chien a aboyé.
Ladró algún/ cierto/ cualquier perro. Un chien (quelconque)/ un certain chien/
n'importe quel chien a aboyé.

• **Emplois spécifiques.**

– *Un* **emphatique** : mise en relief du caractère unique.

¡Hace un frío! Il fait un de ces froids !
No tenía ni una peseta. Il n'avait pas une seule pésète.
Lo hice de una vez. Je l'ai fait d'un seul coup, d'une seule traite.
Díselo de una vez. Dis-le lui une fois pour toutes.
Hablaban a un tiempo. Ils parlaient tous en même temps.
Empujad el coche todos a una. Poussez la voiture tous ensemble.

– *Un/ una* **devant un pourcentage.**

El número de accidentes con víctimas se ha rebajado en un 4,4 %.
Le nombre d'accidents corporels a baissé de 4,4 %.

Si le pourcentage est suivi d'une adjectivation (adjectif, complément de nom, proposition relative...), *un* indique l'approximation à la différence de *el*. Comparez :

Un 68 % de los alumnos de Baleares recibe enseñanza en catalán.
Environ 68 % des élèves des Baléares reçoivent un enseignement en catalan.
El 68 % de los alumnos... 68 % des élèves...

– Suivi de **como**, **casi**, **a modo de**, **a manera de**, l'article indéfini est l'équivalent du français « une sorte de », « une espèce de ».

*Vestía **un a modo de** mono.* Il portait une espèce de bleu de travail.

– L'équivalent du français « n'être (vraiment) pas **un/une** » est en espagnol **no ser ningún/ ninguna**...

*Vd no es **ningún** genio/ **ninguna** estrella.*
Vous n'êtes (vraiment) pas un génie/une star.

C **Les emplois au pluriel.**

• Quel est le pluriel de : « Je veux **une** pomme » ?
Si « **une** » est considéré comme numéral, le pluriel sera : « Je veux deux, trois, quelques, mille... pommes ». *Quiero **una** manzana/ Quiero dos, tres, algunas, mil... manzanas.*
Si « **une** » est considéré comme article (je veux une pomme et pas une poire), le pluriel sera : « Je veux **des** pommes ». *Quiero ø manzanas.*
C'est pourquoi on peut affirmer que **l'article indéfini**, en espagnol, **n'a pas de pluriel** (symbolisé par ø).

• Toutefois, on emploie **unos/ unas** :
– avec les noms qui ne s'emploient qu'au pluriel ;

*Nos rodeaban **unas** tinieblas.* Des ténèbres nous entouraient.
*Los sitiados necesitan **unos** víveres para resistir.* Les assiégés ont besoin de vivres pour résister.

– avec les noms qui désignent des objets qui vont par paires.

*Voy a comprar **unas** gafas.* Je vais acheter une paire de / des lunettes.
Mais : *Necesito llevar gafas.* J'ai besoin de porter des lunettes.

• *Unos / unas* s'emploie également, sans être obligatoire :

– **quand le nom est complété par une adjectivation** (adjectif, complément de nom, proposition relative...) ;

*Son **unos** amigos muy majos.* Ce sont des amis très sympathiques.
Mais : *Son amigos, no parientes.* Ce sont des amis, pas des parents.

– **quand il détermine un nom sujet**, surtout si le nom est en début de phrase ;
Unos campesinos bailaban en la plaza. Des paysans dansaient sur la place.
[*campesinos* est sujet et en tête de phrase.]

Bailaban (unos) campesinos en la plaza. Des paysans dansaient sur la place. [*Campesinos*, sujet, est en deuxième position].

Buscábamos campesinos en la muchedumbre. Nous cherchions des paysans dans la foule. [*Campesinos* n'est pas sujet mais complément, on n'emploie pas *unos*.]

Campesinos eran todos. C'étaient tous des paysans. [*Campesinos* en tête de phrase n'est pas sujet mais attribut, on n'emploie pas *unos*.]

– **devant un numéral** pour exprimer l'approximation.

*Cuesta **unas** diez mil pesetas.* Ça coûte autour de dix mille pésètes.

• ***Unos/unas***, de même que *un/una*, **transforme un adjectif en substantif**.

Eres ingenuo. Tu es ingénu. / *Eres **un** ingenuo.* Tu es un ingénu.

Sois ingenuos. Vous êtes ingénus. / *Sois **unos** ingenuos.* Vous êtes des ingénus.

D **Absence de l'article indéfini.**

• **On n'emploie pas l'article indéfini** avec d'autres déterminants, comme ***cualquier*** (n'importe quelle), ***igual, semejante, tal*** (une telle), ***otro/a*** (une autre), ***tanto/a*** (tant de), ***tamaño/a*** (une si grande) placés devant le nom.

*Puede llegar en **cualquier** momento.* Il peut arriver à n'importe quel moment / à un moment quelconque.

*Pocas veces he visto **semejante** empeño.* J'ai rarement vu une telle opiniâtreté.

*Se trata de **otra** tía.* Il s'agit d'une autre tante.

• **Dans certains cas, l'usage est double**.

Avec ***cierto/a*** (une certaine), l'emploi de l'article indéfini est considéré comme un gallicisme par l'Académie, mais il est de plus en plus fréquent.

*En **cierta** ocasión no supe qué contestarle.*
Dans une certaine occasion, je n'ai pas su quoi lui répondre.

*Durante el juego, él empezaba a mostrar (una) **cierta** impaciencia.*
Pendant le jeu, il commençait à montrer une certaine impatience.

Avec ***medio/a*** (une demie), ***doble*** (une double), on n'emploie pas, en général, l'article indéfini.

*Sólo quiero **medio** pollo.* Je ne veux qu'un demi-poulet.

*La película dura hora y **media**.* Le film dure une heure et demie.

*He pedido **doble** ración de calamares.* J'ai demandé une double ration de calmars.

Cependant, l'article indéfini peut apparaître.

*Me desayuné **una media** barra de pan.* Au petit déjeuner, j'ai mangé une demi-baguette de pain.

Cierto, *cualquier(a)*, *igual*, *semejante* peuvent se placer après le nom. Dans ce cas, ils deviennent adjectifs qualificatifs et changent de sens. L'article *un / una* apparaît comme déterminant (actualisateur).

*Es **un** hecho **cierto***. C'est un fait certain.
*No es **un** pueblo **cualquiera***. Ce n'est pas un village quelconque.
*Quisiera **un** vestido **semejante***. Je voudrais une robe dans ce genre.
*Quisiera **un** vestido **igual***. Je voudrais une robe comme celle-là.

Dans une phrase négative, interrogative ou exclamative, ***igual*** et ***semejante***, placés après le nom et sans article restent des déterminants.

*No quisiera vestido **semejante***. Je ne voudrais pas d'une telle robe.
*¡Nunca vi cosa **igual**!* Je n'ai jamais vu une chose pareille !
*¿Has oído ya cuento **semejante / igual**?* As-tu déjà entendu pareille histoire ?

• L'article indéfini est facultatif :

– dans une énumération ;
Si elle est un peu longue et que les noms sont du même domaine, les derniers apparaissent sans article, sauf si on veut faire ressortir l'individualité de chacun d'entre eux.

*Cuando el buen Dios decide enviarnos **una** nevada grandiosa, **un** huracán, tifón, lluvia monzónica, sequía apocalíptica, la única actitud posible que nos queda es capear lo mejor posible la catástrofe. (El País, 2.1.1997)*
Quand le bon Dieu décide de nous envoyer **une** tempête de neige grandiose, **un** ouragan, **un** typhon, **une** pluie de mousson, **une** sécheresse apocalyptique, la seule attitude qui nous reste est de braver le mieux possible la catastrophe.

– devant les expressions de quantité ;
*Tengo **(una)** gran cantidad de sellos*. J'ai une grande quantité de timbres.
*Recibimos cada día **(una)** multitud de quejas*. Nous recevons tous les jours une multitude de plaintes.

L'article indéfini est **facultatif** devant *cantidad de, multitud de,…* synonyme de *muchos / muchas* (beaucoup de). Il devient **obligatoire** si le nom est complété par une proposition relative.

Recibimos una multitud de quejas que nos sorprenden un poco.
Nous recevons une multitude de plaintes qui nous surprennent un peu.

– après les prépositions *de* et *con*, avec un nom accompagné d'un adjectif, à la différence du français où l'article indéfini apparaît.
*Goza **de (una)** buena salud*. Il jouit **d'une** bonne santé.
*Ella lo hacía siempre **con** delicadeza / **con (una)** extrema delicadeza.*
Elle le faisait toujours avec délicatesse / avec **une** extrême délicatesse.

A Les formes.

	MASCULIN	FÉMININ
singulier	*el*	*la*
pluriel	*los*	*las*

el / los libro(s) : le / les livre(s) | *el / los tomate(s)* : la / les tomate(s)
la / las casa(s) : la / les maison(s) | *la nariz / las narice(s)* : le / les nez

• Au singulier, devant un nom féminin commençant par **a** ou **ha** tonique, pour éviter l'hiatus, on emploie obligatoirement la forme **el**.

C'est le résultat de l'apocope du **a** final de l'ancienne forme *ela*, parallèle à l'apocope du **o** final du masculin *elo*: el(o) árbol / el(a) agua.

el ave nocturna : l'oiseau de nuit | *el agua fría* : l'eau froide
el habla española : la langue espagnole
Mais : *la aguja diminuta* : la toute petite aiguille | *la habichuela* : le haricot

Toutefois **el** ne s'emploie pas dans trois cas :
– avec le nom des lettres **A** et **H** de l'alphabet : *la a* (le a), *la hache* (le h) ;
– devant un prénom féminin, dans son usage familier ;
De sus cinco hijas, sólo la Ana y la Ángela quedaron solteras.
De ses cinq filles, seules l'Anne et l'Angèle sont restées célibataires.

– avec les noms où seul l'article marque une différence de genre correspondant à une différence de sexe ;
la árabe : l'arabe (femme) / *el árabe* : l'arabe (homme)
la ánade : la cane / *el ánade* : le canard

– devant un adjectif féminin commençant par **a** ou **ha** tonique.
la alta montaña : la haute montagne

• Contraction de l'article.

L'article masculin singulier **el** se contracte avec les prépositions **a** et **de**.

a + *el* = **al**   *Voy al cine.* Je vais au cinéma.
de + *el* = **del**   *Vuelvo del teatro.* Je reviens du théâtre.

La contraction ne se fait pas, du moins à l'écrit, avec un nom propre ou un titre qui commence par l'article *El*.
De vuelta de El Ferrol, voy a El Escorial.
De retour du Ferrol, je vais à l'Escurial.

Admiro tanto un cuadro de El Greco como un capítulo de El Quijote.
J'admire autant un tableau du Gréco qu'un chapitre du *Quichotte*.

B **Les emplois spécifiques**.

Voici les principaux cas où l'usage diffère en espagnol et en français.

• L'heure.

L'espagnol emploie l'article défini avant le numéral.

*Es **la** una/ **la** una y media.*	Il est une heure/une heure et demie.
*Son **las** dos.*	Il est deux heures.
*Dan **las** doce.*	Midi (Minuit) sonne.

Retenez la place du verbe (en tête de phrase) et son accord (*una* ►
es; *dos* ► *son*), ainsi que l'absence du nom *hora*.

Pour « midi » et « minuit », l'espagnol emploie l'article défini pour parler de l'heure précise, mais ne l'emploie pas pour parler d'un moment
dans la journée. Comparez.

*Llámame a **las** doce.* Appelle-moi à midi. [à 12 h précises]
Llámame a mediodía, a la hora de comer.
Appelle-moi à midi, à l'heure du repas. [moment de la journée]
*Cenicienta tenía que volver a su casa a **la** medianoche.*
Cendrillon devait rentrer chez elle à minuit.
Juan llegó a medianoche.
Jean arriva dans la nuit.

• L'âge.
Comparez :
Tengo treinta y seis años. J'ai trente-six ans.
*Pilar se casó a **los** treinta y seis años.* Pilar s'est mariée à trente-six ans.

On n'emploie pas l'article *los* après *tener* (avoir) pour exprimer l'âge
que l'on a, mais on l'emploie après la préposition *a* pour indiquer l'âge
auquel on fait quelque chose.

> ***A los*** + (nombre cardinal) + *días/ semanas/ meses/ años* signifie
> aussi « au bout de ... jours/ semaines/ mois/ années ». Donc, selon
> le contexte, l'expression ***a los ... años*** peut exprimer le temps
> écoulé et non pas l'âge.
>
> ***A los*** dos **años** *se separaron.* Au bout de deux ans, ils se séparèrent.

• L'année.
Quand on exprime l'année uniquement par la dizaine et l'unité, l'article
el peut apparaître devant le numéral, *año* étant sous-entendu.

*Yo no le había escrito desde **(el)** 92 (noventa y dos).*
Je ne lui avais pas écrit depuis 92 (quatre-vingt-douze).

• Les jours de la semaine.

On emploie l'article *el* devant un jour de la semaine, pour désigner le dernier ou le prochain selon le temps du verbe. Dans ce cas, il n'y a pas d'article en français.

*Fui allí **el** viernes, no estaban; volveré **el** lunes*. J'y suis allé(e) vendredi (**dernier**), ils n'étaient pas là : j'y retournerai lundi (**prochain**).

Pour exprimer la périodicité, on emploie l'article pluriel *los* (article singulier « le » en français).

*Está cerrado **los** domingos*. C'est fermé le dimanche.

• La date.

On n'emploie pas l'article défini devant le chiffre du jour :

– dans l'équivalent de « nous sommes le ... » ;
Hoy, estamos a 3 de febrero. Aujourd'hui, nous sommes le 3 février.

– dans l'en-tête d'une lettre.
Córdoba, 28 de enero de 1998. Cordoue, (le) 28 janvier 1998.

• *Señor, señora, señorita* suivis d'un titre, d'un nom de famille.

On emploie l'article défini, quand on parle de la personne.

El Señor Presidente no está. Monsieur le Président n'est pas là.

Le llama la Señorita Alarcón. Mademoiselle Alarcón vous demande.

Mais l'article n'apparaît pas, si on s'adresse directement à la personne.

– *Señor Presidente ¿estará Vd mañana?* Monsieur le Président, serez-vous là demain ?

– *Señorita Alarcón ¿puedo pasar?* Mlle Alarcón, puis-je entrer ?

• Devant un pourcentage.

Quand un pourcentage est suivi d'une adjectivation, l'article *el* introduit un chiffre précis et l'article *un* une approximation (voir p. 51).

En l'absence d'adjectivation, *un* et *el* peuvent introduire un pourcentage précis.

Los sectores que han acumulado mayores plusvalías han sido los de comunicaciones, con un 67,76 %; inversión, con el 56,76 %, y electricidad, con el 49,25 %. (El País)
Les secteurs qui ont accumulé les plus grandes plus-values ont été ceux des communications avec 67,76 %, de l'investissement avec 56,76 % et de l'électricité avec 49,25 %.
[L'article indéfini *un* introduit le premier pourcentage, l'article défini *el* les suivants.]

• Devant un nom en apposition à un pronom sujet.

On emploie obligatoirement l'article défini comme déterminant d'un nom apposé à un pronom sujet.

*Nosotros, **los** andaluces, somos así*. Nous, (les) Andalous, on est comme ça.

• Avec valeur de possessif.
Pour les parties du corps et les vêtements, compléments d'un verbe, le possessif peut disparaître au profit de la construction :
verbe réfléchi + article défini.

*Ha dejado **su** sombrero en casa.* ► *Se ha dejado **el** sombrero en casa.*
Il/Elle a laissé son chapeau à la maison.
*Había puesto **mi** chaqueta azul.* ► *Me había puesto **la** chaqueta azul.*
J'avais mis ma veste bleue.

• Substantivation.
L'article défini permet de transformer en nom (substantiver) n'importe quel type de mot ou groupe de mots, quelle que soit sa catégorie grammaticale (voir p. 47).

C **Absence de l'article défini**.
• On omet fréquemment l'article défini :

– devant **casa** (maison), **caza** (chasse), **pesca** (pêche), **misa** (messe), **presidio** (bagne), **Palacio** (Palais Royal), quand ils sont compléments de lieu et non déterminés ;

Vamos a casa. Rentrons chez nous (à la maison).
Fue a misa. Il/Elle est allé(e) à la messe.

L'article apparaît quand le nom est déterminé.

*En Nochebuena, Felipe no estaba en casa, había ido a **la** misa del gallo.*
La Nuit de Noël, Philippe n'était pas chez lui, il était allé à la messe de minuit.

– devant les noms de **pays** ou de **régions** non déterminés ;

Diego visitó España y Portugal y después Francia y Alemania.
Jacques visita l'Espagne et le Portugal et ensuite la France et l'Allemagne.

Devant le nom d'un certain nombre de pays, l'article est possible, mais pas obligatoire (sauf pour *el Salvador*).

Au singulier
(el) Afganistán, (la) Argentina, (el) Brasil, (el) Camerún, (el) Canadá, (la) China, (el) Congo, (el) Ecuador, (la) India, (el) Indostán, (el) Japón, (la) Libia, (el) Líbano, (el) Luxemburgo, (el) Paquistán, (el) Paraguay, (el) Perú, el Salvador, (el) Senegal, (el) Uruguay, (el) Yemen.

Au pluriel
(los) Países Bajos, (los) Estados Unidos, (los) EE. UU.

Mais l'article apparaît obligatoirement devant les noms de pays ou de régions déterminés.

La España de hoy no tiene nada que ver con la de entonces.
L'Espagne d'aujourd'hui n'a rien à voir avec celle d'alors.

Parmi les régions de l'Espagne, certaines font exception : *la Mancha, la Rioja...*

Don Quijote atravesó la Mancha, Castilla y Aragón.
Don Quichotte traversa la Manche, la Castille et l'Aragon.

– devant les noms de **services publics** qui s'écrivent avec une majuscule.

Tengo que pasar por **Correos** *e ir después a* **Hacienda**. Je dois passer à la poste et aller ensuite à la perception / au Ministère des finances.

• **On n'emploie jamais l'article défini :**

– devant *Cristo* et les fêtes religieuses en tant que dates ;

Los romanos desembarcaron en la Península ibérica en 218 antes de **Cristo**.
Les Romains débarquèrent dans la péninsule ibérique en 218 avant J-C.
Su accidente ocurrió en **Navidades**. Son accident est arrivé à Noël.

– devant les noms de **disciplines scolaires** ou **intellectuelles**, après les verbes *aprender* (apprendre), *estudiar* (étudier), *cursar* (suivre des cours de), *enseñar* (enseigner) ;

Isabel se puso a **aprender** *catalán, ya que* **dominaba** *bastante bien* **el** *castellano*. Isabelle se mit à apprendre le catalan puisqu'elle parlait déjà assez bien le castillan.

– après le pronom relatif *cuyo / cuya / cuyos / cuyas* ;
Le relatif *cuyo* joue le rôle de déterminant du nom qui le suit et avec lequel il s'accorde en genre et en nombre.
La casa **cuyo** *tejado es de cuatro aguas es la del médico*.
La maison dont **le** toit a quatre pentes est celle du médecin.
La casa vecina **cuyas** *ventanas están abiertas es la del alcalde*.
La maison voisine dont **les** fenêtres sont ouvertes est celle du maire.

Les exclamations françaises du type « **le** beau paysage ! » se traduisent en espagnol de plusieurs façons, toutes sans article défini. On dira :

¡Bonito paisaje! ¡Qué bonito paisaje! ¡Qué paisaje más bonito!

> Pour certains, *lo* est considéré comme un déterminant (actualisateur) devant un adjectif ou un participe passé (voir p. 106).
>
> **Lo raro** *en este asunto es que nadie está al tanto*.
> Ce qu'il y a d'étrange dans cette affaire, c'est que personne n'est au courant.

COMMENT TRADUIRE LE PARTITIF FRANÇAIS ?

On appelle partitif en français le déterminant (actualisateur) placé devant le nom des objets indénombrables. Il indique que l'on ne considère qu'une partie de ce que désigne le nom. Il se rattache par le sens à l'article indéfini et par la forme à l'article défini, précédé de la préposition « de ».

Je veux **du** pain et **de** l'air pur. Je veux **de la** viande et **de** l'eau.
Je mange **des** confitures et **des** épinards.

La préposition « de » est employée seule dans une phrase négative.

Je **ne** veux **pas de** pain **ni** d'air pur. Je **ne** veux **pas de** viande **ni** d'eau.
Je **ne** mange **pas de** confitures **ni** d'épinards.

En espagnol, il n'y a généralement pas de partitif. Il faut donc comparer les différents emplois du partitif français et leurs équivalents en espagnol.

A **Partitifs « du, de la, de l', de » devant un nom indénombrable ► pas d'article en espagnol.**

Je bois **du** vin.	*Bebo vino.*
Tu bois **de la** limonade.	*Bebes gaseosa.*
Elle boit **de** l'anis avec **de** l'eau.	*Bebe anís con agua.*

Je ne bois pas **de** vin / **de** limonade / **d'**anis / **d'**eau.
No bebo vino / gaseosa / anís / agua.

B **Déterminant « des » en français et ses équivalents en espagnol.**

Attention à deux emplois différents de « **des** » comme déterminant.

• **partitif** de noms indénombrables masculins ou féminins pluriel ► **pas d'article en espagnol**.

J'ai mangé **des** épinards.   *He comido espinacas.*

• **pluriel de l'article indéfini « un / une »** avec des noms dénombrables ► **pas d'article en espagnol**.

J'ai mangé **des** gâteaux et **des** oranges.   *He comido pasteles y naranjas.*

C **Équivalents particuliers du partitif français** en espagnol avec les adjectifs démonstratifs et les adjectifs possessifs.

ADJECTIFS DÉMONSTRATIFS	ADJECTIFS POSSESSIFS
Je veux **de cette viande**.	Je veux **de ta** viande.
Je veux **de ces** pommes.	Je veux **de tes** pommes.

Dans ces cas, on aura aussi en espagnol :

ADJECTIFS DÉMONSTRATIFS	ADJECTIFS POSSESSIFS
*Quiero **de esta** carne.*	*Quiero **de tu** carne.*
*Quiero **de estas** manzanas.*	*Quiero **de tus** manzanas.*

Expressions courantes où l'usage du déterminant en français diffère de l'espagnol.

• Avec un nom indénombrable, on n'emploie aucun article en espagnol. C'est donc aussi le cas avec un certain nombre d'expressions où les verbes **tener, dar, pedir, perder, hacer**... sont suivis de noms abstraits.

Tengo dinero, paciencia, valor.
J'ai **de l'**argent, **de la** patience, **du** courage.
Tienes tiempo, derecho, permiso, ocasión.
Tu as **le** temps, **le** droit, **la** permission, l'occasion.
Tenemos miedo, vergüenza, hambre, sed.
Nous avons peur, honte, faim, soif.
Tenéis calor, frío...
Vous avez chaud, froid... [adjectif]

• On dit cependant :

*perder **la** paciencia* : perdre patience
*dar **la** razón* : donner raison

Pour ces cas particuliers, il faut se reporter à l'usage.

► Pour les articles employés comme pronoms, voir p. 135.

2 Les adjectifs démonstratifs

• En tant que déterminants, les adjectifs démonstratifs **indiquent** la situation de ce que désigne le nom par rapport au locuteur (la personne qui parle) et du point de vue de ce locuteur.

La relation indiquée (qu'on appelle déictique) **marque soit l'appartenance** par rapport au locuteur, **soit la situation dans l'espace** par rapport au locuteur, **soit la situation dans le temps** par rapport au moment du récit.

• La situation spatiale peut être réelle mais aussi contextuelle et, dans ce cas, les démonstratifs permettent de faire référence à quelque chose que l'on vient de dire ou de lire ou d'annoncer quelque chose à venir.

• Les adjectifs démonstratifs s'accordent en genre et en nombre avec le nom qu'ils déterminent.

	MASCULIN	FÉMININ
singulier	*este ese aquel*	*esta esa aquella*
pluriel	*estos esos aquellos*	*estas esas aquellas*

> Le système des démonstratifs en espagnol comporte trois formes, comme en latin, alors qu'en français il n'y en a que deux (« ce...-ci »/ « ce...-là » au masculin singulier, se réduisant la plupart du temps à une seule « ce »). D'où des problèmes de choix et de traduction, quand on passe d'une langue à l'autre.

este / ese / aquel libro : ce livre
esta / esa / aquella casa : cette maison
estos / esos / aquellos libros : ces livres
estas / esas / aquellas casas : ces maisons

| PLACE DANS LA PHRASE

A **De façon générale**, l'adjectif démonstratif se place avant le nom pour le déterminer.

Aquel barco le pertenece. Ce bateau-là lui appartient.

Placé après le nom, il permet de créer un effet d'intensité. Le nom est dans ce cas précédé de l'article défini, qui joue le rôle de déterminant.

*El barco **aquel** le pertenece*. Ce bateau là-bas lui appartient.

B Quand il est placé avant le nom, il peut être précédé de *todo*, et suivi d'un numéral ou de certains indéfinis de quantité comme *poco, mucho, demasiado*.

*Llovió <u>toda</u> **aquella** noche.*
Il a plu toute cette nuit-là.

***Eso**s <u>dos</u> cantautores tienen mucho éxito.*
Ces deux chanteurs-compositeurs ont beaucoup de succès.

***Esos** <u>pocos</u> días me parecieron una eternidad.*
Ces quelques jours m'ont semblé une éternité.

C Il peut aussi être suivi d'un possessif, placé avant ou de préférence après le nom.

*Le desanimaron **estas** <u>mis</u> exigencias / **estas** exigencias **mías**.*
Ces exigences de ma part l'ont découragé.

D L'adjectif démonstratif peut transformer un infinitif en nom (voir p. 48).

*Ese continuo **chirriar** de la puerta del desván me quitó el sueño.*
Ce continuel grincement de la porte du grenier m'empêcha de dormir.

VALEURS GÉNÉRALES

A *Este, esta, estos, estas.*

Par rapport au locuteur : ***este*** correspond au locuteur (***yo, nosotros/nosotras***).

*Me duele **esta** muela.* Cette dent me fait mal. / J'ai mal à cette dent.

Valeur dans l'espace : ***este*** désigne ce que le locuteur considère comme proche de lui.

*José vive aquí en **este** barrio.* Joseph habite ici dans ce quartier.

Valeur dans le temps : ***este*** se réfère à ce que le locuteur choisit comme temps présent.

***Esta** mañana, **esta** semana, **este** mes, **este** año... he ahorrado dinero.*
Ce matin, cette semaine, ce mois-ci, cette année... j'ai économisé de l'argent.

B *Ese, esa, esos, esas.*

Par rapport au locuteur : ***ese*** correspond à l'interlocuteur (***tu, vosotros/vosotras, Vd, Vdes***).

***Ese** tu nuevo coche me gusta mucho.*
J'aime beaucoup ta nouvelle voiture. [dont tu viens de me parler ou que j'ai sous les yeux]

Valeur dans l'espace : ***ese*** désigne ce que le locuteur considère comme moyennement distant.

*Lo he encontrado ahí en **esa** tienda de la plaza mayor.*
Je l'ai trouvé, pas loin d'ici, dans cette boutique de la grand-place.

Valeur dans le temps : ***ese*** correspond à un passé récent ou à un futur proche par rapport au moment où l'on parle (appelé présent de locution).

*A pesar de todo, **ese** año no resultó catastrófico para la empresa.*
Malgré tout, cette année-là n'a pas été catastrophique pour l'entreprise.
[*Ese* dans une phrase au passé peut se dire pour une année proche dans le passé.]

*Voy a pedir un año sabático y **ese** año lo dedicaré a viajar por América latina.*
Je vais demander une année sabbatique et cette année-là, je la passerai à voyager en Amérique latine. [*Ese* dans une phrase au futur peut se dire pour une année proche dans l'avenir.]

Valeur spécifique de *ese* : étymologiquement, ***ese*** provient du démonstratif latin de renforcement *ipse* (celui-là même), conservé dans l'expression *ipso facto* (par là même).

*Aprobó fácilmente los dos cursos comunes pero ahí se plantó, se negó a continuar. **Ese mismo** año terminé yo Bellas Artes.* (M. Delibes)
Elle réussit facilement les deux années du tronc commun, mais là elle laissa tout tomber, elle refusa de continuer. Cette même année, moi je terminai les Beaux-Arts.

On retrouve cette nuance de renforcement, lorsque le nom déterminé par *ese* est complété par un groupe nominal ou une proposition relative, qui précise les traits spécifiques d'une catégorie d'êtres ou de choses.

*Era una de **esas** vacas de los Alpes suizos que dan muchísima leche.*
C'était une de ces vaches des Alpes suisses qui donnent beaucoup de lait.

C | ***Aquel, aquella, aquellos, aquellas.***

<u>Par rapport au locuteur</u> : ***aquel*** correspond à une tierce personne (***él, ella, ellos, ellas***).

***Aquel** coche es de un médico de aldea.*
Cette voiture appartient à un médecin de campagne.

<u>Valeur dans l'espace</u> : ***aquel*** désigne ce que le locuteur considère comme éloigné.

*Me imagino que no volveré allí por **aquellas** comarcas exóticas.*
J'imagine que je ne retournerai pas là-bas dans ces contrées exotiques.

<u>Valeur dans le temps</u> : ***aquel*** situe l'événement dans un passé ou un futur lointain par rapport au présent de locution.

***Aquel** invierno, cuando nació tu abuelo, hacía mucho frío.*
Cet hiver-là, quand est né ton grand-père, il faisait très froid.

*Tendremos todos canas cuando llegue **aquella** época.*
Nous aurons tous des cheveux blancs, quand arrivera cette époque-là.

Tableau de synthèse

	PERSONNE	ESPACE	TEMPS
este	locuteur	proche (*aquí*)	présent
ese	interlocuteur	distant (*ahí*)	passé ou futur proche
aquel	tierce personne	lointain (*allí*)	passé ou futur éloigné

Observez la phrase suivante :

*Madre e hija se llevaban muy mal, pues **aquella** señora era demasiado absorbante y **esta** chica poco diplomática.*
La mère et la fille s'entendaient très mal, car la dame était trop exclusive et la jeune fille peu diplomate.

La valeur des démonstratifs dans l'espace réel se transpose dans l'espace du discours. Si trois noms sont repris d'une phrase précédente :
este (souvent sous forme de pronom) renvoie au dernier nommé, le plus proche,
aquel renvoie au premier nommé, le plus éloigné,
ese renvoie au deuxième, c'est-à-dire à l'intermédiaire.

Si on ne reprend que deux noms, on emploie les deux extrêmes, **este** et **aquel**. Dans l'exemple donné, *aquella = madre* (1re nommée), *esta = hija* (dernière nommée).

La valeur des démonstratifs par rapport au locuteur explique leur emploi dans les lettres, **este** pour la 1re personne et **ese** pour 2e personne : dans une lettre, **este país, esta ciudad** désignent le pays ou la ville où se trouve l'expéditeur et **ese país, esa ciudad** celui ou celle où se trouve le destinataire.

VALEURS SUBJECTIVES

A Comme on l'a vu, **este** appartient à la zone d'influence du locuteur et **aquel** à celle d'une tierce personne. Le statut de **ese**, intermédiaire, est plus flou. Dans bien des cas, il a une **valeur neutre** de refus des deux extrêmes, *este* et *aquel*.

*Con frecuencia me pregunto de dónde sacaba ella **ese** tacto para la convivencia, sus originales criterios sobre las cosas, su delicado gusto, su sensibilidad.* (M. Delibes)
Souvent, je me demande d'où elle tirait ce sens du contact humain, ses jugements originaux sur les choses, son goût délicat, sa sensibilité.

B Si l'interlocuteur peut être associé au locuteur, il peut aussi s'opposer à lui, ce qui expliquerait la **valeur péjorative** qu'a parfois **ese**. Cette valeur péjorative est encore renforcée si le démonstratif est placé après le nom. Comparez :

*¿Qué quiere **esa** mujer?* Que veut donc cette femme ?
*¿Qué quiere la mujer **esa**?* Que veut cette bonne femme ?
*Todos sabemos lo que significan **esas** maniobras.* Nous savons tous ce que signifient ces manœuvres.

De même, l'éloignement est favorable à **l'emphase** : le mauvais côté des choses s'estompe, ce qui peut expliquer l'éventuelle **valeur laudative** de *aquel*.

*Cuéntame **aquella** hazaña tuya en tu primer campeonato de natación.*
Raconte-moi tes exploits lors de ton premier championnat de natation.

D'ailleurs ***ese*** renforce souvent des mots péjoratifs et ***aquel*** des mots laudatifs, plutôt qu'ils ne confèrent seuls ces valeurs subjectives.

C L'emploi des démonstratifs est complexe. En effet, leurs différentes valeurs sur le plan de la personne, de l'espace, du temps, et leurs éventuelles valeurs subjectives (emphatique, laudative ou péjorative) peuvent être contradictoires. C'est le locuteur qui choisit l'élément qu'il veut privilégier.

***Aquel** libro mío tuvo poco éxito.*
Ce livre que j'ai écrit il y a longtemps a eu peu de succès.

Dans cette phrase, le locuteur privilégie l'éloignement dans le temps au détriment de la 1re personne, exprimée par ailleurs (*mío*), et *poco éxito* élimine une éventuelle valeur laudative de *aquel*.

– *Me encanta **aquella** novela tuya. – ¿Cuál? – La que acabas de publicar.*
– J'aime beaucoup cet excellent roman (de toi) – Lequel ? – Celui que tu viens de publier.

Cette fois, en employant ***aquella***, le locuteur choisit de renforcer la valeur laudative déjà présente dans *me encanta,* et non la 2e personne, exprimée ensuite par *tuya*, ni la proximité temporelle du passé récent de *acabas de...* Pour ce faire, il aurait pu parfaitement dire :

– *Me encanta **esa** novela tuya. – ¿Cuál? – La que acabas de publicar.*

▶ Pour l'emploi des pronoms démonstratifs, voir p. 137.

3 Les adjectifs possessifs

• Les déterminants possessifs précisent la signification du nom en indiquant la possession proprement dite.

¿Dónde has aparcado tu coche? Où as-tu garé ta voiture ?

• Plus largement, ils expriment la relation de l'objet par rapport au locuteur.

*¿No puedes pasar sin **tu** fútbol, una vez?*
Pour une fois, tu ne peux pas te passer de ton foot ?

Mis *padres están bebiendo* **su** *café.*
Mes parents sont en train de boire leur petit café.

• Comme tout adjectif, ils s'accordent en genre et en nombre avec le nom.

Nuestras *exportaciones van aumentando.* Nos exportations augmentent.

LES FORMES

En espagnol, l'adjectif possessif peut être placé avant le nom (antéposé) ou après le nom (postposé). Selon le cas (antéposé ou postposé), les formes sont différentes sauf à la 1re et à la 2e personne du pluriel.

mi *libro/ el libro* **mío** : mon livre
tus *cualidades/ las cualidades* **tuyas** : tes qualités
su *casa/ la casa* **suya** : sa/leur/votre maison
nuestro *libro/ el libro* **nuestro** : notre livre
vuestras *casas/ las casas* **vuestras** : vos maisons

	MASCULIN		FÉMININ	
	antéposé	postposé	antéposé	postposé
1re pers. du singulier	*mi(s)*	*mío(s)*	*mi(s)*	*mía(s)*
2e pers. du singulier	*tu(s)*	*tuyo(s)*	*tu(s)*	*tuya(s)*
3e pers. du singulier	*su(s)*	*suyo(s)*	*su(s)*	*suya(s)*
1re pers. du pluriel	*nuestro(s)*	*nuestro(s)*	*nuestra(s)*	*nuestra(s)*
2e pers. du pluriel	*vuestro(s)*	*vuestro(s)*	*vuestra(s)*	*vuestra(s)*
3e pers. du pluriel	*su(s)*	*suyo(s)*	*su(s)*	*suya(s)*

Remarques

• Les formes **mi, tu, su** des trois personnes du singulier sont identiques, que le nom soit masculin ou féminin.

mi, tu, su *libro* : mon, ton, son livre
mi, tu, su *casa* : ma, ta, sa maison

• Dans les formes antéposées, la marque du genre apparaît à la 1re et à la 2e personne du pluriel.

nuestro, vuestro *libro* : notre, votre livre
nuestra, vuestra *casa* : notre, votre maison

• À toutes les formes, la marque du pluriel est un -s.

*mi**s**/ tus... libros* : mes/tes... livres
*mi**s**/ tus... casas* : mes/tes... maisons

• Les formes **su, sus** sont identiques à la 3e personne du singulier et du pluriel et pour le « vous » de politesse (*usted* au singulier et *ustedes* au pluriel) qui est grammaticalement une 3e personne (étymologiquement : «votre Grâce»).

su libro : son livre, leur livre ou votre livre
su casa : sa maison, leur maison ou votre maison
sus libros : ses livres, leurs livres ou vos livres
sus casas : ses maisons, leurs maisons ou vos maisons
Él/ Ella ha olvidado su libro y su revista. Il / elle a oublié son livre et sa revue.
Ellos/ Ellas han olvidado su libro y su revista. Ils / elles ont oublié leur livre et leur revue.
Usted ha olvidado su libro y su revista. Vous avez oublié votre livre et votre revue. [« Vous » correspond ici à une seule personne que l'on vouvoie.]
Ustedes han olvidado su libro y su revista. Vous avez oublié votre livre et votre revue. [« Vous » correspond à plusieurs personnes que l'on vouvoie.]

► Pour le vouvoiement, voir p. 116.

• Si le contexte permet de lever l'ambiguïté, les « possesseurs » ne sont pas exprimés.

Prefiero su cuadro sera compris selon le contexte, comme : « Je préfère **son** tableau. » (à lui/à elle)/« Je préfère **leur** tableau. » (à eux/à elles)
ou « Je préfère **votre** tableau. » (à vous = une ou plusieurs personnes que je vouvoie).

Si le contexte est ambigu, *Prefiero su cuadro* sans autre précision se rapporte à une tierce personne et sera compris comme : « Je préfère **son** tableau. » ou « Je préfère **leur** tableau. »

S'il y a une ambiguïté entre le masculin et le féminin, le singulier et le pluriel, on emploie de préférence le nom précédé de l'article défini et suivi de *de él/ de ella/ de ellos/ de ellas*.

Prefiero el cuadro de él/ de ella/ de ellos/ de ellas.
Je préfère **son** tableau **à lui/à elle**. Je préfère **leur** tableau **à eux/à elles**.

On ajoute *de usted* ou *de ustedes*, si le possessif se rapporte à l'interlocuteur.

Prefiero su cuadro de Usted/ de Ustedes. Je préfère votre tableau.

VALEURS GÉNÉRALES DU POSSESSIF

A **L'adjectif possessif est généralement placé avant le nom**.

En espagnol on emploie le possessif moins souvent qu'en français. En effet on emploie **plutôt l'article défini**, lorsque la relation d'appartenance va de soi (parties du corps, vêtements, parenté...).

Hace frío, ponte el abrigo. Il fait froid, mets ton manteau.
El joven se escondía las manos en los bolsillos del pantalón
Le jeune homme cachait **ses** mains dans **ses** poches de pantalon/dans les poches de **son** pantalon.

[Cette construction avec un verbe pronominal existe aussi en français mais pas avec tous les verbes. On peut dire : « il se lave les mains » mais on ne dira pas : « il se cachait les mains dans les poches du pantalon »]

*Elena ha dejado a Paco en casa **del** abuelo.* Hélène a laissé Paco chez (son) grand-père.

- **Placé avant le nom**, l'adjectif possessif peut être précédé de ***todo.***

*Fue necesaria toda **mi** energía.* J'ai dû y mettre toute mon énergie.

- Il peut aussi être **précédé d'un démonstratif.**

***Aquel tu** héroe fracasó.* Ton fameux héros a échoué.

À cette construction ressentie comme archaïque, on préfère le possessif placé après le nom.

***Aquel** héroe **tuyo** fracasó.*

> - En espagnol médiéval, le possessif pouvait être précédé de **l'article défini**, comme c'est encore le cas et de façon obligatoire en portugais et en italien.
>
> *Llorando de los **sus** ojos...* (Cantar de mio Cid) Les yeux pleins de larmes. [mot à mot : Pleurant de ses yeux...]
>
> - On le trouvait encore il y a peu de temps dans les prières.
>
> *Santificado sea el **tu** nombre...* Que ton nom soit sanctifié...

- Il peut être **suivi d'un numéral.**

***Sus dos** hijas están casadas.* Ses / leurs / vos deux filles sont mariées.

*¿Es **tu primera** obra?* C'est ton premier ouvrage ?

B **Le possessif est placé après le nom**.

Dans ce cas, il a la valeur d'un adjectif qualificatif, et le nom peut être précédé d'un déterminant.

*No es letra **mía**.* Ce n'est pas **mon** écriture.

*Me gustaría recibir noticias **tuyas**.* J'aimerais recevoir **de tes** nouvelles.

*¿Es amigo **tuyo**?* C'est un **de tes** amis ? / C'est un ami **à toi** ?

*He hablado con **un** sobrino **nuestro**.* J'ai parlé avec **un de nos** neveux.

*Yo bebía **cada** palabra **suya**.* Je buvais **chacune de ses / leurs / vos** paroles.

***Aquellas** palabras **vuestras** la han conmovido.* **Vos** paroles **élogieuses** l'ont émue.

EMPLOIS SPÉCIFIQUES

A **Le possessif est placé après le nom.**

- **Dans les exclamations.**

*¡Dios **mío**!* Mon Dieu !

*¡Pobres zapatos **míos**!* Mes pauvres chaussures !

• Quand on s'adresse à quelqu'un (vocatif), sur un ton emphatique.

*¡Hija **mía**, estás exagerando!* Ma fille, tu exagères !
*¡Queridos hermanos **míos**, querida Pepita **mía**, me voy!*
Mes chers frères, ma chère Pépita, je m'en vais !

Mais on peut dire aussi :

Queridos hermanos, querida Pepita, me voy. / *Mis queridos hermanos, mi querida Pepita, me voy.*

• Dans les formules épistolaires.

*Muy Señor **mío*** / *Muy Señores **míos**...*   *Cher Monsieur* / *Chers Messieurs...*

Mais on écrira :

Querido primo...   *(Mon) Cher cousin...*

• Avec certaines locutions prépositives.

*Hizo dedo **a despecho nuestro**.* Il a fait de l'auto-stop malgré nous.

B **Le possessif est placé avant le nom à l'armée**, quand on s'adresse à un supérieur hiérarchique.

*Está hecho, **mi** capitán (**mi** general...)*
C'est fait mon capitaine (mon général...)
[Bien qu'il s'agisse d'un vocatif, on ne peut pas employer le possessif postposé : *general mío*].

C ***Sendos*** / ***sendas*** = *cada uno **su*** / *cada una **su**.*

Ce déterminant à valeur distributive appartient à la langue écrite et non à la langue orale.

*Enrique y Bartolomé estaban charlando y bebiendo **sendas** cañas.*
Henri et Barthélémy parlaient tout en buvant chacun son demi (de bière).

► Pour l'emploi des pronoms possessifs, voir p. 138.

4 Les adjectifs numéraux

Les déterminants numéraux limitent la signification du nom, en indiquant avec exactitude la **quantité** de ce qui est désigné par le nom.

Parmi les quatre types de numéraux, seuls les cardinaux, la fraction *medio* / *-a* / *-os* / *-as* (un / une / des demi / e / s) et les multiplicatifs (*doble*, *triple*...) peuvent jouer le rôle de déterminant. Les ordinaux, eux, sont des adjectifs qualificatifs (voir p. 108).

Certains numéraux s'accordent en genre avec le nom, d'autres sont invariables.

LES CARDINAUX

A Les formes.

0 *cero*	10 *diez*		
1 *un/una*	11 *once*		100 *ciento (cien)*
2 *dos*	12 *doce*	20 *veinte*	200 *doscientos/doscientas*
3 *tres*	13 *trece*	30 *treinta*	300 *trescientos/trescientas*
4 *cuatro*	14 *catorce*	40 *cuarenta*	400 *cuatrocientos/cuatrocientas*
5 *cinco*	15 *quince*	50 *cincuenta*	500 *quinientos/quinientas*
6 *seis*	16 *dieciséis*	60 *sesenta*	600 *seiscientos/seiscientas*
7 *siete*	17 *diecisiete*	70 *setenta*	700 *setecientos/setecientas*
8 *ocho*	18 *dieciocho*	80 *ochenta*	800 *ochocientos/ochocientas*
9 *nueve*	19 *diecinueve*	90 *noventa*	900 *novecientos/novecientas*

1 000 : *mil*   10 000 : *diez mil*   100 000 : *cien mil*   1 000 000 : *un millón*
1 000 000 000 : *mil millones* (un milliard = un billion)
1 000 000 000 000 : *un billón* = *un millón de millones* (1 000 billions = un trillion)
1 000 000 000 000 000 000 : *un trillón* = *un millón de billones*

Remarques

• **Emploi de la conjonction de coordination *y*.**
On emploie *y* uniquement entre les dizaines et les unités.

*sesenta **y** uno* = soixante et un   *diez **y** seis/dieciséis* = seize
*sesenta **y** dos* = soixante-deux   *diez **y** siete/diecisiete* = dix-sept

S'il n'y a pas de dizaine, il n'y a pas de *y*. Comparez :

508 = *quinientos ocho*   734 = *setecientos treinta **y** cuatro*
1006 = *mil seis*   1998 = *mil novecientos noventa **y** ocho*
1001 veaux = *mil una terneras* (mille un veaux)

> • En espagnol comme en français, on emploie la conjonction de coordination malgré l'absence de dizaine dans « Les Contes des Mille et Une Nuits » : *Los Cuentos de las Mil **y** Una Noches*.
> • En français, pour les dates entre 1100 et 1900, on peut dire « onze cents, ... dix-neuf cents », alors qu'en espagnol on dit toujours *mil ciento, ... mil novecientos*.

• **De 16 à 29,** les cardinaux s'écrivent de deux façons.

– La plus courante est en un seul mot.

16 : *dieciséis*   17 : *diecisiete*   18 : *dieciocho*   19 : *diecinueve*
21 : *veintiún/veintiuna* 22 : *veintidós*   23 : *ventitrés*   24 : *veinticuatro*
25 : *veinticinco*   26 : *veintiséis*   27 : *veintisiete*   28 : *veintiocho*
29 : *veintinueve*

Notez l'accent graphique de *dieciséis, veintiún, veintidós, veintitrés, veintiséis.*

– La moins courante est en trois mots.

diez y seis, diez y siete, veinte y un, veinte y una, veinte y dos, veinte y tres.

• **À partir de 31**, le cardinal s'écrit en trois mots :

treinta y un / treinta y una, treinta y dos, treinta y tres...

• **Parmi les centaines**, il y a trois formes irrégulières.

*qui**n**ientos / qui**n**ientas* : 500
setecientos / setecientas : 700
*n**o**vecientos / n**o**vecientas* : 900

• *Mil* (mille) est invariable. La forme plurielle *miles de* signifie « des milliers de ».

• Au-delà de 999 999, les noms *millón* (million), *billón* (trillion)... précédés d'un autre cardinal (*un, dos*...) sont suivis de *de* devant un autre nom, mais pas devant un chiffre.

*un millón **de** pesetas* : un million de pésètes [1 000 000]
*dos millon**es de** francos* : deux millions de francs [2 000 000]
*tres millon**es** seiscientos ochenta mil habitantes* : 3 680 000 habitants

• **Attention aux faux-amis.**

ESPAGNOL	FRANÇAIS	ESPAGNOL	FRANÇAIS
un millar	► un millier	*mil millones*	► un milliard
miles de	► des milliers de		
millares de	► des milliers de		
un billón	► un trillion	*mil millones*	► un billion
un trillón	► un million de trillions	*un billón*	► un trillion

• 3,6 se lit : *tres coma seis.*
  42,73 se lit : *cuarenta y dos coma setenta y tres.*

B **Emplois généraux.**

• **Apocope de *uno* et de *ciento*.**
Le chiffre *uno*, seul ou ajouté à un autre numéral, quand il est déterminant, s'apocope en *un* devant un nom masculin.

un libro : un livre   *veintiún libros* : 21 livres   *cincuenta y un libros* : 51 livres
cuarenta y un mil habitantes : 41 000 habitants

Ciento s'apocope en *cien* lorsqu'il multiplie ce qui suit, que ce soit un nom (précédé ou non d'un adjectif) ou que ce soit un autre numéral.

cien *lápices* : cent crayons [= un crayon x 100]

cien *mil lápices* : cent mille crayons [=100 x 1 000 crayons]

cien *o doscientos lápices* : cent ou deux cents crayons [= 1 crayon x 100 ou 200]

cien *viejos amigos* : cent vieux amis [= un vieil ami x 100]

Mais : *ciento* *diez lápices* : cent dix crayons [= 100 + 10 crayons car *diez* s'ajoute à *ciento* et n'est pas multiplié par lui]

⚡

Ciento s'emploie donc seul et pour les numéraux de 101 à 199.

Somos **ciento**. Nous sommes cent.

Yo creía que éramos **ciento** *dos*. Je croyais que nous étions cent deux.

Cien s'emploie devant un substantif et un numéral comme *mil*, *millón*.

Vendimos **cien** *entradas en media hora.* Nous avons vendu cent billets en une demi-heure.

Más de **cien mil** *espectadores han visto ya la película.* Plus de cent mille spectateurs ont déjà vu le film.

cien por cien = ciento por ciento = 100%

cientos de = centenas de = centenares de = des centaines de

Cientos de miles de negras marchan en EE. UU. para exigir protagonismo social. (El País, 26.10.97)

Des centaines de milliers de femmes noires marchent aux USA pour exiger une plus grande reconnaissance sociale.

• **Accord avec le nom**.

Seuls les cardinaux qui se terminent par « un » (1, 21, 31, 41...), ainsi que les centaines à partir de 200 s'accordent en genre avec le nom.

un lápiz : un crayon

una página : une page

veintiún/ veinte y un dibujos : vingt et un dessins

veintiuna/ veinte y una fotos : vingt et une photos

treinta y un cometas (nom masculin) : trente et une comètes

treinta y una cometas (nom féminin) : trente et un cerfs-volants

doscientos cuarenta camiones : deux cent quarante camions

doscientas cuarenta bicicletas : deux cent quarante bicyclettes

quinientos setenta y un coches : cinq cent soixante et onze voitures

quinientas setenta y una motos : cinq cent soixante et onze motos

Mais l'accord ne se fait pas au féminin devant *mil*.

treinta y un mil personas/ habitantes : 31 000 personnes/habitants

• **Place des numéraux cardinaux.**

Ils sont placés devant le nom et peuvent être précédés de l'article défini, d'un démonstratif, d'un possessif ou de *otros*.

*Dame (**los, aquellos, tus**) **dos** caramelos.*

Donne-moi (les, ces, tes) deux bonbons.

Comparez le français et l'espagnol.

*Dame **otras dos** naranjas.*
Donne-moi **deux autres** oranges.

▮C▮ Traduction de « deux ».

Dos est toujours possible mais il existe d'autres possibilités selon le sens de « deux ».

• ***Ambos/as*** = *los dos/las dos* : tous/toutes les deux.
*Me han atacado de **ambos** lados.* On m'a attaqué/e **des deux** côtés.
*Levanté **ambas** manos.* J'ai levé **les deux** mains.

• ***Un par de*** = ensemble de deux éléments d'une même catégorie.
*Te voy a freír **un par de** huevos.*
Je vais te faire **deux** œufs sur le plat.
*Fulano desapareció durante **un par de** semanas.*
Untel a disparu pendant deux semaines.

• ***Una pareja de*** (un couple de) peut s'employer aussi pour deux personnes du même sexe qui vont par deux.
***Una pareja de** policías vigilaba el tráfico.*
Deux policiers surveillaient la circulation.

• ***Entre... y...*** = « entre deux (+ nom) » avec valeur temporelle.
***Entre** cliente **y** cliente, él fumaba un cigarrillo.*
Entre deux clients, il fumait une cigarette.

Si « entre **deux** (+ nom) » a une valeur spatiale, on emploie entre dos...
Entre dos clientes altos, la vendedora no se siente a gusto.
Entre deux clients de haute taille, la vendeuse ne se sent pas à l'aise.

• ***Uno/una de cada dos*** (+ nom) = « un/une » (+ nom) sur deux...
*Sólo aprobó uno **de cada** dos alumnos.* Seulement un élève sur deux a été reçu.

De même, on dira « une... sur trois » : *uno/una de cada tres...*, « deux... sur trois » : *dos de cada tres...* , « un... sur quatre » : *uno/una de cada cuatro...*
*En la otra clase, **tres de cada cuatro** alumnos han suspendido.*
Dans l'autre classe, **trois** élèves **sur quatre** ont été recalés à l'examen.

▎LA FRACTION *MEDIO/-A*

Medio sert de déterminant au nom qui le suit et avec lequel il s'accorde.
*Sólo tendrás **media** hora de espera entre los dos aviones*
Tu n'auras qu'une demi-heure d'attente entre les deux avions.

> « La moitié de » se dit **la mitad de**.
>
> *Se comió la mitad del pastel.* Il a mangé la moitié du gâteau.

Pour les fractions suivantes (le/un tiers de..., le/un quart de..., le/un cinquième de...), on emploie *parte de* (partie de) précédé de l'article défini ou indéfini et d'un ordinal au féminin.

la/una tercera parte de, la/una cuarta parte de, la/una quinta parte de (voir p. 111)

LES MULTIPLICATIFS

Quand il est employé sans article, le multiplicatif sert de déterminant au nom qui le suit et avec lequel il s'accorde en nombre.

Parmi les multiplicatifs suivants, seuls *doble* et *triple* sont d'usage courant et s'emploient souvent sans article (voir p. 53).

doble : double   *triple* : triple
cuádruple : quadruple   *quíntuple* : quintuple
*Las casas de montaña suelen tener **doble** ventana.*
Les chalets ont en général un double vitrage.

Comparez avec :

*El trapecista hizo **un triple** salto sin red.* Le trapéziste fit un triple saut sans filet.
[Dans ce cas, *un* est déterminant et *triple* adjectif qualificatif du nom *salto*.]

> Il existe aussi parallèlement des formes en *-o* plus savantes et presque inusitées sauf *décuplo/-a* (décuple) et *céntuplo/-a* (centuple) qui elles s'accordent en genre et en nombre.

5 Les adjectifs indéfinis

Les adjectifs « indéfinis » déterminent le nom en apportant une idée plus ou moins précise (d'où leur nom) de **quantité** ou de **qualité**.
Ils s'accordent généralement en genre et / ou en nombre avec le nom.
Ils sont assez nombreux et constituent un ensemble peu organisé qui a donné lieu à divers classements fondés sur leur sens.

Les adjectifs indéfinis qui expriment une idée de qualité sont moins nombreux que ceux qui expriment une idée de quantité.

L'idée de quantité exprimée par les déterminants / adjectifs indéfinis peut être relative (peu de, trop de…), partitive allant de l'unité au tout (un quelconque, plusieurs, tous les…) ou distributive (chaque).

▌LA QUANTITÉ : VALEUR RELATIVE

A Les indéfinis de cette série expriment l'estimation **subjective**, variable d'un locuteur à l'autre, d'une quantité ou d'une intensité.

– *Los vecinos hacen **demasiado ruido**, dijo Jacinto. – Pero yo no oigo **mucho** ruido, replicó Mercedes.*
– Les voisins font trop de bruit, dit Jacinto. – Mais moi, je n'entends pas beaucoup de bruit, répliqua Mercedes.

Font partie de cet ensemble :

***poco**/-a/-os/-as*	peu de
***bastante**/-s*	pas mal de, assez de
***mucho**/-a/-os/-as*	beaucoup de
***demasiado**/-a/-os/-as*	trop de
***sobrado**/-a/-os/-as*	plus que, ne... que trop
***harto**/-a/-os/-as*	assez de, trop de
***tanto**/-a/-os/-as*	tant de, tellement de
***tamaño**/-a/-os/-as*	un si grand, une si grande, de si grands/grandes
	un tel, une telle, de tels/telles
	un si petit, une si petite, de si petits/petites
más	plus de
menos	moins de

B **Attention, ils s'accordent avec le nom**, sauf *más* et *menos*.

*Este huerto nos da much**a** fruta: hay poc**os** limoneros pero bastant**es** naranjos, much**os** perales y casi demasiad**os** manzanos.*
Ce verger nous donne beaucoup de fruits : il y a peu de citronniers mais pas mal d'orangers, beaucoup de poiriers et presque trop de pommiers.

C **Poco** et **mucho** peuvent être précédés de l'article défini, d'un démonstratif et d'un possessif.

*Mi **poca** experiencia y tus **muchos** escrúpulos nos paralizaban.*
Mon peu d'expérience et tes nombreux scrupules nous paralysaient.

D **Tamaño** veut dire étymologiquement *tan grande* (si grand), d'où le sens de « de cette taille », « un tel », qui, selon le contexte, peut en venir à signifier « si petit ».

*¿Por qué **tanta** saña, **tamaña** furia por **tamaño** motivo?*
Pourquoi **tant** d'acharnement, **une si grande** fureur pour **un tel** (= un si petit) motif ?

E *Sobrado* exprime ce qui dépasse la mesure.

*Sé perfectamente que tienes **sobrada** razón.* Je sais parfaitement que tu as **plus que** raison / que tu **n**'as **que trop** raison.

*Tiene **sobrada** paciencia.* Il / elle a de la patience à revendre.

F *Harto* signifie « pas mal de », c'est-à-dire selon le contexte « assez (de) », « beaucoup (de) », « trop (de) ».

*Le esperaban **hartas** dificultades.* Pas mal de difficultés l'attendaient.

***Harto** frío hace ya, sin que abras las ventanas.* Il fait déjà assez froid comme ça sans que tu ouvres les fenêtres.

G Les adverbes quantificateurs *más* et *menos* placés devant un nom jouent le rôle de déterminants indéfinis.

*El huerto quedaría mejor con **más** hortalizas y **menos** frutales.*
Le jardin serait mieux avec plus de légumes et moins d'arbres fruitiers.

Remarquez qu'en espagnol *más* et *menos* ne sont pas suivis de *de*.

Si *más* et *menos* sont précédés de *mucho* ou *bastante*, ces derniers sont aussi considérés comme des adjectifs complétant le nom et donc s'accordent avec lui.

*El huerto quedaría mejor con **muchas más** hortalizas y **muchos** menos frutales.*
Le jardin serait mieux avec beaucoup plus de légumes et beaucoup moins d'arbres fruitiers.

Dans ce cas, *mucho*, adjectif, complète les noms *hortalizas* et *frutales* et s'accorde avec eux. Comparez avec :

Estas verduras son mucho más caras y bastante menos frescas.
Ces légumes sont beaucoup plus chers et relativement moins frais.

Dans cet exemple *más* et *menos* sont suivis d'un adjectif et non d'un nom. *Mucho*, adverbe, modifie *más* et donc est invariable. De même, *bastante*, adverbe, modifiant *menos*, est invariable.

► Pour les adverbes *mucho* et *bastante*, voir page 229.

LA QUANTITÉ : VALEUR PARTITIVE

Les indéfinis de cette série expriment une quantité qui représente une partie d'un tout : c'est le sens de partitif.

A **La partie du tout est singulière**, quand elle correspond à une seule unité. Font partie de cet ensemble :

un/ *a*	un /e
algún/ *alguna*	quelque
algún (*alguno*)/ *alguna* **que otro**/ *a*	un /e par ici par là
cierto/ *a*	un certain /une certaine
otro/ *a*	un /e autre
cualquier	un /e quelconque, n'importe quel /le tout /e

• **Uno** et **alguno** s'apocopent (*un*/ *algún*) devant un nom masculin singulier. L'article indéfini **un**/ **-a** est plus précis que **algún**/ **alguna**. C'est pourquoi, on emploie de préférence *algún*/ *-a* dans une interrogation ou pour exprimer un doute ou encore avec les noms indénombrables avec lesquels *un* est incompatible.

Un *marinero entró en la taberna.* Un marin est entré dans la taverne.

*¿**Algún** marinero entró en la taberna?* Un marin est-il entré dans la taverne ?

*Al entrar, sentí **algún** miedo…* En entrant, j'ai ressenti une certaine peur / j'ai eu un peu peur.

Comparez avec :

*Al entrar, sentí **un** miedo…*
En entrant, j'ai ressenti une de ces peurs…

L'article indéfini avec un nom indénombrable lui donne une valeur emphatique (voir p. 51).

• **Alguno**/ *-a* placé après le nom dans une phrase négative ou après *sin* (sans) est l'équivalent de **ningún**/ *-a*, tout en insistant davantage (voir p. 81).

No *tengo miedo* **alguno**./ *No tengo* **ningún** *miedo.*
Je **n'**ai **pas** peur **du tout**./ Je n'ai aucune crainte.

Lo haré **sin** *vacilación* **alguna**/ *sin* **ninguna** *vacilación.*
Je le ferai **sans** hésitation **aucune**/ **sans aucune** hésitation.

• **Alguno que otro** équivaut à « un / quelque… par ci par là » (dispersion dans l'espace) ou à « un / quelque… de temps en temps » (dispersion dans le temps).

En la muchedumbre, se oyó de repente **alguna que otra** *protestación.*
Dans la foule, on entendit soudain une protestation par ici par là.
[dispersion dans l'espace, « soudain » éliminant la possibilité de dispersion dans le temps.]

L'apocope de *alguno que otro* en *algún que otro* devant un nom masculin singulier est facultative.

Le daba **algún**/ **alguno que otro** *beso.* Il /elle lui donnait un baiser de temps en temps.

• **Cierto, otro, cualquiera**, à la différence du français « un certain », « un autre », « un quelconque », s'emploient sans l'article indéfini.

*Ella tiene **cierta** práctica en este asunto.* Elle a une certaine pratique dans ce domaine.

Notons toutefois qu'on peut trouver *cierto/ -a* avec *un/ una* (voir p. 53).

*Quiero **otro** café.* Je veux un autre café. [= un de plus]

• **Cualquiera** s'apocope (*cualquier*) devant un nom masculin ou féminin. Il s'apocope aussi quand il est séparé du nom par un adjectif qualificatif ou par *otro*.

***Cualquier** (buen) alumno de español lo sabe.*
N'importe quel / tout (bon) élève d'espagnol sait cela.

*Apuesto que **cualquier** otra novela de este autor te entusiasmará.*
Je parie que n'importe quel autre roman de cet auteur t'enthousiasmera.

L'équivalent français de *cualquier* peut varier.

*Os visitaré **cualquier** día.* J'irai vous voir un de ces jours.

*Si por **cualquier** razón no puedes venir, avísame.*
Si pour **une** raison **ou** pour **une autre**, tu ne peux pas venir, avertis-moi.
Si pour **une** raison **quelconque** tu ne peux pas venir, avertis-moi.

B **La partie du tout est plurielle**, quand elle correspond à plusieurs unités. Font partie de cet ensemble :

unos/ unas	quelques
unos pocos/ unas pocas	quelques
unos cuantos/ unas cuantas	quelques
algunos/ algunas	quelques
cualesquiera (très rare)	de quelconques
ciertos/ ciertas	certains/ -es
varios/ varias	plusieurs
diversos/ diversas	divers/ -es
diferentes	différents/ -es
otros/ otras	(d')autres
los demás/ las demás	les autres

*En el parque zoológico **ciertos** animales estaban fuera : **unos** chimpancés y **otros** monos con **algunos** papagayos.* Au zoo, certains animaux étaient dehors : des chimpanzés et autres singes avec quelques perroquets.

• Devant un numéral, ***unos**/ unas* exprime l'approximation.

*Estamos a **unos** tres quilómetros del pueblo.*
Nous sommes à environ trois kilomètres du village.

• **Unos pocos**/ *unas pocas*, **unos cuantos**/ *unas cuantas* plus précis que *unos/ -as* et *algunos/ -as* désignent une quantité limitée.

*Hallé en el cajón **algunos** billetes: **unos** dólares, **unos cuantos** francos y **unas pocas** pesetas.*
J'ai trouvé dans le tiroir quelques billets : **des** dollars, un **certain nombre** de francs et **quelques menues** pésètes.

• ***Diversos**/-as, **diferentes**, **varios**/-as* équivalent respectivement au français « divers / diverses », « différents / différentes », « plusieurs ».

*Mi hermano ha tenido que afrontar recientemente **diversos** obstáculos, **diferentes** decepciones y **varios** fracasos que no le han desanimado.*
Mon frère a dû affronter récemment divers obstacles, différentes déceptions et plusieurs échecs qui ne l'ont pas découragé.

• Dans le sens quantitatif, ***otros**/-as* peut être remplacé par **más**, surtout si la phrase est négative.

*Quiero **otros**/**más** ejemplares.* Je veux d'autres exemplaires.
*No quiero **más**/**otros** ejemplares.* Je ne veux pas d'autres exemplaires.

• ***Otros**/-as* se place avant un numéral, avant ***varios**/-as, **pocos**/-as, **muchos**/-as, **tantos**/-as*, à la différence du français « autres ».

*Carmen le dio **otros** dos vídeos.* Carmen lui donna **deux autres** vidéos.
*Por mi santo, he recibido **otros** muchos regalos.* Pour ma fête, j'ai reçu **beaucoup d'autres** cadeaux.

Dans ces cas, *más* se place après le substantif.

*Carmen le dio dos vídeos **más**.*
Carmen lui donna deux autres vidéos / deux vidéos de plus.

– ***Los otros*** est remplacé par ***los demás***, si l'idée de « reste » d'un ensemble prédomine.

*Algunos niños estaban dibujando y **los demás** alumnos de la clase leían.*
Quelques enfants dessinaient et **les autres** élèves de la classe lisaient.

► Pour ***otro**/-a/-os/-as* et ***cualquier**/ cualesquiera* avec un sens qualitatif, voir p. 83.

C **Pour exprimer les deux situations extrêmes** : la totalité d'un ensemble ou l'absence totale d'éléments, on emploie des « indéfinis » appelés pour cette raison **totalisants**. Font partie de cet ensemble :

***todo**/-a/-os/-as*	tout / toute / tous / toutes
***ambos**/-as*	tous / toutes les deux
***cuanto**/-a/-os/-as*	tout le / toute la... que, tous / toutes les... que
***ningún**/-a/-os/-as*	aucun / aucune / aucuns / aucunes
***ni un**/ ni una*	pas un seul / pas une seule, pas la moindre.

Todo est en général placé devant un article défini, un démonstratif ou un possessif.

*Se han despedido **todos** los invitados.* Tous les invités ont pris congé.

***Toda** su vida fue una novela.* Toute sa vie a été un roman.

• Placé après le nom, **todo** a valeur d'insistance.

***Su** vida **toda** (= entera) fue una pesadilla.* Sa vie toute entière a été un cauchemar.

• **Todo** peut être suivi de l'article indéfini avec le sens de « vrai », « accompli ».

*Eres **toda** una madre para tu hermanita.* Tu es une vraie mère pour ta petite sœur.

• Employé seul, **todo**, suivi d'un nom avec ou sans adjectif, est l'équivalent de *cualquiera* (n'importe quel / quelle).

***Toda** mujer lo entenderá.* Toute femme comprendra cela.

• ***A / por / en todas partes*** signifie « partout » (avec ou sans mouvement).

*No te preocupes, iré **a todas partes** con ella.*
Ne t'en fais pas, j'irai partout avec elle.

*En mi sueño corría muchísima gente **por todas partes**.*
Dans mon rêve, énormément de monde courait partout.

***En todas partes**, hay buena gente.* Partout il y a de braves gens.

• Quand la totalité est formée de deux unités, on emploie ***los dos*** / *las dos* ou ***ambos*** / *-as*.

*Ella intentaba seguir **ambas** conversaciones a la vez.*
Elle essayait de suivre les deux conversations à la fois.

• Quand une proposition relative introduite par *que* complète un nom précédé de *todo el*, on peut employer à la place ***cuanto*** sauf si la phrase est négative :

cuanto / *-a / -os / -as* = ***todo el**... **que** / toda la... que / todos los... que / todas las... que.*

*Reúne **cuantas** fuerzas te quedan. / Reúne **todas las** fuerzas **que** te quedan.*
Rassemble toutes les forces qu'il te reste.

• ***Ninguno*** peut se placer avant ou après le substantif. Il s'apocope devant un nom masculin singulier.

Placé avant le verbe, il exclut d'autres négations. Si le verbe est précédé d'une négation, ***ninguno*** se place après le verbe et peut être remplacé par ***alguno*** (voir p. 78).

Ningún *amigo suyo quiso acompañarle.* **No** *quiso acompañarle* **ningún** *amigo suyo./* **No** *quiso acompañarle amigo suyo* **alguno**.
Aucun de ses amis n'a voulu l'accompagner.

• **Ninguno**/*-a* peut s'employer au pluriel.

Él no aceptó **ningunas** *disculpas mías.* Il n'accepta aucune de mes excuses.

• **A**/**por**/**en ninguna parte** signifie « nulle part » (avec ou sans mouvement).

Este camino no conduce a **ninguna parte**. Ce chemin ne mène nulle part.
No la encontraron **por ninguna parte**. On ne la trouva nulle part.
En ninguna parte *había nieve.* Il n'y avait de la neige nulle part.

Ni un/*una*/*unos*/*unas* est une variante d'insistance de *ninguno*.

No se veía **ni una** *estrella en el cielo.*
On ne voyait pas la moindre étoile dans le ciel.

LA QUANTITÉ : VALEUR DISTRIBUTIVE

Un indéfini distributif introduit le nom d'une personne ou d'une chose considérée en elle-même et prise séparément. Il y en a deux en espagnol.

cada	chaque
sendos/*-as*	chacun son/sa/leur, chacune son/sa/leur

A Le distributif **cada** est invariable et le nom qu'il introduit s'emploie toujours au singulier.

Le hacía daño **cada** *movimiento,* **cada** *sonrisa.*
Chaque mouvement, chaque sourire lui faisait mal.

• Avec un numéral, **cada** correspond au français « tous les / toutes les ».

El reloj daba **cada cuarto** *de hora.*
L'horloge sonnait tous les quarts d'heure.

• Dans la langue parlée, **cada** peut avoir une valeur exclamative ; dans ce cas le nom au singulier a une valeur de pluriel.

¡Decía **cada** *chiste!* Il racontait de ces blagues !

B Pour signifier la distribution de ce que désigne le nom entre deux personnes ou plus, ou entre deux choses ou plus (« un/une... pour chacun/chacune des deux » ou plus), on emploie avec un nom au pluriel **sendos**/*-as* = *cada uno su*/*cada una su...*

*Montaban **sendos** mulos. Cada uno/cada una montaba un mulo.*
Ils chevauchaient chacun un mulet. Ils chevauchaient chacun leur mulet./Elles chevauchaient chacune un mulet. Elles chevauchaient chacune leur mulet.
*Los tres niños iban en **sendas** bicicletas.*
Les trois enfants roulaient **chacun sur sa** bicyclette.

L'EXPRESSION DE LA QUALITÉ

A L'indétermination.

• Le partitif **cualquiera** (un/e... quelconque, n'importe quel/le) se distingue des autres partitifs par son insistance sur l'indétermination. Il s'emploie très rarement au pluriel (**cualesquiera**).

• Placé devant le nom, il s'apocope au singulier (*cualquier*) et n'admet pas d'autres déterminants.

Cualquier *vestido mío te sienta bien.* N'importe laquelle de mes robes te va bien.

• Placé après le nom, il ne s'apocope pas et le nom est précédé de l'article indéfini.

*Un vestido **cualquiera** servirá para esta ocasión.*
Une robe quelconque/toute robe servira pour l'occasion.

B La différence.

Comme le français « autre », **otro** peut exprimer une idée de quantité (voir p. 80) ou de différence (qualité).

*Quiero **otra** fruta.* « Je veux **un autre** fruit » signifie :
– « J'en veux un deuxième, un troisième... » (quantité) ou
– « Je ne veux pas une poire, mais une pomme. » (fruit d'une qualité différente).

*Este verde no me gusta, quisiera probar una falda de **otro** color.*
Ce vert ne me plaît pas, je voudrais essayer une jupe d'une autre couleur.

C La ressemblance, la similitude.

Semejante, **tal** et **igual** expriment la ressemblance ou la similitude. Comme *otro* et *cualquiera*, ils ne peuvent être précédés de l'article indéfini, à la différence du français « tel ».

*De su parte me extrañan **semejante** desfachatez, **tal** descortesía, **igual** grosería.* De sa part, un pareil sans-gêne, une telle impolitesse, une telle grossièreté m'étonnent.

D L'identité.

Mismo et **propio** marquent l'identité.

• Placé avant le nom, **mismo** peut être précédé de l'article défini ou indéfini, d'un démonstratif ou d'un possessif.

*En la cocina pondré los **mismos** azulejos.*
Dans la cuisine, je mettrai le même carrelage.

• Placé avant ou après le nom, ***mismo*** peut avoir valeur d'insistance.
*Los **mismos** niños / los niños **mismos** estaban cansados de correr.*
Les enfants eux-mêmes étaient fatigués de courir.

Donc, selon le contexte, *los mismos niños* signifie soit les « mêmes enfants » (identité), soit « les enfants eux-mêmes » (insistance). Par contre, *los niños mismos* signifie uniquement « les enfants eux-mêmes » (insistance).

• ***Propio / -a,*** sans l'ambiguïté de *mismo*, a cette valeur d'insistance. Il se place toujours devant le nom avec lequel il s'accorde en genre et nombre.
*El **propio** interesado debe firmar.* L'intéressé **lui-même** doit signer.
*Tu **propia** madre resultó sorprendida.* Ta propre mère a été étonnée.
*Tienes que entregar estos documentos en **propias** manos.*
Tu dois remettre ces papiers en mains **propres**.

Son contraire ***ajeno / -a*** est toujours placé après le nom ; c'est un adjectif qualificatif.
*No debes desear los bienes **ajenos**.* Tu ne dois pas convoiter le bien d'autrui.

► Pour l'emploi pronominal des indéfinis, voir p. 140.

6 Les interrogatifs

Dans les phrases interrogatives (voir p. 286), les déterminants interrogatifs permettent de demander des informations sur le nom qu'ils précèdent. Ils sont au nombre de deux : *qué* et *cuánto*.

• ***Qué*** est invariable. Il s'emploie si l'interrogation porte sur l'identité, la nature de ce que désigne le nom.
*¿En **qué** mes has nacido?* Quel mois es-tu né ?
*¿**Qué** guantes vas a calzar?* Quels gants vas-tu mettre ?
*¿**Qué** hora es?* Quelle heure est-il ?

• ***Cuánto / -a / -os / -as*** s'accorde en genre et en nombre avec le nom. Il s'emploie si l'interrogation porte sur une quantité.
*¿**Cuántos** años tienes?* Quel âge as-tu ?
[*¿cuántos años…* = combien d'années…]
*¿**Cuánto** vino queda en el tonel?* Que reste-t-il de vin dans le tonneau ?

► Pour l'emploi pronominal des interrogatifs, voir p. 142.

7 Les exclamatifs

Les déterminants exclamatifs sont au nombre de deux : **qué** et **cuánto**. Ils permettent d'exprimer la surprise, l'étonnement, l'indignation, à propos des noms qu'ils précèdent dans une phrase exclamative (voir p. 291). Ils ont les mêmes formes que les déterminants interrogatifs.

• **Qué** est invariable.

¡Qué tontería(s)! Quelle /-s sottise /-s !
¡Qué barbaridad! C'est incroyable !

• Quand le nom est précédé ou suivi d'un adjectif, on peut dire simplement :

¡Qué bella mujer! ¡Qué mujer guapa! Quelle belle femme !
¡Qué tiempo frío! Quel temps froid !

Mais on emploiera plutôt : **¡Qué** + nom + adverbe *más* + adjectif !

*¡Qué mujer **más** bella! ¡Qué mujer **más** guapa! ¡Qué tiempo **más** frío!*

• **Cuánto** s'accorde en genre et en nombre avec le nom. Il exprime une idée de quantité.

¡Cuántas horas he perdido hoy para resolver este problema!
Que d'heures j'ai perdues aujourd'hui à résoudre ce problème.

¡Cuánta agua ha corrido por debajo del puente desde que nos vimos!
Il en a coulé de l'eau sous les ponts depuis que nous nous sommes vus !

► Pour l'emploi pronominal des exclamatifs, voir p. 143.

3 L'adjectif qualificatif et ses équivalents

Pour commencer

 Le rôle de l'adjectif qualificatif est, comme son nom l'indique, d'accompagner le nom et d'exprimer une qualité de l'être ou de l'objet nommé. Ce rôle peut être tenu par d'autres mots ou groupes de mots (voir p. 107).

Dans le groupe nominal, l'adjectif qualificatif, placé avant ou après le nom, est appelé épithète et il est facultatif.

*Una niña (**rubia**) juega en el (**gran**) patio (**soleado**).*
Une petite fille (blonde) joue dans la (grande) cour (ensoleillée).

Mais dans le groupe verbal, l'adjectif qualificatif, en tant qu'attribut, est obligatoire (voir p. 150).

*Miguel es **majo**.* Michel est gentil.

 Les adjectifs qualificatifs sont très nombreux et constituent une liste ouverte : ce sont des **mots lexicaux** (voir p. 8).
Il faut les distinguer d'autres mots que l'on nomme aussi adjectifs (démonstratifs, possessifs…) qui appartiennent à la classe des déterminants, sont en petit nombre et font partie des mots grammaticaux.

 L'adjectif qualificatif, comme le nom, porte la marque du genre et du nombre.

*Son gat**os** negr**os**. Son gat**as** negr**as**.*
Ce sont des chats noirs. Ce sont des chattes noires.

Il peut aussi, comme le nom, s'adjoindre le suffixe -*ito*, à valeur diminutive pour le nom, mais intensive pour l'adjectif (voir p. 46 et 99).

*Son gat**itos** negr**itos**. Son gat**itas** negr**itas**.*
Ce sont des chatons tout noirs. Ce sont des petites chattes toutes noires.

Mais, à la différence du nom, il peut recevoir d'autres marques, appelées **degré de signification** (superlatif, comparatif…).

*Son gatos **muy** negros, negr**ísimos**, **tan** negros **como** el carbón.*
Ce sont des chats très noirs, très très noirs, aussi noirs que le charbon.

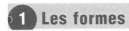

1 Les formes

FORMATION DU RADICAL

Morphologiquement, on distingue trois sortes d'adjectifs :

• **les adjectifs primaires** :
triste (triste), *alto* (haut, grand), *viejo* (vieux) ;

• **les adjectifs dérivés** :
– formés sur un nom : *sombra* (ombre) ► *sombrío* (sombre) ;
– formés sur un verbe : *durar* (durer) ► *duradero* (durable) ;
– formés sur un autre adjectif : *alto* (haut) ► *altivo* (hautain) ;

• **les adjectifs composés** :
– de deux adjectifs : *agridulce* (aigre doux) de *agrio* et *dulce* ;
verdinegro (vert foncé) de *verde* (vert) et *negro* (noir) ;
– d'un nom + un adjectif / participe passé : *cariancho* (qui a le visage large) de *cara* et *ancho* ; *boquirrubio* (blanc bec) de *boca* (bouche) et *rubio* (blond) ; *boquiabierto* (bouche bée) de *boca* et *abierto* (ouvert).

ACCORD DES ADJECTIFS QUALIFICATIFS

L'adjectif qualificatif ne possède pas de genre propre. Il s'approprie celui du substantif avec lequel il s'accorde aussi en nombre, en établissant la concordance au sein du groupe nominal. Cet accord en genre et en nombre donne toute sa cohérence au groupe nominal.

• **Accord en genre.**
*est**e** caballo blanc**o*** : ce cheval blanc
*est**a** yegua blanc**a*** : cette jument blanche

• **Accord en nombre.**
*alguno**s** caballo**s** blanco**s*** : quelques chevaux blancs
*alguna**s** yegua**s** blanca**s*** : quelques juments blanches

A **Accord en genre.**

• **Forment le féminin à l'aide de la marque -a** les adjectifs (et les participes passés) qui se terminent au masculin par **-o**.

un sombrero negro, manchado : un chapeau noir, taché
una corbata negra, manchada : une cravate noire, tachée

• **Sont invariables** au féminin tous les autres adjectifs, qu'ils soient terminés par une autre voyelle que **-o** ou par une consonne.

un niño/ una niña amable : un garçon/une petite fille aimable
un hombre/ una mujer entusiasta : un homme/une femme enthousiaste
un objeto/ una cosa útil, común, mejor : un objet utile, commun, meilleur/une chose utile, commune, meilleure
un turista/ una turista cortés, feliz : un touriste poli, heureux/une touriste polie, heureuse

• **Font exception, en marquant le féminin par -a**, au lieu d'être invariables, un certain nombre d'adjectifs qui s'appliquent en général à l'animé (personnes ou animaux).

– **Adjectifs terminés par les suffixes familiers, ironiques ou péjoratifs.**

-ete ► *-eta*
regordete/ regordeta (grassouillet/ette)

-ote ► *-ota*
feote/ feota (moche)

-ute ► *-uta*
franchute/ franchuta (français/e, avec une nuance péjorative)

– **Adjectifs terminé par -án, -ín, -ón** (formés sur un verbe ou un nom).

-án ► *-ana*
charlar (bavarder) ► *charlatán/ charlatana* (bavard/e)
holgar (se reposer) ► *holgazán/holgazana* (paresseux/euse)

-ín ► *-ina*
parlar (bavarder) ► *parlanchín/ parlanchina* (bavard/e)
bailar (danser) ► *bailarín/ bailarina* (danseur/euse)

[Mais *ruin* (vil/e) qui n'est pas formé sur un verbe ni sur un nom est invariable.]

-ón ►*-ona*
comer (manger) ► *comilón/ comilona* (goinfre)
llorar (pleurer) ► *llorón/ llorona* (pleurnichard/e)
burlar (plaisanter, tromper) ► *burlón/ burlona* (moqueur/euse, farceur/euse)
guasa (blague, plaisanterie) ► *guasón/ guasona* (blagueur/euse)

– **Adjectifs terminés par -dor, -tor, -sor, marques de l'agent qui exécute une action.**

-dor ► *-dora*
crear (créer) ► *creador/creadora* (créateur/créatrice),
trabajar (travailler) ► *trabajador/trabajadora* (travailleur/euse)
-tor ► *-tora*
seducir (séduire) ► *seductor/seductora* (séducteur/trice)
corregir (corriger) ► *corrector/correctora* (correcteur/trice)
-sor ► *-sora*
suceder (succéder) ► *sucesor / sucesora* (successeur)
imprimir (imprimer) ► *impresor / impresora* (imprimeur/euse)

– Adjectifs terminés par une consonne et exprimant une nationalité, l'appartenance à une région, à une ville.

un ciclista francés y cortés : un cycliste français et poli
una ciclista francesa y cortés : une cycliste française et polie
el mejor bailarín español, andaluz : le meilleur danseur espagnol, andalou
la mejor bailarina española, andaluza : la meilleure danseuse espagnole, andalouse.

> Mais les adjectifs de cette catégorie qui se terminent par une autre voyelle que **-o** restent invariables au féminin.
>
> *un pueblo marroquí, belga, hindú, estadounidense* : un village marocain, belge, hindou, des États-Unis
> *una ciudad marroquí, belga, hindú, estadounidense* : une ville marocaine, belge, hindoue, des États-Unis

• Sont invariables les adjectifs de couleur :

– formés de deux adjectifs :

un chaleco/una camisa rojo oscuro (un gilet/une chemise rouge foncé) ;

– formés d'un adjectif + un nom :

un guante/una corbata amarillo limón (un gant/une cravate jaune citron) ;

– formés d'un nom :

un vestido/una falda rosa, lila, salmón (une robe/une jupe rose, lilas, saumon)
[*color de* est sous-entendu, *una falda color de rosa* = une jupe rose].

B **Accord en nombre.**

Le pluriel peut être marqué par les terminaisons : **-s, -es** ou **ø**.

TERMINAISON	MARQUE DU PLURIEL	SINGULIER	PLURIEL
voyelle atone	-s	*rojo* (rouge) *belga* (belge) *fuerte* (fort/forte) *cursi* (snob, de mauvais goût)	*rojos* *belgas* *fuertes* *cursis*
voyelle tonique	-es	*israelí* (israëlien/ israëlienne) *baladí* (futile) *hindú* (hindou/hindoue)	*israelíes* *baladíes* *hindúes*
consonne sauf **s**	-es	*útil* (utile) *común* (commun/ commune) *atroz* (atroce) *feliz* (heureux/heureuse)	*útiles* *comunes* *atroces* *felices*
voyelle tonique +**s**	-es	*inglés* (anglais) *gris* (gris/grise)	*ingleses* *grises*
voyelle atone +**s**	ø	*isósceles* (isocèle) *finolis* (snob)	*isósceles* *finolis*

Remarques

• Les marques du pluriel sont les mêmes pour les adjectifs que pour les noms. Cependant, le pluriel des adjectifs terminés par une voyelle tonique est toujours en -**es**, alors qu'il varie pour les noms, selon la voyelle et selon la fréquence du nom (voir p. 43).

• Sont invariables en nombre comme en genre les adjectifs de couleur composés :

– soit de deux adjectifs : *unas medias azul marino* (des bas bleu marine) ;

– soit d'un adjectif + un substantif : *unos labios rojo cereza* (des lèvres rouge cerise) ;

– soit d'un nom : *unas zapatillas violeta* (des chaussons violets), où *color de* est sous-entendu (*unas zapatillas color de violeta*).

• Si l'adjectif se rapporte à plusieurs noms de genres différents, il s'accorde au masculin pluriel. Si la forme de l'adjectif est différente au masculin et au féminin, on place l'adjectif de préférence près du nom masculin. On dira : *Traigo una revista y un periódico ingleses.* (J'apporte une revue et un journal anglais), plutôt que : *Traigo un periódico y una revista ingleses* (cependant correct).

En fait malgré cette règle, l'usage accepte et préfère l'accord par proximité, c'est-à-dire avec le premier substantif, si l'adjectif est placé avant.

Angelina sentía por él profunda admiración y cariño.
Angelina éprouvait pour lui une admiration et une affection profondes.

APOCOPE DE CERTAINS ADJECTIFS

L'apocope consiste à supprimer un ou plusieurs sons à la fin d'un mot. Certains adjectifs subissent cette modification.

A **Bueno** (bon) et **malo** (mauvais), les adjectifs numéraux **uno** (un), **primero** (premier), **tercero** (troisième), **postrero** (dernier), **postrimero** (ultime) et les indéfinis **alguno** (quelque) et **ninguno** (aucun) perdent le **-o** final quand ils précèdent un nom au masculin singulier.

---
*un **buen** día* (un bon (beau) jour) mais : *un día bueno* (une belle journée)
*un **mal** momento* mais : *un momento malo* (un mauvais moment)
*un **mal** estudiante* (un mauvais étudiant) mais : *un estudiante malo* (un étudiant méchant)

L'apocope peut se produire au féminin dans des expressions toutes faites.
en buen hora / en buena hora : à la bonne heure (= *enhorabuena*)

B **Santo** perd sa dernière syllabe devant un prénom masculin.
San Pedro : Saint-Pierre   *San Jorge* : Saint-Georges
Santiago (= Sant Iago) : Saint-Jacques [en cours d'apocope]

Cependant l'apocope n'a pas lieu devant les prénoms masculins commençant par *Do-* ou *To-*.
Santo Domingo : Saint-Dominique (d'où l'île de Saint Domingue)
Santo Tomás (Tomé) : Saint-Thomas
Santo Toribio

L'apocope ne se produit pas devant un nom commun.
un santo varón : un saint homme   *el Santo Padre* : le Saint Père

C **Grande** perd sa dernière syllabe devant un nom au singulier, masculin ou féminin. L'apocope ne se produit pas, si **grande** est placé après le nom.
*un **gran** esfuerzo* (un grand effort)
mais : *un esfuerzo grande*
*una **gran** casa* (une grande maison) [une maison illustre]
mais : *una casa grande* (une grande maison) [une maison grande par sa dimension]

L'apocope ne se produit pas si *grande*, placé devant le nom :

– est précédé de *más*, pour exprimer un superlatif relatif, au lieu de *mayor* :

*Es el **más** grande barco del país.* C'est le plus grand bateau du pays.
[En effet, l'emphase s'accomode mal d'une forme apocopée].

– est suivi d'un autre adjectif.

*Es un gran**de** y ruinoso edificio.* C'est un grand bâtiment délabré.

2 Degrés de signification

L'adjectif qualificatif, employé seul, placé avant ou après le nom, exprime la qualité des êtres et des objets, sans idée de comparaison ni de quantité.

Felipe es un muchacho guapo e inteligente.
Philippe est un garçon beau et intelligent.

Mais une qualité peut être comparée à une autre et être possédée, selon le jugement du locuteur, à un degré plus ou moins élevé.

*Es un muchacho **más** guapo **que** amable y **bastante** inteligente.*
C'est un garçon **plus** beau **qu'**aimable et **assez** intelligent.

Ce degré de signification de la qualité exprimée par l'adjectif peut donc être établi :

– soit de façon relative, par comparaison avec lui-même ou avec d'autres êtres ou objets (c'est le degré relatif de signification)

► *Es un muchacho más guapo que amable.*

– soit dans l'absolu, sans aucune comparaison (c'est le degré absolu de signification)

► *Es un muchacho bastante inteligente.*

| DEGRÉ RELATIF

La comparaison de la qualité exprimée par l'adjectif prend la forme d'un comparatif ou d'un superlatif relatif.

A Le comparatif.

Le comparatif permet de comparer la qualité exprimée par l'adjectif :
avec d'autres personnes ou objets (+ groupe nominal),

avec d'autres qualités (+ adjectif),

avec le même être ou objet dans des circonstances différentes (+ adverbe ou groupe nominal prépositionnel),

Il permet aussi d'évaluer la qualité exprimée par l'adjectif par rapport à une idée ou une impression (+ proposition).

Il existe trois types de comparaison.

> **supériorité** (plus ... que) ➤ *más... que / más... de lo que* + proposition
> **infériorité** (moins ... que) ➤ *menos... que / menos... de lo que* + proposition
> **égalité** (aussi ... que) ➤ *tan... como / tan... como (lo)* + proposition

• **Le comparatif de supériorité** (plus... que).

– Le second terme de la comparaison est un groupe nominal
➤ nom + *más* + adjectif + *que* + groupe nominal

Felipe es un alumno más inteligente que su hermano.
Philippe est un élève **plus** intelligent **que** son frère.

– Le second terme de la comparaison est un adjectif
➤ nom + *más* + adjectif + *que* + adjectif

Felipe es un alumno más inteligente que estudioso.
Philippe est un élève **plus** intelligent **que** travailleur.

– Le second terme de la comparaison est un adverbe ou un groupe nominal prépositionnel
➤ nom + *más* + adjectif + *que* + adverbe / préposition + groupe nominal

Felipe es un chico más deportista que antes.
Philippe est un garçon **plus** sportif **qu'**avant.

Tenemos vacaciones de Navidad más cortas que en cualquier otro país.
Nous avons des vacances de Noël **plus** courtes **que** dans n'importe quel autre pays.

– Le second terme de la comparaison est une proposition
➤ nom + *más* + adjectif + *de lo que* + proposition

Mercedes es una chica más astuta de lo que pensabas.
Mercedes est une fille **plus** maline **que** tu **ne** pensais.

• **Le comparatif d'infériorité** (moins... que).

– Le second terme de la comparaison est un groupe nominal / un adjectif / un adverbe / un groupe nominal prépositionnel
➤ nom + *menos* + adjectif + *que* + groupe nominal / adjectif / etc.

Luis es un estudiante menos asiduo que Javier.
Louis est un étudiant **moins** assidu **que** Xavier.

Luis es un estudiante menos inteligente que empollón.
Louis est **un** étudiant **moins** intelligent **que** bûcheur.

Hemos encontrado algunas playas menos contaminadas que aquí.
Nous avons trouvé quelques plages **moins** polluées **qu'**ici.

*Son poblaciones **menos** concurridas ahora **que** durante el verano.*
Ce sont des localités **moins** fréquentées maintenant **que** pendant l'été.

– Le second terme de la comparaison est une proposition
► nom + ***menos*** + adjectif + ***lo que*** + proposition

*Begoña es una moza **menos** competente **de lo que** pretendía su amiga.*
Begoña est une jeune fille **moins** compétente **que ne** le prétendait son amie.

• **Le comparatif d'égalité** (aussi… que).

– Le second terme de la comparaison est un groupe nominal/un adjectif/un adverbe/un groupe nominal prépositionnel
► nom + ***tan*** + adjectif + ***como*** + groupe nominal/adjectif/etc.

*Ernesto es un chico **tan** amable **como** su padre.*
Ernest est un garçon **aussi** aimable **que** son père.

*Ernesto es un chico **tan** amable **como** gracioso.*
Ernest est un garçon **aussi** aimable **qu'**amusant.

*Don Jaime ha dado dos conferencias **tan** apasionantes **como** de costumbre.*
Don Jaime a prononcé deux conférences **aussi** passionantes **que** d'habitude.

– Le second terme de la comparaison est une proposition
► nom + ***tan*** + adjectif + ***como (lo)*** + proposition

*Cecilia es una muchacha **tan** estupenda **como (lo)** suponíamos.*
Cecile est une fille **aussi** formidable **que** nous le supposions.

Il ne faut pas confondre ***tan… como*** (aussi… que), qui introduit une proposition comparative (qui exprime une **comparaison**), et ***tan… que*** (si… que), qui introduit une proposition consécutive (qui exprime une **conséquence**).

*Mercedes es una muchacha **tan** astuta **que** no debes preocuparte.*
Mercedes est une fille **si** maline **que** tu ne dois pas t'en faire.

• **Les comparatifs de supériorité irréguliers.**
Certains adjectifs ont un comparatif de supériorité irrégulier, calqué sur le latin.

bueno (bon)	► ***mejor*** (meilleur)	***malo*** (mauvais)	► ***peor*** (pire)
grande (grand)	► ***mayor*** (plus grand)	***pequeño*** (petit)	► ***menor*** (plus petit)
bajo (bas)	► ***inferior*** (inférieur)	***alto*** (haut)	► ***superior*** (supérieur)

*Aquí se venden tejidos de **mejor** calidad que en la otra tienda.*
Ici on vend des tissus de **meilleure** qualité que dans l'autre boutique.

On emploie aussi parallèlement : ***más malo, más pequeño.***

Les comparatifs irréguliers **mayor** et **menor** placés après le nom forment des expressions figées où ils ont valeur de superlatifs relatifs.

el altar mayor : le maître-autel
la plaza mayor : la grand-place   *la calle mayor* : la grand-rue
el ganado mayor : le gros bétail   *el ganado menor* : le petit bétail
el hermano mayor (= *hermano más viejo*) : le frère aîné
el hermano menor : (= *hermano más joven*) : le frère cadet

> Il ne faut pas confondre *el hermano mayor* (le frère aîné) avec *el hermano más alto* (le plus grand en taille), ni *el hermano menor* (le frère cadet) avec *el hermano más bajo* (le plus petit en taille).

B **Le superlatif relatif.**

• Le superlatif relatif exprime une qualité possédée à son degré le plus élevé ou le plus bas, par rapport au même être ou objet dans d'autres circonstances, par rapport à un ensemble d'êtres ou d'objets, ou par rapport à une idée, un savoir...

• **On distingue le superlatif de supériorité et le superlatif d'infériorité.**

Supériorité	
le/la/les... le/la/les plus... de	► *el/la/los/las... más... de*
le/la/les... le/la/les plus... que	► *el/la/los/las... más... que*
Infériorité	
le/la/les... le/la/les moins... que	► *el/la/los/las... menos... de*
le/la/les... le/la/les moins... que	► *el/la/los/las... menos... que*

Esa austríaca ha sido la esquiadora más rápida de su serie.
Cette Autrichienne a été la skieuse la plus rapide de sa série.
Esa austríaca ha sido la esquiadora más rápida que conozco. [indicatif]
Cette Autrichienne a été la skieuse la plus rapide que je connaisse. [subjonctif]
[« Cette Autrichienne » possède la qualité « rapide » au plus haut degré, mais par rapport aux skieuses de sa série, ou par rapport à toutes les skieuses que je connais : c'est un superlatif relatif.]

De même, la qualité peut être présente à son plus bas degré.
Fueron los dos documentales menos interesantes del año.
Ce furent **les** deux documentaires **les moins** intéressants **de** l'année.
Son los dos documentales menos interesantes que hemos visto. [indicatif]
Ce sont **les** deux documentaires **les moins** intéressants **que** nous **ayons** vus. [subjonctif]

Remarquons la double différence de construction entre l'espagnol et le français, quand l'adjectif est placé après le substantif.

• En français, **l'article défini** apparaît deux fois, devant le nom (**la** skieuse /**les** deux documentaires) et devant l'adverbe de quantité (**la** plus rapide/**les** moins intéressants).

En espagnol, l'article défini n'est présent qu'une seule fois, devant le nom (*la* esquiadora/*los* dos documentales).

• Si le point de repère est exprimé sous forme de proposition, en français, le verbe est au **mode** subjonctif [« Cette Autrichienne est la plus rapide des skieuses que je connais et que je pourrais connaître », d'où le subjonctif : « que je connaisse »].

Il est au mode indicatif en espagnol [plus prosaïquement, on ne compare qu'avec les skieuses que je connais réellement : *que conozco*].

• Si l'adjectif est placé avant le substantif, seule la différence de mode subsiste.

*Esa austríaca es **la más** rápida esquiadora **que** conozco.*
Cette Autrichienne est **la plus** rapide skieuse **que** je connai**sse**.

• Superlatifs irréguliers.

Certains superlatifs déjà irréguliers en latin ont été conservés.

> *grande* ► **máximo** = *el mayor* = *el más grande* (le plus grand)
> *pequeño* ► **mínimo** = *el menor* = *el más pequeño* (le plus petit)

*Es el único funcionario, la **máxima** autoridad.*
C'est le seul fonctionnaire, la plus haute autorité.

*¿Sabes quién es el Líder **Máximo**?*
Sais-tu qui est le Commandant en Chef ?

*Tienes que buscar el **máximo** común denominador.*
Il faut que tu cherches le plus grand commun dénominateur.

*Con el bochorno, su indumentaria estaba reducida a la **mínima** expresión.*
À cause de la chaleur étouffante, ses vêtements étaient réduits à leur plus simple expression.

DEGRÉ ABSOLU

La graduation de la qualité peut s'effectuer sans comparaison, dans l'absolu. On emploie le superlatif absolu quand la qualité est possédée à un degré élevé. Les différents degrés, et en particulier le superlatif, peuvent s'exprimer à l'aide de plusieurs outils grammaticaux.

A **Le superlatif absolu.**

• Il se forme au moyen de l'adverbe quantifieur *muy* (forme apocopée du *mucho*), invariable, placé devant l'adjectif.

*Son jóvenes **muy** formales y **muy** simpáticos.*
Ce sont des jeunes gens **très** sérieux et **très** sympathiques.

• **Il se forme aussi au moyen du suffixe *-ísimo*** qui s'accorde en genre et en nombre avec le nom (*-ísimo, -ísima, -ísimos, -ísimas*).

Le suffixe ***-ísimo*** s'ajoute à l'adjectif, si celui-ci se termine par une consonne ou il remplace sa dernière voyelle.

*Inventé entonces una historia original**ísima** pero trist**ísima**. (original / triste)*
J'inventai alors une histoire très originale mais très triste.

Pour le sens, le superlatif en *-ísimo* est ressenti comme plus énergique que celui construit avec l'adverbe *muy*.

*El cocinero nos trajo una sopa **muy** buena, buen**ísima**.*
Le cuisinier nous apporta une très bonne soupe, une très très bonne soupe.

• La syllabe tonique de l'adjectif se déplace sur le premier **i** du suffixe *-ísimo*. Si l'adjectif porte un accent écrit, il disparaît.

*Son jóvenes formal**ísimos** y simpatiqu**ísimos**. (form**a**l / simp**á**tico)*
Ce sont des jeunes gens **extrêmement** sérieux et **des plus** sympathiques.

• Des modifications orthographiques peuvent intervenir pour conserver le son de la dernière consonne ou pour respecter l'usage orthographique.

*Mi ahijada me pedía siempre el mismo largu**ísimo** cuento de un tigre feroc**ísimo**. (lar**g**o / fero**z**)*
Ma filleule me demandait toujours le même conte très long d'un tigre très féroce.

• À la différence du suffixe français « -issime » (riche ► richissime), *-ísimo* peut s'employer avec la plupart des adjectifs. Certains adjectifs sont cependant exclus :

– à cause de leur **sens** : les adjectifs qui n'admettent pas de degré comme *mortal* (mortel), *eterno* (éternel) ou les numéraux,

sauf l'ordinal *primero* (premier) ► *el primerísimo* (le tout premier)

– à cause de leur **forme** : en particulier un certain nombre d'adjectifs proparoxytons (*esdrújulos*) comme *espontáneo* (spontané), *legítimo* (légitime), *férreo* (ferré, en fer).

• **Superlatifs irréguliers.**

Certains subissent des modifications du radical :
– les adjectifs de deux syllabes qui comportent un radical à diphtongue (**ie, ue**) ► **double forme de superlatif** (la 1re forme étant plus courante, la 2e plus savante) ;

fuerte ► *fuertísimo/ fortísimo* (très fort)
cierto ► *certísimo/ ciertísimo* (très sûr)
nuevo ► *nuevísimo/ novísimo* (très nouveau)
Mais : *frecuente* ► *frecuentísimo*

– les adjectifs qui se terminent par *-ble* ► superlatif en *-bilísimo* ;

noble ► *nobilísimo* (très noble)
amable ► *amabilísimo* (très aimable)
agradable ► *agradabilísimo* (très agréable)
El domingo dimos un paseo agradabilísimo por la Sierra de Guadarrama.
Dimanche, nous avons fait une promenade des plus agréables dans la Montagne de Guadarrama.

– les adjectifs qui se terminent par *-bre, -cre, -ero* ► superlatif en *-érrimo*.

libre ► *libérrimo* (très libre), *célebre* ► *celebérrimo* (très célèbre)
acre (aigre, mordant) ► *acérrimo* (très fort, acharné)
mísero ► *misérrimo* (très misérable)
*Su tío era un **acérrimo** partidario de ese partido político.*
Son oncle était un partisan acharné de ce parti politique.

D'autres adjectifs d'usage courant ont une double forme, dont une calquée sur le latin d'un niveau de langue plus soutenu.

pobre ► *pobrísimo/ **paupérrimo*** (très pauvre)
cruel ► ***crudelísimo**/ cruelísimo* (très cruel)
amigo ► ***amicísimo**/ amiguísimo* (très ami)

Certains n'ont qu'une seule forme calquée sur le latin.

simple ► *simplicísimo*   *sabio* ► *sapientísimo* (très savant)
sagrado ► *sacratísimo* (très sacré)   *fiel* ► *fidelísimo* (très fidèle)
antiguo ► *antiquísimo* (très ancien)   *magnífico* ► *magnificentísimo*
                                            (absolument magnifique)

Certains superlatifs irréguliers latins ont été conservés.

bueno ► *óptimo* = *buenísimo* (très bon, excellent)
malo ► *pésimo* = *malísimo* (très mauvais)

*No podéis negar que vivís en **óptimas**/ **pésimas** condiciones.*
Vous ne pouvez pas nier que vous vivez dans d'excellentes / de très mauvaises conditions.

• **Pour exprimer le plus haut degré de qualité**, on peut remplacer *muy* (très) par :

sumamente (suprêmement), *extremadamente* (extrêmement), *altamente* (hautement), *extraordinariamente* (extraordinairement), *excepcionalmente* (exceptionnellement), *realmente/ verdaderamente* (vraiment), *en sumo grado* (au plus haut point), *la mar de* (tout ce qu'il y a de plus [registre familier])

*No quisiera dejar ese sitio **verdaderamente** encantador.*
Je ne voudrais pas quitter cet endroit vraiment enchanteur.

*Pedro vino con una amiga suya **la mar de** graciosa.*
Pierre est venu avec une de ses amies amusante comme tout (tout ce qu'il y a de plus drôle).

• Dans la langue parlée familière, le superlatif absolu peut s'exprimer aussi au moyen des préfixes ***super-, hiper-, archi-, requete-*** (*re-, rete-*) qui peuvent s'employer en principe devant tous les adjectifs.

*Tienes que confesar que vives en un barrio **super**tranquilo.*
Il te faut bien avouer que tu habites dans un quartier super tranquille.

*Hemos comido una tortilla **re**buena / **requete**buena / **super**buena / buen**ísima**, riqu**ísima** / excelente.*
Nous avons mangé une omelette très bonne / plus que bonne / super bonne / très très bonne / succulente / excellente.

• Le suffixe ***-ito*** (voir p. 46), ajouté à un adjectif, marque l'intensité, l'insistance.

pequeño (petit) ► *pequeñ**ito*** (tout petit)
gordo (gros, gras) ► *gord**ito*** (**bien** gros, **bien** gras)
*La abuela está bordando un tapete redond**ito**.*
La grand-mère brode un napperon **tout** rond.

*Yo había escogido una pava gord**ita**.*
J'avais choisi une dinde **bien** grasse.

B **Autres degrés.**

• Pour exprimer d'autres degrés de qualité que le plus élevé, on emploie des adverbes quantifieurs invariables, placés devant l'adjectif comme (ici classé du plus haut au plus bas degré) :

> ***demasiado*** (trop), ***muy*** (très = superlatif), ***harto*** (trop, assez), ***bastante*** (assez), ***bien*** (bien), ***más bien*** (plutôt), ***un poco / algo / un tanto*** (un peu), ***poco*** (peu), ***nada*** (pas du tout), ***casi*** (presque).

Ils se placent devant l'adjectif et sont invariables.

Demasiado suppose une limite dépassée.

*Es un problema **demasiado** complicado para él.*
C'est un problème **trop** compliqué pour lui.

Bastante marque un degré relativement élevé (*bastar* = suffire).

*Es cierto, las dos eran chicas **bastante** tímidas.*
C'est vrai, toutes les deux étaient des filles assez timides.

Bien est synonyme de ***bastante*** ou de ***muy***.

*Repítalo de modo **bien** claro, que se te oiga mejor.*
Répète-le de façon **bien** claire, qu'on t'entende mieux.

Más bien, comme le français «plutôt», marque une rectification ou une appréciation hésitante.

*Yo diría que se trata de un libro **más bien** aburrido.*
Je dirais qu'il s'agit d'un livre plutôt ennuyeux.

Un poco, algo, un tanto sont synonymes et marquent un degré en dessous de la moyenne.

*Recuerdo perfectamente su voz **un poco** ronca.*
Je me souviens parfaitement de sa voix un peu rauque.

*El guía hablaba con aire **algo** (**un tanto**) presumido.*
Le guide parlait d'un air **quelque peu** (**un tantinet**) prétentieux.

> **Algo** peut signifier aussi «quelque chose». Quand l'adjectif est attribut et non épithète, le contexte seul permet de choisir entre les deux significations, «un peu» et «quelque chose».
> *"Es algo misterioso"* veut dire : «C'est un peu mystérieux» ou : «C'est quelque chose de mystérieux».

Un poquito (un petit peu) et le familier **un poquitín** (un tout petit peu) renforcent le sens de **un poco**, en exprimant un degré au dessous.

*Fue una escena **un poquito** ridícula.*
Ce fut une scène un **petit peu** (**un tantinet**) ridicule.

Dans certains contextes, «un peu» et **un poco** expriment la réprobation et sont l'équivalent «d'un peu trop».

*Tuviste una reacción **un poco** violenta.*
Tu as eu une réaction **un peu** violente. [= Je trouve ta réaction **trop** violente ou **un peu trop** violente.]

Un poco et **demasiado** sont incompatibles. On peut traduire «un peu trop» par **harto** qui, dans d'autres contextes, est un synonyme (plus rare) de *demasiado* (trop) ou de *bastante* (assez).

*Tuviste una reacción **harto** violenta.*
Tu as eu une réaction assez violente / trop violente / un peu trop violente.

Poco marque un faible degré de qualité, exprimé aussi par la négation du superlatif **no muy.**

*Rosario me dio una explicación **poco** (**no muy**) clara.*
Rosario m'a donné une explication **peu (pas très)** claire.

Nada signifie «rien». Mais devant un adjectif, *nada* marque le contraire de **muy** et signifie «pas… du tout».

*He comprado un abanico bonito y **nada** caro.*
J'ai acheté un joli éventail et **pas** cher **du tout**.

Casi exprime un degré antérieur à l'attribution de la qualité.

*Me encantan las rosas **casi** negras.* J'adore les roses **presque** noires.

• **On peut employer aussi des adverbes en -*mente*** (adjectif au féminin + *mente*).

On peut remplacer **demasiado** (trop) par :

---

excesivamente (excessivement), *exageradamente* (exagérément), *descomunalmente* (énormément), *desmesuradamente*/*desmedidamente* (démesurément), *inmoderadamente* (immodérément)...

On peut remplacer **un poco** (un peu) par :

---

ligeramente (légèrement), *escasamente* (faiblement, chichement)...

Anuncian un cielo **escasamente** *nublado.*
On annonce un ciel faiblement nuageux.

• **Des suffixes spécifiques** à certains adjectifs marquent l'atténuation.

bueno (bon) ► *bona**chón*** (bonasse)
blando (mou) ► *bland**ucho*** / *bland**ujo*** (mollasson)

Ces suffixes sont variés avec les adjectifs de couleur.

---

negro (noir) ► *negr**uzc**o* (noirâtre)	*gris* (gris) ► *gris**áce**o* (grisâtre)
pardo (brun) ► *pard**usc**o* (brunâtre)	*rojo* (rouge) ► *roj**iz**o* (rougeâtre)
verde (vert) ► *verd**usc**o,*	*amarillo* (jaune) ► *amarill**ento***
*verd**oso*** (verdâtre)	(jaunâtre)
blanco (blanc) ► *blanc**uzc**o,*	*azul* (bleu) ► *azul**ado**,*
*blanqu**ecin**o*	*azul**ino*** (bleuâtre)
(blanchâtre, blafard)	

---

3 La place de l'adjectif qualificatif

Le rôle de l'adjectif qualificatif étant de compléter le nom, il est généralement placé **après** celui-ci. Dans la langue parlée, c'est sa place la plus fréquente. Cependant comme en français, l'adjectif peut se placer après ou avant le nom, selon certaines tendances liées au sens ou à la forme des adjectifs, plutôt que selon des règles précises.

ADJECTIF POSTPOSÉ

A **Tendance liée au sens.**

L'adjectif qualificatif est placé après le nom, quand il précise :

• **un caractère spécifique** qui permet de ranger le substantif dans une **catégorie** ;

*un puerto **fluvial*** : un port fluvial	*una empresa **comercial*** : une entreprise commerciale
*la naturaleza **humana*** : la nature humaine	*serpientes **venenosas*** : des serpents venimeux
*la vía **férrea*** : la voie ferrée	*frutas **comestibles*** : des fruits comestibles

• **une qualité physique** comme la couleur, la forme, la dimension, la position ;

*V^d vestía una falda **negra**.* Vous portiez une jupe noire.

*Quiero un pañuelo **cuadrado**.* Je veux un foulard / mouchoir carré.

*Es un palacio **enorme**.* C'est un énorme palais.

*Me duele el ojo **izquierdo**.* J'ai mal à l'œil gauche.

• **l'appartenance locale ou temporelle** (la nationalité, la religion).

*En este pueblo **serrano**, nunca he oído aves **nocturnas**.*
Dans ce village de montagne, jamais je n'ai entendu d'oiseaux de nuit.

*Fulano es un sacerdote **católico**, de lengua **inglesa**.*
Untel est un prêtre catholique, de langue anglaise.

B **Tendance liée à la forme.**

• **Les participes passés** sont souvent postposés.

*La choza estaba protegida por una techumbre de paja **tejida**.*
La chaumière était protégée par un toit de paille tressée.

• **Les adjectifs longs,** de trois syllabes ou plus, sont plutôt postposés.

*Desde una fecha **imprecisa**, por razones **inexplicables**, era un territorio **ingobernable**.*
Depuis une date incertaine, pour des raisons inexplicables, c'était un territoire ingouvernable.

• **Les adjectifs suivis d'un complément** sont postposés.

*Reinaba ese silencio **previo a la tormenta**.*
Il régnait ce silence qui précède (préalable à) la tempête.

ADJECTIF ANTÉPOSÉ

Cependant l'adjectif peut être placé **avant le nom**. Dans ce cas, il forme avec ce dernier une plus grande unité. En effet, si la qualité exprimée par l'adjectif est déjà présente à l'esprit de l'auditeur ou du lecteur, en attente en quelque sorte du nom, elle influence le sens de celui-ci, au lieu de simplement le compléter.

A **Placés avant le nom**, certains adjectifs sont employés dans un **sens figuré**.

*A pesar de su riqueza, Zutano es un **pobre** hombre.*
Malgré sa richesse, Untel est un pauvre homme.

*Mengano era un **simple** soldado pero nada tonto.*
Untel était un simple soldat mais pas bête du tout.

B **Placés avant le nom**, certains de ces adjectifs expriment une notion abstraite de **quantité**. Comparez :

• *Pedro es un **viejo** amigo.* Pierre est un **vieil ami**. [un ami de longue date, depuis de nombreuses années, même s'il n'est pas vieux.]
*Es un amigo **viejo**.* C'est un ami âgé.

• *Su **nuevo** coche no es un coche **nuevo**.*
Sa **nouvelle** voiture [acquise depuis peu] n'est pas une voiture **neuve.**

• *Una **sola** mujer, **pura** mentira. Una mujer **sola**, triste realidad.*
Une seule femme, **pur** mensonge. Une femme **seule**, triste réalité.

*Es **pura** ilusión el creer que él fue a verla con intenciones **puras**.*
C'est **pure** [totale] illusion de croire qu'il a été la voir avec des intentions pures.

• *Es una **mera** suposición.* C'est une simple supposition / une supposition pure et simple. [*mero*, synonyme de *puro* antéposé, ne se place jamais après le nom.]

• *Publiqué una **única** obra.* J'ai publié **une seule** œuvre.
*Publicaste una obra **única**.* Tu as publié une œuvre unique. [exceptionnelle]

• *Nos hemos visto en **raras** (escasas, pocas) ocasiones.*
Nous nous sommes vus en de **rares** occasions. [peu nombreuses]
*Nos hemos visto en ocasiones **raras** (extrañas).*
Nous nous sommes vus dans des circonstances **étranges**.

• *Ella tiene **cierta** idea de su porvenir pero no una idea **cierta**.*
Elle a **une certaine** idée de son avenir mais pas une idée **sûre et certaine**.

• *Cultivo una **buena** parte del terreno.*
Je cultive une **bonne** (grande) partie du terrain.
*Cultivo la parte **buena** del terreno.*
Je cultive la partie cultivable du terrain.

C **Placés avant le nom**, dans des phrases exclamatives, les adjectifs *menudo* (petit), *bonito* (joli), *valiente* (courageux) peuvent signifier le **contraire** de leur sens habituel.

*¡**Menudo** precio! Ce n'est pas donné !* [mot à mot : Petit prix !]
*¡**Menudo** lío!* Ce n'est pas une mince affaire !
*¡**Bonita** escena es aquélla!* C'est du joli !
*¡Tienes un **valiente** amigo!* Tu as un drôle d'ami !

D Les comparatifs superlatifs en -*or* sont antéposés (sauf dans certains noms composés figés).

*Ya he leído la **mayor** y la **mejor** parte del libro.*
J'ai déjà lu la plus grande et la meilleure partie du livre.
Mais : *Vivo en la **calle mayor**.* J'habite dans la grand-rue.

E Lorsque le nom est suivi d'un complément, l'adjectif est souvent antéposé, pour ne pas rompre leur unité.

*Se trataba de un buen jabón con **penetrante** olor a sebo.*
Il s'agissait d'un bon savon à la pénétrante odeur de suif.
*La única construcción era una **enorme** choza de calaminas.*
La seule construction était une énorme chaumière en calamine.
*La boa los engullía en un **prolongado y horrendo** proceso de ingestión.*
Le boa les avalait dans un interminable et horrible processus d'ingestion.

F Lorsqu'il y a deux adjectifs ou plus, souvent l'un est antéposé et l'autre ou les autres postposé(s).

*… sin ocultar del todo la **brillante** cabellera **negra, partida** al medio…*
… sans cacher complètement sa brillante chevelure noire, séparée au milieu…

G Reprise du même adjectif.

La première fois, l'adjectif est postposé et le substantif précédé de l'article indéfini (*una mesa alta*) ; une fois présenté, l'adjectif forme un tout avec le nom précédé de l'article défini (*la alta mesa*).

*Había **una** mesa **alta**, muy alta… él se arrimaba a **la alta** mesa.*
Il y avait une table haute, très haute… il s'appuyait sur la haute table.
*El alcalde… era **un** individuo obeso que sudaba sin descanso. **El sudoroso gordo**…*
Le maire… était un individu obèse qui suait sans répit. Le gros toujours en sueur…

H Antéposition stylistique.

Si l'adjectif qui a toutes les raisons d'être postposé est antéposé, sa position inattendue a une valeur emphatique de renforcement de la qualité exprimée.

*Junto a la puerta, colgaba una **deshilachada** toalla y la barra de jabón renovada cada dos años.* (d'après L. Sepúlveda)
Près de la porte, pendait une serviette **toute** effilochée et le morceau de savon renouvelé tous les deux ans.
[Le participe passé de cinq syllabes, *deshilachada*, est inattendu devant le substantif *toalla*, donc mis en relief.]

C'est pourquoi l'adjectif est souvent antéposé pour exprimer un jugement, une impression, une réaction subjective ou affective.

*De pronto se agolparon los recuerdos y aquella **inmóvil** y **aletargada** tarde de agosto comenzaba a remover sus **estancadas** aguas.* (L. Mateo Díez)
Soudain se bousculèrent les souvenirs, et cet après-midi d'août **immobile** et **engourdi** commençait à agiter ses eaux **dormantes**.

L'adjectif ou le participe passé placé avant le groupe nominal exprime avec celui-ci un complément de manière.

*El general salió del salón, **erguida** la cabeza, **medio cerrados** los ojos.*
Le général sortit du salon, la tête **haute**, les yeux **mi-clos**.

Si l'adjectif est placé après le nom, le groupe nominal est introduit obligatoirement par *con* (avec).

*El general salió del salón, **con** la cabeza erguida, **con** los ojos medio cerrados.*

4 L'adjectif substantivé

Le nom et l'adjectif ayant plusieurs traits communs, le passage d'une catégorie grammaticale à l'autre n'est pas rare.

| NOM ► ADJECTIF

Le nom peut devenir adjectif. Dans ce cas, il est placé juste après le nom et peut s'accorder ou non avec lui en nombre (voir p. 87).

*En este barrio, hay varios cafés **teatros**.*
Dans ce quartier, il y a plusieurs cafés-théâtres.
*En el circo hemos visto a una mujer **cañón** y a hombres **rana**.*
Au cirque, on a vu une femme canon et des hommes grenouilles.

| ADJECTIF ► NOM

De même, l'adjectif peut devenir un nom.

A L'adjectif est précédé d'un déterminant actualisateur autre que *lo*.

*Este joven no teme al **vacío**.* Ce jeune n'a pas peur du vide.
*El **verde** es mi color preferido.* Le vert est ma couleur préférée.
*Dirige **aquellos** dos **complejos** industriales.* Il dirige ces deux complexes industriels.
*Son **dos industriales** complejos.* Ce sont deux industriels complexes.

L'emploi d'un déterminant (articles *el* ou ***un***, démonstratifs...) autre que *lo* indique que l'adjectif est devenu un nom commun, présent comme tel dans les dictionnaires.

> Ce n'est pas le cas pour tous les adjectifs. Dans la phrase : *¿ Ves estos dos terrenos? Pues, el **rectangular** es de mi abuelo.* (Tu vois ces deux terrains ? Eh bien, le rectangulaire est à mon grand-père.), *rectangular* est un adjectif et pas un nom commun, bien qu'il soit précédé de l'article défini *el*. Le nom auquel il se rapporte (*terreno*) n'est pas repris car il est très proche. De même dans : *Mi lápiz es el verde.* (Mon crayon est le vert.), *verde* est adjectif ; l'article *el* remplaçant *el lápiz* est en fonction pronominale (voir p. 44, 135).

B **Adjectif invariable précédé de *lo*.**

Tout adjectif peut être substantivé occasionnellement. Dans ce cas, il est invariable et précédé de ***lo***, que l'on peut considérer comme article. Quand il existe un nom correspondant à l'adjectif substantivé, deux constructions sont possibles.

*Entiendo **lo complejo** del asunto.*
Je comprends (tout) ce que l'affaire a de complexe.

Comparons avec :

*Entiendo **la complejidad** del asunto.*
Je comprends la complexité de l'affaire.

Dans *la complejidad del asunto*, le nom *complejidad* est plus abstrait que l'adjectif *complejo* et plus indépendant de *asunto*. Dans *lo complejo del asunto*, *complejo* fait corps avec *asunto*, comme tout adjectif placé avant le nom.

Par ailleurs, le nom correspondant n'existe pas toujours.

***Lo** extraordinario de su victoria no le hizo perder la cabeza.*
Le côté extraordinaire de sa victoire ne lui fit pas perdre la tête.

Si le nom existe, il ne convient pas toujours.

***Lo bueno** de tu castigo es que te quedas conmigo.*
Le bon côté de ta punition, c'est que tu restes avec moi.

On peut remplacer *lo bueno* par *el lado bueno* (le bon côté) mais pas par *la bondad* (la bonté).

Lo peut être considéré comme un article en fonction pronominale, qui remplacerait l'article *el* ou *la* et un nom à signification générale comme *cosa* (chose), *aspecto* (aspect), *carácter* (caractère)... (voir p. 59, 136).

*Es **lo único** que me interesa. C'est la seule chose qui m'intéresse.*
*Es siempre **lo mismo**. C'est toujours la même chose.*

5 Les autres adjectivations du nom

Au sein d'un groupe nominal, le sens du nom peut être complété autrement que par un adjectif qualificatif.

La fonction adjectivale, ou adjectivation du groupe nominal, peut être tenue aussi par un participe passé, un numéral ordinal ou une fraction, un autre groupe nominal en apposition ou précédé d'une préposition, une proposition relative.

LES PARTICIPES PASSÉS

Le participe passé du verbe marque une action achevée. Il se forme en remplaçant le **-ar** de l'infinitif par **-ado,** le **-er** et le **-ir** par **-ido.** Certains verbes ont des participes passés irréguliers.

A **Emploi avec un auxiliaire.**

• **Employé avec l'auxiliaire** *haber,* il exprime une action achevée, à la voix active.

*Esta mañana, el alcade **ha** inaugura**do** la Muestra del Libro.*
Ce matin, le maire a inauguré la Foire du Livre.

• **Employé avec l'auxiliaire** *ser*, il exprime une action passive, subie par le sujet du verbe.

*Ayer, otra exposición **fue** inaugura**da** en la capital.*
Hier, une autre exposition a été inaugurée dans la capitale.

• **Employé avec l'auxiliaire** *estar*, il exprime le résultat de l'action.

*La exposición ya **está** abi**erta** al público desde ayer por la tarde.*
L'exposition est déjà ouverte au public depuis hier après-midi.

B **Employé sans auxiliaire**, il peut être adjectif qualificatif à valeur passive. Il est placé après le nom et s'accorde en genre et en nombre avec lui.

*Hacen cola para ver la exposición **inaugurada** y **abierta** al público desde ayer.*
On fait la queue pour voir l'exposition inaugurée et ouverte au public depuis hier.

C **Attention** : les participes passés des verbes de mouvement ou de position qui n'admettent ni *ser*, ni *estar*, mais seulement *haber*, ne peuvent pas être employés comme adjectifs. L'adjectif français est rendu par une proposition relative.

être arrivé/e(s) : *haber llegado*   être resté/e(s) : *haber quedado*

Las personas que han llegado después de las nueve sólo podrán entrar en el entreacto. Les personnes **arrivées** après neuf heures ne pourront entrer qu'à l'entracte.

Los viajeros que habían quedado en el andén no pudieron subir todos en el tren siguiente. Les voyageurs **restés** sur le quai n'ont pas tous pu monter dans le train suivant.

Cependant, les participes passés de ces verbes peuvent s'employer comme adjectifs, s'ils sont précédés de **recién** ou suivis de **recientemente** ou d'équivalents qui renforcent l'idée d'action achevée.

Las personas recién llegadas / llegadas recientemente están cenando todavía. Les personnes arrivées depuis peu sont encore en train de dîner.

D Certains participes passés sont devenus des **adjectifs à sens actif**.

resolver	► resuelto	callar	► callado
(résoudre)	(résolu, décidé)	(taire)	(silencieux, réservé)
cansar	► cansado	divertir	► divertido
(fatiguer)	(fatigué et fatigant)	(amuser)	(amusant)
aburrir	► aburrido	esforzarse	► esforzado
(ennuyer)	(ennuyeux)	(s'efforcer)	(courageux)
atreverse	► atrevido	agradecer	► agradecido
(oser)	(audacieux)	(remercier)	(reconnaissant)

Comparez :

• *El problema está **resuelto**.* Le problème est résolu.

*Tu cuñado es un hombre **resuelto, esforzado** y hasta **atrevido**.* Ton beau-frère est un homme résolu, courageux et même téméraire.

• *Está muy **cansado**.* Il est très fatigué.

*Con ese trabajo tan **cansado**, llega rendido a casa.* Avec ce travail si fatigant, il arrive chez lui fourbu.

• *Estoy **aburrida**.* Je m'ennuie. [Je suis ennuyée. *Estoy preocupada*]

*Es una mujer **callada**, más bien **aburrida**, o sea nada **divertida**.* C'est une femme réservée, plutôt ennuyeuse, disons pas drôle du tout.

LES ORDINAUX

Les adjectifs numéraux ordinaux indiquent l'ordre, le rang des êtres ou des objets. Pour cette raison, ils n'admettent pas de gradation, à la différence des autres adjectifs qualificatifs : on est deuxième ou on ne l'est pas, on ne peut pas l'être un peu, assez, beaucoup. Seul *primero* admet le superlatif absolu en *-ísimo*.

*Es su **primerísima** medalla.* C'est sa **toute** première médaille.

À la différence des cardinaux, les ordinaux ne jouent pas le rôle de déterminants du nom, tenu par d'autres actualisateurs placés avant eux, sauf dans l'expression figée *por … vez* (pour la … fois).

*Por **tercera** vez, el **quinto** volumen del diccionario de Corominas ha desaparecido de la biblioteca.*
Pour la troisième fois, le cinquième volume du dictionnaire de Corominas a disparu de la bibliothèque.

À la différence du français où tous les ordinaux sont usités, seuls les douze premiers ordinaux ainsi que ***vigésimo*** (20e), ***centésimo*** (100e) et ***milésimo*** (1000e) sont couramment utilisés en espagnol.

*En 1992, se celebró **el quinto centenario** del descubrimiento de América.* [le 5e centenaire et non el *quingentésimo aniversario*]
En 1992, on célébra le 500e anniversaire de la découverte de l'Amérique.

A **Formes.**

1° *primero*	11° *undécimo*	21° *vigésimo primero*
2° *segundo*	12° *duodécimo*	22° *vigésimo segundo*
3° *tercero*	13° *decimotercero*	30° *trigésimo*
4° *cuarto*	14° *decimocuarto*	40° *cuadragésimo*
5° *quinto*	15° *decimoquinto*	50° *quincuagésimo*
6° *sexto*	16° *decimosexto*	60° *sexagésimo*
7° *séptimo*	17° *decimoséptimo*	70° *septuagésimo*
8° *octavo*	18° *decimoctavo*	80° *octogésimo*
9° *noveno, nono*	19° *decimonoveno* /	90° *nonagésimo*
10° *décimo*	*decimonono*	100° *centésimo*
	20° *vigésimo*	101° *centésimo primero*

200° *ducentésimo*	1000° *milésimo* (millionième)
300° *tricentésimo*	1 000 000° *millonésimo*
400° *cuadringentésimo*	1 000 000 000° *milmillonésimo* (milliardième)
500° *quingentésimo*	
600° *sexcentésimo*	*último* : dernier
700° *septingentésimo*	*postrero* / *postrimero* : ultime
800° *octingentésimo*	
900° *noningentésimo*	*por primera vez* : pour la première fois
	por enésima vez : pour la énième fois

Remarques

• À 9e correspondent deux formes : *noveno* et *nono*. *Nono* est archaïque mais s'emploie encore pour désigner le Pape Pie IX : *Pío nono*.

• À 19e correspondent *decimonoveno* et *decimonono*, la première forme étant plus usuelle que la seconde.

• De 13e à 19e, les ordinaux peuvent s'écrire aussi en deux mots qui gardent chacun leur accentuation : 13e = *décimo tercero*, 17e = *décimo séptimo*.

• Accord avec le substantif.

Les ordinaux s'accordent en genre et en nombre avec le nom.

Las primeras lluvias de la estación empezaron a caer en la segunda semana de abril.

Les premières pluies de la saison commencèrent à tomber dans la deuxième semaine d'avril.

Pour les ordinaux composés, écrits en un seul mot, seul le dernier numéral s'accorde. S'ils sont écrits en deux mots, les deux s'accordent.

Ese nadador llegó sólo en decimonovena (décima novena) posición.

Ce nageur est arrivé seulement en dix-neuvième position.

*En 1992 fue publicada la **vigésima primera** edición del Diccionario de la Lengua Española de la Real Academia.*

En 1992, fut publiée la vingt et unième édition du Dictionnaire de la Langue Espagnole de l'Académie Royale.

• Apocope de *primero, tercero, postrero, postrimero.*

L'apocope (suppression du **-o** final) est obligatoire devant un nom masculin singulier. Elle est facultative si un adjectif coordonné suit l'ordinal.

*Fue mi **primer** día de playa de aquel **primero (primer)** y único mes de mi vida a orillas del mar.*

Ce fut mon premier jour de plage de ce premier et unique mois de ma vie passé au bord de la mer.

*Ella pasó el **postrimer** día de su vida en París.*

Elle passa le dernier jour de sa vie à Paris.

• Place des ordinaux.

Ils sont placés **avant ou après** le nom.

*Es su **octava** novela.* C'est son huitième roman.

*Juan vive en el **quinto** piso / en el piso **quinto**.*

Jean habite au cinquième étage.

Ils sont obligatoirement après le nom :

– pour désigner un **siècle**.

*Los germanos se instalaron en la Península ibérica a partir del siglo **quinto** después de Cristo.*

Les Germains s'installèrent dans la Péninsule ibérique à partir du 5e siècle après J.-C.

– pour indiquer le **numéro d'ordre** des chapitres, des tomes d'un ouvrage.

*Acabo de terminar el capítulo **sexto** de aquella obra maestra.*

Je viens de terminer le sixième chapitre (le chapitre six) de ce chef-d'œuvre.

– avec les **noms propres de souverains** ; dans ce cas, le français emploie le cardinal à partir de deux.

Francisco I (primero) : François Ier (premier)
Felipe II (segundo) : Philippe II (deux)
Alfonso X (décimo) el Sabio : Alphonse X (dix) le Sage

Charles Quint est un calque de l'espagnol *Carlos V (quinto)*.

• Pour onzième et douzième, on emploie le cardinal ou l'ordinal.

el capítulo once ou undécimo : le chapitre 11 (onze)
Alfonso XII (doce ou duodécimo) : Alphonse XII (douze)

• À partir de treizième, on emploie le cardinal placé après le substantif.

*Benito Pérez Galdós es un famoso novelista del siglo XIX (**diecinueve**).*
Benito Pérez Galdós est un célèbre romancier du XIXe siècle.
[On pourrait dire aussi : *Es un novelista decimonónico* (C'est un romancier du 19e siècle)]

LES FRACTIONS

A En français, après « la moitié », « le tiers », « le quart », on emploie les ordinaux pour désigner les fractions de l'unité : le cinquième, le sixième.

J'ai reçu la moitié/le tiers/le quart/le cinquième/le dixième de ce qui me revient.

En espagnol, de 3 à 10, on emploie l'article indéfini ou défini au féminin + l'ordinal au féminin + *parte* ; l'ordinal est donc adjectif qualificatif du nom *parte* (part, partie).

*He cobrado **la mitad**/ **la tercera parte**/ **la cuarta parte**/ **la quinta parte**/ **la décima parte** de lo que me toca.*

B À partir de 11, on emploie l'article indéfini ou défini au féminin + le cardinal auquel on ajoute **-ava + parte**.

*Has **devuelto la onceava parte**/ **la diecinueveava parte**/ **la cuarentava parte** de lo que nos debías.*
Tu as rendu le onzième/le dix-neuvième/le quarantième de ce que tu nous devais.

C Si le numérateur est supérieur à 1, on emploie **las** + le cardinal, et pour le dénominateur l'ordinal au féminin pluriel jusqu'à 10 et à partir de 11 le cardinal auquel on ajoute **-avas + partes** .

*¡Dame **las dos séptimas partes** del pastel, si sabes calcular!*
Donne-moi les deux septièmes du gâteau, si tu sais calculer !
*¡No, sólo te daré **las tres catorceavas partes** de ese pastel!*
Non, je ne te donnerai que les trois quatorzièmes de ce gâteau !

AUTRE GROUPE NOMINAL

A Groupe nominal en apposition.

Un groupe nominal qui complète le sens d'un autre groupe nominal sans être relié par une préposition est en **apposition**.
Si le deuxième groupe nominal est un nom propre, il n'est pas séparé du premier par une virgule.

*La gata **Pluma** juega con el ovillo de lana de la señora **Rodríguez.***
La chatte Plume joue avec la pelote de laine de madame Rodríguez.

Dans les autres cas, le deuxième groupe nominal est séparé du premier par une virgule.

*Ella tuvo que vender su pulsera, **joya ofrecida por su madre**.*
Elle dut vendre son bracelet, bijou offert par sa mère.
*Raúl iba a ver a su prima, **la mujer más fea de la familia**.*
Raoul allait voir sa cousine, la femme la plus laide de la famille.

B Groupe nominal prépositionnel.

Le groupe nominal qui complète le sens d'un autre groupe nominal à l'aide d'une préposition est un **complément prépositionnel du nom**.

*Un caballo **de carrera** cuesta muchísimo más que un caballo **de tiro**.*
Un cheval de course coûte beaucoup plus qu'un cheval de trait.
*Se casó con la hija **del peluquero italiano**.*
Il s'est marié avec la fille du coiffeur italien.

Dans certaines expressions, à la construction « préposition + groupe nominal » en espagnol correspond un adjectif en français.

un bote de humo : une bombe lacrymogène
un reloj de pared : une horloge murale
lentes de aumento : des verres grossissants

Mais plus souvent, l'espagnol emploie un adjectif où le français emploie un complément prépositionnel du nom.

el paro juvenil : le chômage des jeunes	*un pirata aéreo* : un pirate de l'air
los derechos humanos : les droits de l'homme	*el abogado defensor* : l'avocat de la défense
una casa editorial (una editorial) : une maison d'édition	*incendios forestales* : des incendies de forêt
una secretaria ejecutiva : une secrétaire de direction	*un chequeo médico* : un bilan de santé

PROPOSITION RELATIVE

Le sens d'un groupe nominal peut être complété par une proposition relative introduite par un pronom relatif, précédé ou non d'une préposition (voir p. 340).

*Te vas a instalar en la habitación **que da al patio**.*
Tu vas t'installer dans la chambre qui donne sur la cour.

*Tienes que limpiar los zapatos **con que has viajado**.*
Il faut que tu nettoies les chaussures avec lesquelles tu as voyagé.

Pour commencer

Lorsque le locuteur veut reprendre un groupe nominal déjà nommé, en général il ne le répète pas mais utilise des mots grammaticaux, qu'on appelle **substituts** puisqu'ils remplacent un autre élément de l'énoncé.

• *He comprado un libro. **Lo** he leído en seguida.*
J'ai acheté un livre. Je l'ai lu tout de suite.

Dans la deuxième phrase, ***lo*** remplace *un libro* (un livre) ou plus exactement *el libro comprado por mí* (le livre acheté par moi). Ce substitut est un pronom personnel.

• *He comprado un libro, **el** más caro del escaparate.*
J'ai acheté un livre, le plus cher de la vitrine.

Dans cette phrase, ***el*** remplace *libro* (livre). Il s'agit de l'article défini, donc d'un déterminant actualisateur jouant le rôle d'un pronom (en fonction pronominale).

• *He comprado un libro **que** he leído en seguida.*
J'ai acheté un livre que j'ai lu tout de suite.

Dans cette phrase, ***que*** remplace *el libro comprado por mí* (le livre acheté par moi) mais sert aussi à relier les deux verbes et à former une seule phrase. Ce substitut est un pronom relatif.

• ***Aquí ahora** no hay **nadie**.* Ici, maintenant, il n'y a personne.

On pourrait expliciter :

En este sitio, en el momento presente, no hay ningún ser humano.
À cet endroit-ci, en ce moment précis, il n'y a aucun être humain.

Aquí (= *en este sitio*) et *ahora* (= *en el momento presente*) sont des substituts adverbiaux qui remplacent des complément circonstanciels et *nadie* (= *ningún ser humano*) est un pronom indéfini.

Comme on le constate par ces quelques exemples, les substituts du groupe nominal sont divers. De plus, certains varient suivant leur fonction dans la phrase.

Pour commencer

Les pronoms personnels sont des substituts du groupe nominal qui varient en fonction des trois personnes de l'énonciation :
– **le locuteur**, celui qui a la parole ;
– **l'interlocuteur**, celui à qui il s'adresse ;
– **les autres** (ou le reste du monde), auxquels le locuteur et l'interlocuteur se rattachent.

RÔLE DES PRONOMS PERSONNELS

• Ils peuvent désigner le locuteur, seul ou associé à d'autres personnes : ce sont les pronoms personnels de 1re personne du singulier et du pluriel.

• Ils peuvent désigner le ou les interlocuteurs à qui le locuteur s'adresse, familièrement ou avec plus de distance : ce sont les pronoms personnels de 2e personne du singulier et du pluriel et les pronoms « vous » de politesse, *usted* au singulier et *ustedes* au pluriel.

• Ils peuvent remplacer un groupe nominal déjà nommé ou remplacer par anticipation un groupe nominal nommé ensuite : ce sont les pronoms personnels de la 3e personne du singulier et du pluriel.

FORMES

• La forme du pronom personnel varie pour une même personne (1re, 2e ou 3e) suivant la fonction syntaxique du groupe nominal qu'il remplace. Il faut distinguer la fonction sujet, la fonction complément d'objet direct et indirect et les fonctions compléments précédés de préposition (voir p. 122).
Il faut ajouter les formes particulières du pronom :
– avec la préposition *con* (avec) sauf 1re et 2e personnes du pluriel ;
– avec tous les pronoms réfléchis de 3e personne (lorsque complément et sujet sont les mêmes).

• La marque du genre est présente à la 3e personne du singulier et du pluriel (*él / ella, lo, la*) ainsi qu'avec les pronoms sujets de 1re et 2e personnes du pluriel (*nosotros / -as, vosotros / -as*).

PRON.	SUJETS	COMP. DIRECTS	SANS PRÉP. INDIRECTS	COMP. AVEC PRÉP.	AVEC CON
sing. 1	*yo* (moi, je)	*me* (me)	*me* (me)	*mí* (moi)	*conmigo*
sing. 2	*tú* (toi, tu)	*te* (te)	*te* (te)	*ti* (toi)	*contigo*
sing. 3	*él* (il, lui) *ella* (elle) *ello* (cela) *usted* / V*d* (vous)	*le, lo* (le) *la* (la) *lo* (le) *le, la* (vous)	*le* (lui) *le* (lui) *le* (vous)	*él* (lui) *ella* (elle) *ello* (cela) *usted* (vous)	*con él* *con ella* *con ello* *con usted* (avec vous)
plur. 1	*nosotros, -as* (nous)	*nos* (nous)	*nos* (nous)	*nosotros, -as* (nous)	*con nosotros,* *-as*
plur. 2	*vosotros, -as* (vous)	*os* (vous)	*os* (vous)	*vosotros, -as* (vous)	*con vosotros,* *-as*
plur. 3	*ellos* (ils, eux) *ellas* (elles) *ustedes* / V*des* (vous)	*los, les* *las* (les) *los, las* (vous)	*les* (leur) *les* (leur) *les* (vous)	*ellos* (eux) *ellas* (elles) *ustedes* (vous)	*con ellos* *con ellas* *con ustedes* (avec vous)
réfléchi 3e pers.		*se* (se)	*se* (se)	*sí* (soi)	*consigo* (avec soi)

| PERSONNES

A **Comment traduire « vous ».**

Le « vous » français correspond à trois situations différentes, d'où des équivalents différents en espagnol.

• On s'adresse à plusieurs personnes que l'on tutoie individuellement : il s'agit d'une véritable 2e personne du pluriel. On emploie dans ce cas, en espagnol, les pronoms de la série *vosotros* et les verbes à la 2e personne du pluriel.

Toi, Isabelle, et **toi**, Irène, n'avez-**vous** pas oublié d'écrire à vos amis ?
*¿***Tú***, Isabel, y* ***tú***, Irene, no* ***os*** *habéis olvidado de escribir a* ***vuestros*** *amigos?*

• On s'adresse à une seule personne que l'on vouvoie en signe de politesse. Dans ce cas, l'espagnol emploie le pronom *usted,* étymologiquement *vuestra Merced* (votre Grâce) d'où l'abréviation V*d*, le verbe à la 3e personne du singulier et les pronoms de 3e personne.

Monsieur Pérez, avez-**vous** écrit à **vos** collègues allemands ?
Señor Pérez ¿ha escrito ***usted*** *a* ***sus*** *colegas alemanes?*

• On s'adresse à plusieurs personnes que l'on vouvoie. Dans ce cas, l'espagnol emploie le pronom *ustedes* (abréviation V^{des}) avec le verbe à la 3e personne du pluriel et les pronoms de 3e personne.

Mesdames, **vous** pouvez revenir demain, je **vous** rendrai **vos** papiers signés.
*Señoras, **ustedes** pueden volver mañana, **les** devolveré **sus** documentos firmados.*

Il faut noter qu'en Espagne *usted* et *ustedes* sont moins employés que le « vous » en France. Autrement dit, on tutoie beaucoup plus facilement en Espagne qu'en France.

B *Ustedes* et *vos* en Amérique latine.

• Au pluriel.
Quand on s'adresse à plusieurs personnes, on emploie toujours *ustedes*, la 3e personne du pluriel pour le verbe et les pronoms de 3e personne, que l'on tutoie ou non les interlocuteurs. Donc le *vosotros* est inusité ainsi que les formes verbales correspondantes.

singulier
Juan, puedes entrar. Jean, tu peux entrer.
Señor, (usted) puede entrar. Monsieur, vous pouvez entrer.

pluriel
Niños, (ustedes) pueden entrar. Mes enfants, vous pouvez entrer.
Señores, (ustedes) pueden entrar. Messieurs, vous pouvez entrer.

• Au singulier.
Dans la majeure partie du Mexique, du Pérou, de la Bolivie et des Caraïbes, l'usage de *tú* et de *usted* est le même qu'en Espagne.

Mais dans les pays du Río de la Plata (Argentine, Uruguay, partie du Paraguay), dans certains pays de l'Amérique centrale et dans l'État mexicain du Chiapas, on a conservé en partie l'ancien usage espagnol du *vos*. Ce sont les zones dites de *voseo*.
Au Panama, en Colombie, au Vénézuela, en Équateur et au Chili, le *tú* et le *vos* cohabitent.

Dans les régions de *voseo*, pour s'adresser à une seule personne on emploie ***vos***, à la place de *tú* ou de *usted*, avec des formes verbales correspondant en général à celles de la 2e personne du pluriel sans le **i**.

Au lieu de : *tú cantas* (tu chantes) ou de *usted canta* (vous chantez), un Argentin dira : *vos cantás* (*cantáis* sans le **i**), *vos cantabas* (pour *cantabais*) : tu chantais, *vos cantastes* (pour *cantasteis*) : tu chantas, *para que vos cantés* (pour *cantéis*), *cantaras* (pour *cantarais*) : pour que tu chantes et *cantá* (pour *cantad*, où le 2e **a** est tonique) : chante.

yo	*nosotros, nosotras*
tú	*vosotros, vosotras*
él, ella, usted, ello	*ellos, ellas, ustedes*

A Omission des pronoms sujets.

Les pronoms personnels sujets sont la plupart du temps omis, car, à la différence du français, les terminaisons verbales suffisent presque toujours à indiquer la personne.

canto (je chante), *cantas* (tu chantes), *canta* (il / elle chante), *cantan* (ils / elles chantent)

Les quatre formes verbales espagnoles sont différentes. Au contraire, en français, elles sont distinctes à l'écrit mais se prononcent de la même façon, si bien que seuls les pronoms permettent, à l'oral, de connaître la personne, et encore pas toujours (il chante / ils chantent ; elle chante / elles chantent).

*Hoy tien**es** buena cara.* Aujourd'hui **tu as** bonne mine.
*H**emos** cenado tarde.* **Nous avons** dîné tard.

B L'emploi des pronoms sujets est nécessaire :

• **pour distinguer le masculin du féminin** à la 3ᵉ personne du singulier et du pluriel.

*Él / **Ella** quiso saber lo que me apetecería.*
Il / Elle voulut savoir ce qui me ferait plaisir.

***Ellos** / **Ellas** han ido a bañarse.*
Ils / Elles sont allés/allées se baigner.

• **pour distinguer une vraie 3ᵉ personne** de *usted* ou *ustedes*.

*Quiero que él / **ella** / Vᵈ me lo diga.*
Je veux qu'il / elle me le dise / que vous me le disiez.

*Deseo que **ellos** / **ellas** / Vᵈᵉˢ lo sepan.*
Je souhaite qu'ils / elles le sachent / que vous le sachiez.

• **pour lever l'ambiguïté de certaines formes verbales**, à la 1ʳᵉ et à la 3ᵉ personne du singulier de l'imparfait et du plus-que-parfait de l'indicatif, du conditionnel présent et passé, du subjonctif présent et passé, des deux imparfaits et des deux plus-que-parfaits du subjonctif (voir p. 179, 181).

*¿Pensabas que **yo** / **él** / **ella** lo ignoraba?*
Pensais-tu que je l'ignorais / qu'il / elle l'ignorait ?

⚡

> **Dormía** *la siesta mientras* **estudiaba** *peut correspondre à douze situations différentes.*
>
> Je faisais la sieste pendant qu'il / elle étudiait / que vous étudiiez.
> Il faisait la sieste pendant que j'étudiais / qu'elle étudiait / que vous étudiiez.
> Elle faisait la sieste pendant que j'étudiais / qu'il étudiait / que vous étudiiez.
> Vous faisiez la sieste pendant que j'étudiais / qu'il / qu'elle étudiait.
>
> On précisera donc :
>
> **Yo** *dormía la siesta mientras* **él** / **ella** / V^d *estudiaba.*
> **Él** *dormía la siesta mientras* **yo** / **ella** / V^d *estudiaba.*
> **Ella** *dormía la siesta mientras* **yo** / **él** / V^d *estudiaba.*
> V^d *dormía la siesta mientras* **yo** / **él** / **ella** *estudiaba.*

• pour marquer l'insistance.
S'il n'y a pas d'ambiguïté de personnes dans les formes verbales, la présence du pronom sujet est une marque d'insistance.

Ayer **yo** *estudié mientras* **tú** *dormías la siesta.*
Hier, moi j'ai étudié pendant que toi, tu faisais la sieste.

Le pronom postposé au verbe renforce l'insistance.

Eso digo **yo**. C'est bien ce que je dis.

• devant un groupe nominal au vocatif.
Au pluriel, le pronom est obligatoire si le nom est employé sans déterminant actualisateur.

Vosotras, *mujeres de este pueblo, siempre sois solidarias.*
Vous, les femmes de ce village, vous êtes toujours solidaires.
Las mujeres, siempre sois solidarias.
Vous, les femmes, vous êtes toujours solidaires.

C **Emploi du pronom neutre *ello*.**

Ello est le substitut non pas d'un groupe nominal, mais d'une phrase. En fonction sujet, il est possible mais rare : on trouve plus fréquemment les démonstratifs neutres ***esto, eso, aquello.***

El abogado sale a menudo con ella y **ello** *(eso) no me gusta mucho.*
L'avocat sort souvent avec elle, et cela ne me plaît pas beaucoup.

│ TRADUCTION DU PRONOM IMPERSONNEL FRANÇAIS « ON ».

Le pronom sujet « **on** » du français s'utilise dans des contextes différents. Il a plusieurs valeurs, d'où plusieurs équivalents en espagnol, selon les sous-entendus.

A **« On » ► un verbe à la 3e personne du pluriel** quand il s'agit d'un fait accidentel dont le sujet n'est ni le locuteur ni les interlocuteurs.

Llaman a la puerta. *Debe de ser el cartero.*
On sonne à la porte. Cela doit être le facteur.

Avec les verbes d'opinion comme **decir** (dire), **pensar** (penser), **creer** (croire)…, on emploie la 3ᵉ personne du pluriel seule ou **se** + la 3ᵉ personne du singulier.

Dicen / Se dice *que el Príncipe se va a casar.*
On dit que le Prince va se marier.

« On » ► **se + le verbe à la 3ᵉ personne** quand il s'agit d'un fait d'ordre général (auquel le locuteur peut éventuellement participer).

• Si le verbe est intransitif, on emploie la 3ᵉ personne du singulier.

Se viaja *más hoy en día que hace treinta años.*
On voyage davantage de nos jours qu'il y a trente ans.

• Si le verbe français a un complément d'objet direct qui ne représente pas une personne, en espagnol ce complément devient sujet du verbe, qui s'accorde donc au singulier ou au pluriel.

En esta comarca **se bebe mucho vino tinto.**
Dans cette région, on boit beaucoup de vin rouge.
[*mucho vino tinto* (singulier) est sujet de *se bebe* (3ᵉ pers. du singulier)]

En una boda **se beben** *muchas botellas de vino.*
Dans une noce on boit beaucoup de bouteilles de vin.
[*muchas botellas* (pluriel) est sujet de *se beben* (3ᵉ pers. du pluriel)]

• Si le verbe français a un complément d'objet direct représentant une personne, il y a deux possibilités.

– Soit l'équivalent en espagnol du complément français n'est pas précédé de la préposition **a** (sur l'emploi de **a**, voir p. 246) et, comme dans l'exemple précédent, le complément français devient en espagnol sujet du verbe, qui s'accorde au singulier ou au pluriel.

A partir de julio, **se esperan** <u>*muchos clientes*</u> *en los hoteles de la Costa.*
À partir de juillet, on attend beaucoup de clients dans les hôtels de la Côte.
[*muchos clientes* (pluriel) est sujet de *esperan* (3ᵉ pers. du pluriel)]

– Soit l'équivalent en espagnol du complément français est précédé de la préposition **a** et dans ce cas, **se** est considéré comme sujet et le verbe est à la 3ᵉ personne du singulier.

Para apagar las luces, <u>**se espera**</u> *a los clientes que se han ido a cenar fuera.*
Pour éteindre les lumières, on attend les clients qui sont allés dîner dehors.

• Si le complément d'objet direct français est un pronom de 3ᵉ personne (le, la, les), il y a deux possibilités de traduction.

– Soit le groupe nominal qu'il remplace n'est pas, en espagnol, précédé de la préposition **a** (complément de chose ou de personne indéterminée) et le pronom français devient **se** en espagnol, suivi du verbe au singulier (pronom français au singulier) ou au pluriel (pronom français au pluriel).

S'il reste **quelques bouteilles** de vin, on **les** boit les jours suivants.
*Si quedan **algunas botellas** de vino, **se beben** los días siguientes.*

S'il n'y a pas de **clients** en juillet, on **les** attend en août.
*Si no hay **clientes** en julio, **se esperan** en agosto.*

– Soit le groupe nominal qu'il remplace est, en espagnol, précédé de la préposition *a* (complément de personne déterminée). Dans ce cas, au masculin « **on le** », « **on les** » se traduisent par *se le, se les* (et non *se lo, se los*), au féminin « **on la** », « **on les** » se traduisent par *se la, se las* (on trouve parfois *se le, se les* même au féminin) et le verbe est à la 3e personne du singulier.

Al cliente que se ha ido a cenar fuera, se le espera hasta la una.
Le client qui est allé dîner dehors, on l'attend jusqu'à une heure.

A los clientes que no han vuelto, se les espera hasta el último.
Les clients qui ne sont pas rentrés, on les attend jusqu'au dernier.

En el pueblo a las maestras se las respetaba muchísimo.
Au village, les institutrices, on les respectait énormément.

C « On » ► *uno* + le verbe à la 3e personne du singulier

• **obligatoirement** avec un verbe pronominal (verbe à l'infinitif + *se*) ;

aburrirse : s'ennuyer ► *se aburre* : il / elle s'ennuie ► *se aburren* : il / elles s'ennuient
atreverse : oser ► *se atreve* : il / elle ose ► *se atreven* : ils / elles osent
Cuando uno se aburre, parece que el día nunca acaba.
Quand on s'ennuie, on dirait que la journée n'en finit plus.

> Quand « **on** » est répété en français, *uno* ne l'est pas en espagnol, s'il désigne le même sujet.
>
> *Uno no se atreve siempre a decir lo que desea.*
> On n'ose pas toujours dire ce que l'**on** veut.

• **obligatoirement** quand le complément d'objet direct français est précédé d'un possessif ;

Antes de irse, uno paga sus deudas. Avant de partir, on paie ses dettes.
[En effet, *se pagan sus deudas* n'est pas possible, car *sus deudas* (ses dettes) serait le sujet et *sus* n'aurait pas d'antécédent.]

• quand le sujet est le locuteur, qui ne veut pas employer « je » ; dans ce cas, on emploie *uno* au masculin et *una* au féminin.

En realidad, uno / una no está convencido / -a de tu inocencia.
En réalité, on n'est pas convaincu(e) de ton innocence.

D « On » ► *la gente* (les gens), *la muchedumbre, la multitud* (la foule)... **+ le verbe à la 3e personne du singulier,** quand « on » représente une pluralité, en particulier avec un verbe pronominal à sens réciproque, où l'emploi de « *uno* » ne peut convenir :

Los días de huelga, la gente se amontona en los pocos trenes que circulan.
Les jours de grève, on s'entasse dans les rares trains qui circulent.

E « **On** » ► **le verbe à la 1ʳᵉ personne du pluriel** quand il équivaut à « nous ».

*En casa, no **desayunamos** antes de las nueve los domingos.*
Chez nous, on ne prend pas le petit déjeuner avant neuf heures le dimanche.

F « **On** » ► **un verbe à la 2ᵉ personne du singulier** quand il s'agit dans le discours direct d'exprimer un fait général, impliquant ainsi l'interlocuteur. Dans ce cas, « on » est repris en français par « vous », en espagnol par ***te***.

*"**Te sacrificas** por los hijos de los demás y apenas si **te** lo agradecen", generalizó Carmela.*
« On se sacrifie pour les enfants des autres et c'est à peine si on **vous** dit merci », généralisa Carmela.

LES PRONOMS PERSONNELS COMPLÉMENTS D'OBJET DIRECT

me	*nos*
te	*os*
lo, (le), la, se	*los, (les), las, se*

A Les pronoms de 3ᵉ personne.

• Si l'antécédent n'est pas une personne, au masculin, on emploie *lo* au singulier et *los* au pluriel.

*Estoy buscando **mi boli** y no **lo** encuentro.*
Je cherche mon stylo bille et je ne le trouve pas.

• Si l'antécédent est une personne, au masculin, deux cas sont possibles.

En Espagne, *le* est souvent employé à la place de *lo* au singulier. Au pluriel *los* reste plus fréquent que *les* : c'est ce qu'on appelle le phénomène du *leísmo*, accepté par l'Académie espagnole pour le singulier.

*He buscado a **mi hermano** y no **le** (**lo**) he encontrado.*
J'ai cherché mon frère et je ne l'ai pas trouvé.

*Ayer busqué a **mis hermanos** y no **los** (**les**) encontré.*
Hier j'ai cherché mes frères et je ne les pas trouvés.

*Cuando **le** supe enfermo llamé a una ambulancia y **le** trasladamos al hospital y, con tu hermana Alicia, **le** velé la noche entera.* (M. Delibes)
Quand je l'ai su malade, j'ai appelé une ambulance et nous l'avons transporté à l'hôpital et, avec ta sœur Alicia, je l'ai veillé toute la nuit.

...daba la impresión de que ella, como un hada buena, iba tomándolos de la mano, uno a uno, para trasladarlos a la otra orilla. Pero esto, lejos de humanizarlos, los envilecía... (M. Delibes)

... cela donnait l'impression qu'elle, telle une bonne fée, les prenait par la main, un par un, pour les mener sur l'autre rive. Mais cela, loin de les humaniser, les avilissait...

En Amérique hispanique, seuls *lo* et *los* sont employés.

Cinthia lo cogió de la mano y él la siguió como siempre en esos días. (A. Bryce Echenique).

Cinthia le prit par la main et lui la suivit, comme toujours à cette époque.

Susan colgó el teléfono y los mandó llamar.

Suzanne raccrocha et les fit appeler.

• Au féminin, le pronom est toujours *la* (ou *las*), que l'antécédent soit une personne ou un objet.

Quisiera hablar con tu madre, pero no la encuentro.

Je voudrais parler avec ta mère, mais je ne la trouve pas.

He perdido las gafas y no las encuentro.

J'ai perdu mes lunettes et je ne les trouve pas.

• Si le complément ou l'antécédent est *usted* ou *ustedes*, on emploie *le* ou *la* au singulier, *les* ou *las* au pluriel.

Perdone (V^d), no le / la había visto (a usted).

Excusez-moi, je ne vous avais pas vu(e).

Perdonen (V^{des}), no les / las había visto (a ustedes).

Excusez-moi, je ne vous avais pas vu(e)s.

B **Le pronom neutre *lo*.**

Lo remplace une phrase.

Mónica estuvo con su madrina y no lo dijo a nadie.

Monique a été avec sa marraine et ne l'a dit à personne.

Le pronom neutre *lo* est souvent omis avec les verbes ***querer*** (vouloir), ***poder*** (pouvoir), ***deber*** (devoir).

Llamaba yo por teléfono, cuando podía.

Je téléphonais, quand je (le) pouvais.

C **Les pronoms réfléchis.**

Lorsque le pronom complément représente la même personne que le sujet, il est appelé « réfléchi ». Dans ce cas l'action exprimée par le verbe a pour objet le sujet.

• À la 1re et à la 2e personne, le pronom réfléchi a la même forme que le pronom non réfléchi : **me, te** au singulier, **nos, os** au pluriel.

PRONOM NON RÉFLÉCHI	PRONOM RÉFLÉCHI
Me miras a menudo. Tu me regardes souvent.	**Me** miro a menudo en el espejo. Je me regarde souvent dans le miroir.
Te miro a veces. Je te regarde parfois.	**Te** miras a veces en el espejo. Tu te regardes parfois dans le miroir.
Nos miras poco. Tu nous regardes peu.	**Nos** miramos poco en el espejo. Nous nous regardons peu dans la glace.
Os miro en el retrovisor. Je vous regarde dans le rétroviseur.	**Os** miráis en el agua del pozo. Vous vous regardez dans l'eau du puits.

• À la 3e personne, le pronom réfléchi a une forme spécifique : **se** au singulier et au pluriel.

	PRONOM NON RÉFLÉCHI	PRONOM RÉFLÉCHI
Él mira **el paisaje.** Il regarde le paysage.	*Él* **lo** *mira.* Il le regarde.	*Él* **se** *mira en el espejo.* Il se regarde dans le miroir.
Ella mira **la luna.** Elle regarde la lune.	*Ella* **la** *mira.* Elle la regarde.	*Ella* **se** *mira en el espejo.* Elle se regarde dans le miroir.
V^d contempla **el techo.** Vous contemplez le plafond.	*V^d* **lo** *contempla.* Vous le contemplez.	*V^d* **se** *contempla en el espejo.* Vous vous contemplez dans le miroir.
Ellos miran **los aviones.** Ils regardent les avions.	*Ellos* **los** *miran.* Ils les regardent.	*Ellos* **se** *miran en el agua.* Ils se regardent dans l'eau.
Ellas admiran **las estrellas.** Elles admirent les étoiles.	*Ellas* **las** *admiran.* Elles les admirent.	*Ellas* **se** *admiran en el espejo.* Elles s'admirent dans le miroir.
V^{des} levantan **la mano.** Vous levez la main.	*V^{des}* **la** *levantan.* Vous la levez.	*V^{des}* **se** *levantan a las ocho.* Vous vous levez à huit heures.

LES PRONOMS PERSONNELS COMPLÉMENTS D'OBJET INDIRECT

me te le, se	nos os les, se

A **Formes.**

En espagnol, comme en français, le pronom complément d'objet indirect **ne distingue pas les genres,** même à la 3e personne.

Que se ponga **tu padre** / **tu madre,** *quiero hablar***le.**
Que ton père / ta mère vienne au téléphone, je veux **lui** parler.

*Llama a **tus nietos** / **tus nietas**, quiero decir**les** algo.*
Appelle tes petits-fils (tes petits-enfants) / tes petites-filles, je veux leur **dire** quelque chose.

> Le souci de distinguer le féminin du masculin explique le phénomène du **laísmo**, c'est-à-dire l'emploi de **la(s)** au lieu de **le(s)**, si l'antécédent est une personne du sexe féminin. Assez fréquente à Madrid dans tous les milieux, cette pratique est formellement déconseillée par l'Académie.
> Le **loísmo**, c'est-à-dire l'emploi de **lo(s)** au lieu de **le(s)**, si l'antécédent est une personne du sexe masculin, semble moins répandu mais est tout aussi déconseillé.

B   Le(s) pronom explétif.

Souvent le pronom **le(s)** annonce un complément d'objet indirect. Ce substitut est explétif (il n'est pas nécessaire au sens de l'énoncé) ; il a même perdu toute valeur d'insistance, tant il est fréquent.

***Le** dirás **a tu marido** que no venga mañana.*
Tu diras à ton mari de ne pas venir demain.

C   Suite de plusieurs pronoms.

• Le pronom complément d'objet indirect **me** se place toujours après **te** ou **se**.

*No **te me** escaparás tan fácilmente. (escapar**se** : s'échapper)*
Tu ne m'échapperas pas aussi facilement.

***Se me** olvidó darle tu carta. (olvidar**se** : oublier)*
J'ai oublié de lui donner ta lettre.

• Si l'un des pronoms est de la 3ᵉ personne, le complément d'objet indirect se place en premier.

***Me lo** dio en seguida.   **Te la** ofrezco de buena gana.*
Il **me le** donna tout de suite.   Je **te** l'offre volontiers.

***Nos lo** contaste ya.   **Os las** regalaré.*
Tu **nous** l'as déjà raconté.   Je **vous les** offrirai. / Je **vous en** ferai cadeau.

• Si les deux pronoms sont de 3ᵉ personne, le complément d'objet indirect se place en premier et se transforme en **se**.

le + **lo** = **se lo** (le lui)	**le** + **la** = **se la** (la lui)
les + **lo** = **se lo** (le leur)	**les** + **la** = **se la** (la leur)
le + **los** = **se los** (les lui)	**le** + **las** = **se las** (les lui)
les + **los** = **se los** (les leur)	**les** + **las** = **se las** (les leur)

Attention à la traduction : en français, avec deux pronoms de 3ᵉ personne, l'ordre des pronoms est : complément d'objet direct + complément d'objet indirect, c'est-à-dire **l'inverse de l'ordre espagnol**.

Se lo diré. [**se** = complément d'objet indirect + **lo** = complément d'objet direct]

Je **le lui** dirai. [**le** = complément d'objet direct + **lui** = complément d'objet indirect]

Se correspond à un singulier (**le**) ou à un pluriel (**les**), selon l'an-técédent.

se lo = **le** + **lo** (le lui) ou **se lo** = **les** + **lo** (le leur)

Aquel poema, se lo leí en voz alta.
Ce poème, je le lui / leur ai lu à haute voix.

Mis cartas, se las di ayer.
Mes lettres, je les lui / leur ai données hier.

Le peut avoir **usted** comme antécédent et **les** peut avoir **ustedes**. Dans ce cas : **se lo** = **le** + **lo** (vous le) ou **se lo** = **les** + **lo** (vous le).

Se lo diré a Vᵈ / a Vᵈᵉˢ cuando lo sepa.
Je vous le dirai quand je le saurai.

D **Les pronoms réfléchis.**

• À la 1ʳᵉ et à la 2ᵉ personne, le pronom réfléchi a la même forme que le pronom non réfléchi : **me, te** au singulier, **nos, os** au pluriel.

PRONOM NON RÉFLÉCHI	PRONOM RÉFLÉCHI
Me diste un plazo muy corto. Tu m'as donné un délai très court.	**Me** doy un plazo de una semana. Je me donne un délai d'une semaine.
Te otorgo el primer premio. Je te décerne le premier prix.	**Te** otorgas tres días más. Tu t'octroies trois jours de plus.
Él **nos** perdona el error. Il nous pardonne notre erreur.	No **nos** perdonamos este error fatal. Nous ne nous pardonnons pas cette erreur fatale.
Os digo la verdad. Je vous dis la vérité.	**Os** decís que no tengo razón. Vous vous dites que j'ai tort.

• À la 3ᵉ personne, le pronom réfléchi a une forme spécifique : **se** au singulier et au pluriel.

PRONOM NON RÉFLÉCHI	PRONOM RÉFLÉCHI
• Él / Ella **le** dice siempre la verdad. [a su amigo / a su mujer / a usted] Il / Elle lui / vous dit toujours la vérité. [à son ami / à sa femme / à vous]	• Él / Ella **se** dice que es mentira. [a sí mismo / a sí misma] Il / Elle se dit que ce n'est pas vrai. [à lui-même / à elle-même]
• V^d **le** dice siempre la verdad. [al prójimo / a la vecina] Vous lui dites toujours la vérité. [à votre prochain / à la voisine]	• V^d **se** dice que es mentira. [a sí mismo / a sí misma] Vous vous dites que ce n'est pas vrai. [à vous-même]
• Ellos / Ellas **les** comprarán muebles. [a sus hijos / a sus hijas / a ustedes] Ils / Elles leur achèteront des meubles [à leur fils (enfants) / à leurs filles.] Ils / Elles vous achèteront des meubles.	• Ellos / Ellas **se** comprarán un coche. [a sí mismos / a sí mismas] Ils / Elles s'achèteront une voiture. [à eux-mêmes / à elles-mêmes]
• V^{des} **les** compran caramelos. [a los niños / a las niñas] Vous leur achetez des bonbons. [aux enfants / aux fillettes]	• V^{des} **se** comprarán pisos. [a sí mismos / a sí mismas] Vous vous acheterez des appartements. [à vous-mêmes]

| ENCLISE DES PRONOMS

Les pronoms compléments d'objet direct et compléments d'objet indirect se placent avant le verbe sauf dans trois cas : avec un **impératif affirmatif**, avec un **infinitif** et un **gérondif**.

Dans ces trois cas, il y a **obligatoirement enclise des pronoms** : ils sont placés après la forme verbale et lui sont soudés à l'écrit. S'il y a plusieurs pronoms, ils se succèdent dans l'ordre habituel (complément d'objet indirect + complément d'objet direct) :

A **Au mode impératif affirmatif**.

Sién**tate**. Assieds-toi. Siénte**se** V^d.. Asseyez-vous.

Da**los** a la portera. Donne-les à la concierge.

Da**me** la mano. Donne-moi la main.

Dí**melo**. Dis-le moi. [attention à l'ordre des pronoms, différent en français et en espagnol]

⚡ **Certaines modifications de forme se produisent :**

• **À la 1ʳᵉ personne du pluriel**, le **-s** du verbe disparaît, s'il est suivi de **nos**.

Lavémoslo (el coche). Lavons-la (la voiture).
Mais : *Lavémonos* (= *lavemos* + *nos*). Lavons-nous.
Sentémosla (la muñeca). Asseyons-la (la poupée).
Mais : *Sentémonos (sentemos + nos).* Asseyons-nous.

• **À la 2ᵉ personne du pluriel**, le **-d** final disparaît, s'il est suivi de **os**.

Lavadme. Lavez-moi. *Detenedla.* Arrêtez-la. *Unidlos.* Unissez-les.
Mais : *Lavaos.* Lavez-vous. *Deteneos.* Arrêtez-vous. *Uníos.* Unissez-vous.
Exception : *Idos* (allez-vous-en) du verbe *irse* où le **d** se maintient.

• **À la 1ᵉ personne du pluriel**, le **-s** du verbe disparaît, s'il est suivi des pronoms en enclise : **-selo, -selos, -sela, -selas**.
Digámoslo claramente. Disons-le clairement.
Digámosle la verdad. Disons-lui la vérité.
Mais : *Digámoselo.* Disons-le-lui.

B **A l'infinitif et au gérondif.**

• Observez.

Me resultó difícil escribirte antes para decírtelo: pienso irme pronto.
Il m'a été difficile de t'écrire plus tôt pour te le dire : je pense partir bientôt.
[enclise du pronom **te** avec l'infinitif **escribir**, des pronoms **te + lo** avec l'infinitif **decir** et du pronom **me** avec l'infinitif **ir**]

Bañándote de prisa, puedes llegar a tiempo.
En prenant un bain rapide, tu peux arriver à temps.
[enclise du pronom **te** avec le gérondif **bañando**]

Cependant, l'enclise est facultative si l'infinitif ou le gérondif est précédé d'un verbe auxiliaire ou semi-auxiliaire (*poder, querer, ir a, estar, ir…*).

Voy a decírtelo. / *Te lo voy a decir.* Je vais te le dire.

Quiero marcharme. / *Me quiero marchar.* Je veux partir.

Podrías dármelas. / *Me las podrías dar.* Tu pourrais me les donner.

Está explicándoselo. / *Se lo está explicando.* Il est en train de le lui / leur expliquer.

Su belleza va marchitándose cada día más. / *Su belleza se va marchitando cada día más.* Sa beauté se flétrit de jour en jour.

Avec les verbes *hacer* et *mandar* + infinitif (« faire » + infinitif), il n'y a pas d'enclise, car le pronom n'est pas complément de l'infinitif mais de *hacer* ou *mandar*.

La hiciste llorar. Tu l'as fait pleurer.

Le mandarás parar aquí. Tu le feras s'arrêter ici.

Reste de l'espagnol ancien, l'enclise des pronoms est possible, à l'écrit, à tous les temps de l'indicatif et principalement aux temps du passé et au conditionnel, quand le verbe est en tête de proposition et le sujet placé après.

Festejáronle ruidosamente sus amigos hasta la madrugada.
Ses amis lui firent fête bruyamment jusqu'au petit matin.

LES PRONOMS PERSONNELS PRÉCÉDÉS D'UNE PRÉPOSITION

mí *ti* *él, ella, Vᵈ, sí, ello*	*nosotros, nosotras* *vosotros, vosotras* *ellos, ellas, Vᵈᵉˢ, sí*

Remarques
• Attention : accent écrit sur *mí* (*mi* = adjectif possessif) et *sí* (*si* = conjonction introduisant une proposition conditionnelle) ; pas d'accent écrit sur *ti*.

• Les compléments de noms, d'adjectifs, de certains verbes et les compléments circonstanciels sont introduits par des prépositions. Dans cette position, les pronoms personnels substituts ont une forme spécifique à la 1ʳᵉ et à la 2ᵉ personne du singulier (*mí, ti*), à la 3ᵉ personne réfléchie (*sí*) et ont la forme du pronom sujet aux autres personnes (*él, ella, Vᵈ, ello, nosotros, nosotras, vosotros, vosotras, ellos, ellas, Vᵈᵉˢ*).
La préposition *con* est suivie des formes spécifiques *conmigo* (avec moi), *contigo* (avec toi) et *consigo* (avec soi), forme réfléchie de 3ᵉ personne. Les formes latines *mecum, tecum, secum* d'où elles proviennent étaient déjà irrégulières.

A **Pronoms sujets *yo / tú*.**

À la 1ʳᵉ et à la 2ᵉ personne du singulier, les prépositions ci-dessous sont suivies des pronoms sujets *yo* et *tú* (et non de *mí* et *ti*). En effet le groupe nominal qui suit ces prépositions est sujet d'un verbe, sous-entendu ou non.

según (selon), *incluso* (y compris, même), *hasta* (même), *aun* (même), *excepto* (excepté), *salvo* (sauf), *menos* (moins), *entre* (pour exprimer la collaboration entre plusieurs personnes).

Según tu hermano, hubo muchos heridos. [Según lo que dice tu hermano...]
Selon ton frère, il y a eu beaucoup de blessés. [Selon ce que dit ton frère...]

Según (lo que digo) yo ► *según yo* : selon [ce que je dis] moi ► selon **moi**
Según (lo que dices) tú ► *según tú* : selon [ce que tu dis] toi ► selon **toi**

*Todos lo han hecho **incluso (hasta, aun) yo**. [...**incluso yo** lo he hecho]*
Tous l'ont fait, même moi. [même moi je l'ai fait]

*Todos lo han hecho **excepto (salvo, menos) tú** [...pero **tú** no lo has hecho]*
Tous l'ont fait, sauf (excepté) toi. [...mais toi, tu ne l'as pas fait]

***Entre tú y yo** le salvaremos, ya que ha venido a instalarse **entre los dos** - pensaba yo **entre mí** : tú le salvarás y yo le salvaré, **tú y yo** le salvaremos.*
À nous deux, nous le sauverons, puisqu'il est venu s'installer **entre nous deux** - pensais-je **en moi-même** : toi, tu le sauveras et **moi**, je le sauverai, **toi** et **moi** nous le sauverons.

Dans cette phrase, ***entre*** utilisé dans *entre los dos, entre mí* introduit un complément de lieu.

B **Emploi avec la préposition *con*.**

*Si vienes **conmigo** al mercadillo, iré **contigo** al fútbol.*
Si tu viens avec moi au marché, j'irai avec toi au foot.

À la 3ᵉ personne, la forme ***consigo*** est la même pour le singulier et le pluriel. Elle est uniquement réfléchie.

*María no ha querido llevar la perra **consigo**; prefería pasearse a solas **con él**.*
Marie n'a pas voulu emmener la chienne avec elle ; elle préférait se promener seule à seule avec lui.

C **Renforcement du complément d'objet direct par *a* + pronom.**

• Le complément d'objet direct de personne déterminée est précédé en espagnol de la préposition *a* (voir p. 246). Si le COD est remplacé par un pronom, ce pronom en cas de répétition anticipée pour renforcement est précédé de la préposition *a*.

*Estoy buscando **a** Juana y **a** Miguel. Éste estaba en la Plaza mayor pero **a ella** no la he encontrado todavía.* Je cherche Jeanne et Michel. Celui-ci était sur la grand-place mais elle, je ne l'ai pas encore trouvée.

***A nosotras nos** llaman las tres Marías.*
Nous, on nous appelle les trois Maries.

• Si un pronom complément d'objet indirect — sans préposition — (*me...*) est annoncé par un pronom de renforcement, on emploie *a* devant le pronom (*a mí...*), à la différence du français qui emploie le pronom seul (moi...).

*Este perro obedece **a** su amo, pero **a mí** no me obedece nada.*
Ce chien obéit à son maître, mais **moi**, il ne **m'**obéit pas du tout / mais **à moi**, il n'obéit pas du tout.

• À la 1re et à la 2e personne, le pronom réfléchi a la même forme que le pronom non réfléchi : *mí, ti, conmigo, contigo* au singulier, ***nosotros / nosotras, vosotros / vosotras*** au pluriel.

PRONOM NON RÉFLÉCHI	PRONOM RÉFLÉCHI
*A **mí** él no me esconde nada.* À moi, il ne me cache rien.	*Me escondo a **mí** mismo / -a la verdad.* Je me cache à moi-même la vérité.
*Irás **conmigo**.* Tu iras avec moi.	*Estoy satisfecha **conmigo**.* Je suis satisfaite de moi.
*Lo he comprado para **ti**.* Je l'ai acheté pour toi.	*Para **ti** no lo comprarías.* Si c'était pour toi, tu ne l'achèterais pas.
*Iré **contigo**.* J'irai avec toi.	*¿Estás contento **contigo**?* Es-tu content de toi ?
*Piensas poco en **nosotros** / -as.* Tu penses peu à nous.	*Ahora vamos a pensar en **nosotros** / -as.* Maintenant nous allons penser à nous.
*Confío en **vosotros** / -as.* J'ai confiance en vous.	*Confiad en **vosotros** / -as.* Ayez confiance en vous.

• À la 3e personne, le pronom réfléchi a une forme spécifique : ***sí*** ou ***consigo*** au singulier et au pluriel.

PRONOM NON RÉFLÉCHI	PRONOM RÉFLÉCHI
*Su padre lo hace por **él** (su hijo).* Son père le fait pour lui (son fils).	*Él volvió en **sí** dos minutos después.* Il revint à lui deux minutes après.
*Su hermano irá con **él**.* Son frère ira avec lui.	*Su hermano está satisfecho **consigo**.* Son frère est satisfait de lui-même.
*Su madre lo hace por **ella** (su hija).* Sa mère le fait pour elle.	*Ella aún no ha vuelto en **sí**.* Elle n'est pas encore revenue à elle.
*Estoy contento con **ella**.* Je suis content d'elle.	*Ella está contenta **consigo** misma.* Elle est contente d'elle-même.
*Lo hago por **V^d**.* Je le fais pour vous.	*Hágalo V^d por **sí** mismo / misma.* Faites-le pour vous-même.
*Lo compro para **ellos** / **ellas**.* Je l'achète pour eux / elles.	*Ellos / Ellas lo compran para **sí**.* Ils / Elles l'achètent pour eux / elles-mêmes.
*Estoy satisfecha con **ellos**.* J'en suis satisfaite.	*Ellos están satisfechos **consigo**.* Ils sont satisfaits d'eux-mêmes.
*Estoy satisfecho con **ellas**.* J'en suis satisfait.	*Ellas están satisfechas **consigo**.* Elles sont satisfaites d'elles-mêmes.
*Lo hago por **V^{des}**.* Je le fais pour vous.	*Háganlo V^{des} por **sí** mismos / mismas.* Faites-le pour vous-mêmes.

E **Préposition + le pronom neutre *ello*.**

***Ello*,** qui remplace une proposition, est plus fréquent après une préposition qu'en fonction sujet.

*Pedro quisiera ir a visitar a su abuelo, pero **para ello** le hace falta pedir por lo menos una semana de vacaciones.*
Pierre voudrait aller rendre visite à son grand-père, mais pour cela il lui faut demander au moins une semaine de vacances.

TRADUCTION DU FRANÇAIS « Y » ET « EN »

• En français « **y** » et « **en** » sont des substituts :
– « **y** » remplace la préposition **à** + groupe nominal ;
– « **en** » remplace la préposition **de** + groupe nominal.

• **Ils sont considérés comme pronoms adverbiaux**, quand ils sont compléments d'un adjectif ou d'un verbe.

J'**y** suis habitué. = Je suis habitué **à cela**.
J'**en** veux = Je veux **de cela**.

• **Ils sont considérés comme adverbes pronominaux**, quand ils remplacent un complément de lieu.

J'**y** vais. = Je vais **à cet endroit**.
J'**en** viens. = Je viens **de cet endroit**.

Ces deux substituts n'ont pas été conservés en espagnol moderne. Ils se traduisent de façons différentes, selon leur rôle.

A **Traduction de « y ».**

• « **y** » = « **à** » + groupe nominal, complément d'un adjectif

► **préposition +** *él / ella / ellos / ellas / ello*

Il comptait sur la clémence du nouveau juge, le précédent **y** étant peu porté.
*Él contaba con la clemencia del nuevo juez, siendo el anterior poco **propenso a ella**. [propenso a la clemencia]*

La préposition peut être différente en français et en espagnol.

Attention aux normes de sécurité : on détruit tout ce qui n'**y** est pas conforme.
*Cuidado con las normas de seguridad, se destruye todo lo que no está conforme **con ellas**. [con las normas]*

• « **y** » = « **à** » + groupe nominal, complément d'un verbe

► *le, les,* si, en espagnol, on a : **verbe + préposition** *a*

ajouter (qqch.) à : *añadir (algo) a* ►**y** ajouter (qqch.) : *añadirle (algo)*

► **préposition +** *él / ella / ellos / ellas / ello*, si, en espagnol, on a : **verbe + autre préposition** que *a*.

penser à : *pensar en …* ►**y** penser : *pensar en él / ella / ellos / ellas / ello*

Ton rapport me paraît très clair, mais il faut que tu **y** ajoutes une conclusion. Penses-**y**.
*Tu relación me parece muy clara, pero tienes que añadir**le** una conclusión. Piensa **en ello**.*

On lui écrivait que les amandiers étaient en fleurs. En **y** pensant, ses yeux se remplissaient de larmes.
*Le escribían que los almendros estaban en flor. Pensando **en ellos**, se le llenaban los ojos de lágrimas.*

- « **y** » = « **à** » + **groupe nominal, complément de lieu**

▶ (préposition *por*) + *aquí* (ici), *ahí, allí* (là), *allá* (là-bas)

Ce matin je suis allé/e au Musée du Prado et j'**y** ai vu ta tante.
*Esta mañana he ido al Museo del Prado y **ahí** he visto a tu tía.*

Demain nous monterons vers le sommet de la montagne mais je sais que je vais avoir beaucoup de mal à **y** arriver.
*Mañana subiremos hacia la cumbre de la montaña, pero sé que me va a costar mucho llegar **allí**.*

– Au retour, passe par la Vallée aux loups.
– D'accord, si j'ai le temps, j'**y** passerai.
– A la vuelta, pasa por el Valle de los Lobos.
*– De acuerdo, si tengo tiempo, pasaré **por allá**.*

▶ Pour les valeurs de *aquí, ahí, allí, allá*, voir p. 146.

B **Traduction de « en ».**

- « **en** » = « **de** » + **groupe nominal, complément d'un adjectif**

▶ préposition + *él / ella / ellos / ellas / ello*

– Tu veux des cerises ? – Non, merci, mon panier **en** est plein.
*– ¿Quieres cerezas? – No, gracias, mi cesto está lleno **de ellas**.*

Elle parle toujours de ses petites-filles. Elle **en** est folle.
*Habla siempre de sus nietas. Está loca **por ellas**.*

- « **en** » = « **de** » + **groupe nominal, complément d'un verbe**

▶ préposition + *él / ella / ellos / ellas / ello*

▶ *lo (le), la, los (les), las, lo*, si le verbe espagnol se construit avec un complément d'objet direct.

se souvenir de quelque chose : *acordarse **de** algo* ou *recordar algo*
– Tu connais son adresse ? – Je ne m'**en** souviens plus.
*– ¿Conoces su dirección? – Ya no me acuerdo **de ella**.*

– Je me souviens parfaitement **de mes premières vacances** au bord de la mer. – Moi, je ne m'**en** souviens pas.
*– Recuerdo perfectamente **mis primeras vacaciones** a orillas del mar. – Yo, no **las** recuerdo.*

- « **en** » = « **de** » + **groupe nominal, complément de nom**

▶ *su / sus* avant le nom

Tu connais cet opéra ? Alors, dis-moi qui **en** est le compositeur ?
*¿Conoces esta ópera? Entonces, dime quién es **su** compositor.*

• « en » = « de » + groupe nominal, dans un sens partitif.

▶ **ø,** si « en » est accompagné d'un nombre ou d'un indéfini de quantité, il n'a pas d'équivalent en espagnol.

Charles a treize ans et sa sœur **en** a onze.
Carlos tiene trece años y su hermana tiene once.

Je ne veux plus de journaux. J'**en** reçois déjà trop.
*No quiero más periódicos. Ya recibo demasiad**os**.*

▶ *un poco, alguno / -s, alguna / -s...,* si « en » n'est pas accompagné d'un nombre ou d'un indéfini de quantité.

– Tu veux du lait ? – Non, pas aujourd'hui, il m'**en** reste encore.
*– Quieres leche? – No, hoy no, me queda **un poco** (alguna) todavía.*

– Tu n'as pas d'œufs ? – Si j'**en** ai.
*– No tienes huevos? – Sí, tengo **algunos (unos pocos).***

▶ *lo, la, los, las,* si « en » remplace un nom suivi d'un adjectif ou si « en » est accompagné d'un attribut.

Il y **en** a. *Lo hay. La hay. Los hay. Las hay.*

Vous me donnerez des œufs frais, si vous **en** avez.
*V^d me dará huevos frescos, si **los** tiene.*

Voulez-vous aussi un poulet ? Le voisin n'**en** a pas de meilleurs.
*¿Quiere V^d también un pollo? El vecino no **los** tiene mejores.*

Des canards, il y **en** a de magnifiques par ici.
*Patos, **los hay** magníficos por aquí.*

• « en » + verbe + (tout) autant

▶ *otro tanto* qui s'accorde avec l'antécédent.

J'ai déjà écrit cent pages, mais je dois **en** écrire encore **autant.**
*He escrito ya cien páginas, pero debo escribir aún **otras tantas**.*

Tu ne peux pas **en** dire **autant.**
*No puedes decir **otro tanto**.*

• « en » = « de » + groupe nominal, complément de lieu

▶ *de aquí, de ahí, de allí, de allá*

– Ne veux-tu pas m'accompagner après-demain à Tolède ? – J'**en** reviens.
*– ¿No quieres acompañarme pasado mañana a Toledo? – Vuelvo **de ahí / allí**.*

LES ARTICLES

A L'article indéfini : *uno / una.*

• L'article indéfini peut remplacer un groupe nominal précédent. Dans ce cas il n'est pas apocopé.

*Quisiera un cuaderno, **uno** de cubierta verde.*
Je voudrais un cahier, un qui ait une couverture verte.

S'il remplace un groupe nominal d'une autre phrase, ***uno / una*** correspond au français « en...un / une ».

*Quisiera también **uno** de cien páginas.*
J'**en** voudrais aussi **un** de cent pages.

• *Uno / una* est substitut du locuteur.
On emploie *uno* pour exprimer une généralité, dans laquelle le locuteur se sent impliqué.

*En el metro, a **uno le** atropellan si no **sale** corriendo.*
Dans le métro, on **vous** bouscule, si **vous** ne descendez pas assez vite.

En fonction sujet, *uno* est l'équivalent du pronom français « **on** », mais il est moins impersonnel car il peut varier en genre (voir p. 121).

*A mi edad, **una** tiene menos entusiasmo, dijo María. [**se** tiene menos entusiasmo]*
À mon âge, on a moins d'enthousiasme, dit Marie.

L'emploi de *uno* est obligatoire à la place de *se*, quand le verbe est pronominal.

*A mi edad, **uno** se cansa mucho más de prisa, dijo Pedro.*
À mon âge, on se fatigue beaucoup plus vite, dit Pierre.

B L'article défini : *el, la, lo, los, las.*

• L'article défini remplace un nom déjà nommé, s'il est repris, suivi d'un adjectif, d'un complément de nom ou d'une proposition relative.

*Quisiera probar tres abrigos: **el** (abrigo) azul, **el** (abrigo) de la derecha y **el** (abrigo) que usted acaba de recibir.*
Je voudrais essayer trois manteaux : **le** (manteau) bleu, **celui** de droite, et **celui** que vous venez de recevoir.

En français, on utilise un pronom démonstratif :

– devant le complément de nom (**celui** de / **celle** de / **ceux** de / **celles** de)

– et devant la proposition relative (**celui** qui / **celle** qui / **ceux** qui / **celles** qui / **celui** à qui... / **celle** pour qui... / **celui** en qui... / **celui** avec qui... / **celui** sans qui...).

En espagnol, c'est l'article défini (issu d'un démonstratif latin) **qui devient pronom**.

Dame ***la*** *de arriba.* Donne-moi celle d'en haut.

¡Cuántos regalos! Quiero ver ***los*** *que te han regalado tus padres.*
Que de cadeaux ! Je veux voir ceux que t'ont donnés tes parents.

El *a quien pertenece esta moto no es de aquí.* Celui à qui appartient cette moto n'est pas d'ici.

Las *con quienes /* ***las*** *con las cuales has bailado no lo podrán olvidar.*
Celles avec qui tu as dansé ne pourront pas l'oublier.

Il ne faut pas confondre, au masculin singulier, l'article ***el (el de /*** ***el que***...) sans accent, employé comme pronom, avec le pronom personnel sujet *él* avec accent. Comparez :

No es ***el*** *de mi hermano.* Ce n'est pas **celui** de mon frère.
Sé que ***él*** *no es mi hermano.* Je sais qu'**il** n'est pas mon frère.

• Au féminin (et au pluriel), il n'y a pas de confusion possible.

No es ***la*** *de mi hermana.* Ce n'est pas **celle** de ma sœur.
Sé que ***ella*** *no es mi hermana.* Je sais qu'**elle** n'est pas ma sœur.

• ***El*** est substitut de ***el hecho de*** (le fait) devant une proposition relative au subjonctif.

El *que no tengas dinero suficiente, no importa... [El hecho de que no tengas...]*
Le fait que tu n'aies pas suffisamment d'argent n'a pas d'importance.

• Dans l'expression ***a la*** + adjectif au féminin, ***la*** est substitut de ***la manera*** (la manière, la façon, la mode).

No te despidas a ***la*** *francesa y guísanos bacalao a* ***la*** *vizcaína.*
Ne file pas à l'anglaise et fais-nous de la morue à la mode de Biscaye.

• **Le neutre *lo*.**

Le neutre *lo* suivi d'un adjectif fonctionne comme substitut d'un nom de sens général comme *cosa* / -*s* (chose / -s) ou *parte* / -*s* (partie / -s), *asunto* (histoire, affaire) (voir p. 106).

*Vivían con apenas **lo** imprescindible.*
Ils avaient à peine l'indispensable pour vivre.

Lo peut être suivi aussi :

– **d'un complément de nom (*de* + groupe nominal) ;**

***Lo de Marisa** y **lo de mi hermana** es lo mismo.*
Ce qui est arrivé à Marise et ce qui est arrivé à ma sœur, c'est la même chose.

– **d'une proposition infinitive (*de* + verbe à l'infinitif (+ complément / -s)) ;**

***Lo de subir hasta arriba** no me entusiasma mucho.*
L'idée de monter jusqu'en haut ne m'enthousiasme guère.

– **d'une proposition relative (*que* + proposition/préposition + *que* +** proposition).

***Lo que no consigo entender** es porqué no quieres acompañarnos.*
Ce que je n'arrive pas à comprendre, c'est pourquoi tu ne veux pas nous accompagner.

LES DÉMONSTRATIFS

	MASCULIN	FÉMININ	NEUTRE
sing.	*éste ése aquél*	*ésta ésa aquélla*	*esto eso aquello*
plur.	*éstos ésos aquéllos*	*éstas ésas aquéllas*	

A Les démonstratifs (masculin et féminin) en fonction de pronoms se différencient des adjectifs démonstratifs par la présence de **l'accent tonique**, obligatoire à l'écrit, selon l'Académie espagnole, en cas d'ambiguïté. Comparez :

*Los alumnos quieren **éstos** cuadernos y **aquéllos** libros.* [pronoms]
Les élèves veulent ceux-ci des cahiers et ceux-là des livres.

*Los alumnos quieren **estos** cuadernos y **aquellos** libros.* [adjectifs]
Les élèves veulent ces cahiers-ci et ces livres -là.

Les pronoms démonstratifs ont le genre et le nombre du nom qu'ils remplacent.
Les pronoms neutres sont les substituts de propositions ; ils sont donc invariables et ne portent pas d'accent écrit puisqu'ils n'ont pas d'adjectifs correspondants.

Hace un año le tocó el gordo. Aquello no ha cambiado su forma de vivir.
Il y a un an il a gagné le gros lot. Cela n'a pas changé sa façon de vivre.

Les pronoms *éste, ése* et *aquél* ont les mêmes valeurs que les adjectifs correspondants (voir p. 61).

• **Dans l'espace,** ils permettent de situer ce dont on parle par rapport au locuteur (ce sont des déictiques).

¿Cuál es tu bolso? ¿Éste, ése, o aquél?
Quel est ton sac ? Celui-ci, celui-là ou l'autre là-bas ?
Mi chaqueta es ésta. Ma veste c'est celle-ci.

Mais quand ils précèdent le nom dont ils sont le substitut, ils ont valeur d'insistance. **Comparez.**

Ésta es mi chaqueta. Voici ma veste. ≠ *Es mi chaqueta.* C'est ma veste.

• Dans le discours, *éste* remplace le nom le plus proche et *aquél* le plus éloigné.

Tuvieron dos hijos, Miguel y Juan: éste es arquitecto y aquél músico.
Ils ont eu deux fils, Michel et Jean : celui-ci (= Jean) est architecte et celui-là (= Michel) musicien.

• Pour exprimer l'insistance, on emploie *aquél* plutôt que l'article défini avec un pronom relatif précédé d'une préposition.

Escribiré a mis tíos, aquéllos de quienes ya no tengo noticias desde hace mucho. = Escribiré a mis tíos, los de quienes no tengo noticias...
J'écrirai à mon oncle et à ma tante, ceux dont je n'ai pas de nouvelles depuis longtemps.

• Les pronoms neutres *esto, eso, aquello* remplacent une proposition.

– No consigo decírselo y esto no me sale de la cabeza. – Por eso tienes que decidirte.
– Je n'arrive pas à le lui dire et cela ne me sort pas de la tête. – C'est pour ça qu'il faut te décider.

Aquello que le ha ocurrido parece algo del otro mundo.
Ce qui lui est arrivé semble extraordinaire.

• Pour exprimer une **heure approximative**, on emploie *a eso de* (ou *sobre*) + *la / s* + numéral.

Supongo que habré acabado a eso de las tres, tres y media (sobre las tres, tres y media).
Je suppose que j'aurai terminé vers trois heures, trois heures et demie.

| LES POSSESSIFS

> Déterminant + *mío / -a / -os / -as, tuyo / -a / -os / -as, suyo / -a / -os / -as, nuestro / -a / -os / -as, vuestro / -a / -os / -as, suyo / -a / -os / -as*

A Employés sans le nom auquel ils se rapportent, les possessifs sont accentués et précédés d'un déterminant employé comme pronom (article défini ou indéfini, démonstratif, numéral, indéfini).

*Ya que llevas un paraguas, no voy a llevar **el mío**.*
Puisque tu as un parapluie, je ne vais pas prendre le mien.

Dans cette phrase, *el mío* remplace *mi paraguas*.
Comment expliquer le changement de forme : *mi paraguas* ► *el mío*?
Mi, comme tout adjectif possessif, a un double rôle : celui de déterminant et celui d'exprimer l'appartenance ; *el mi paraguas* de l'espagnol ancien séparait ces deux rôles.
De plus, *mi* est le résultat de l'apocope (perte du *o / a* final) de *mío / mía* devant un nom (dans le premier texte littéraire écrit en castillan, *El mio Cid* = *mi Cid*). En l'absence du nom, le *o* ou le *a* réapparaît.
el mío caballo / la mía mula ► *mi* caballo / *mi* mula : mon cheval / ma mule
el mío (le mien) / *la mía* (la mienne)

Comparez l'espagnol et le français.

*He perdido **el** paraguas **azul**, **el** paraguas **de José**, **el** paraguas **que acababa de comprar**, mi paraguas (**el** paraguas **mío**).*
J'ai perdu **le** parapluie bleu, **le** parapluie de Joseph, **le** parapluie que je venais d'acheter, **mon** parapluie.

Si on supprime le nom *paraguas* des quatre groupes nominaux, on a :

*He perdido **el** azul, **el** de José, **el** que acababa de comprar, **el mío**.*
J'ai perdu **le** bleu, **celui** de Joseph, **celui** que je venais d'acheter, **le mien**.

B Avec les possessifs, d'autres déterminants que l'article défini peuvent être employés comme pronom : les démonstratifs, les numéraux, des indéfinis.

*Fernando ha traído estos sellos, también he traído **éstos** míos / **uno** mío / **tres** míos / **algunos** míos…* Fernand a apporté ces timbres-ci, j'ai apporté aussi ceux-ci [parmi ceux que je possède] / un à moi / trois des miens / quelques-uns à moi…

LES NUMÉRAUX

Les numéraux **cardinaux** peuvent remplacer un groupe nominal.

*– ¿Cuántas fotos te quedan? – **Cinco**.*
– Combien de photos te reste-t-il ? – Cinq.

Les cardinaux terminés par *uno* ne s'apocopent pas quand ils sont pronoms.

*– ¿Necesitas cincuenta o cincuenta y un vasos? – Cincuenta y **uno**.*
– Tu as besoin de cinquante ou de cinquante et un verres ? – De cinquante et un.

► Pour les formes, voir page 70.

LES INDÉFINIS

A **Les indéfinis qui expriment la quantité de façon relative** peuvent être employés comme pronom au singulier comme au pluriel. C'est le cas de : *poco, bastante, mucho, demasiado, tanto, más, menos.* Sobrado, harto, tamaño ont une valeur exclusivement adjectivale.

– *¿Quieres un café? – No sé, ya he tomado **muchos** hoy.*
– Tu veux un café ? – Je ne sais pas, j'en ai déjà bu beaucoup aujourd'hui.

B **Les indéfinis partitifs peuvent jouer le rôle de pronom.**

• **Ceux à valeur singulière** (sauf *cierto*) : *uno, alguno, alguno que otro, otro, uno cualquiera.*

– *¿Quieres más pasteles? – Sí, quisiera **otro** / **uno cualquiera**.*
– Tu veux d'autres gâteaux ? – Oui, j'en voudrais un autre / un quelconque.

En tant que pronom, *alguno* a comme antécédent une personne ou une chose.

*En la gasolinera, charlan varios camioneros. Se acerca un periodista que quisiera entrevistar **alguno** de ellos.*
Dans la station-service, plusieurs camioneurs bavardent. S'approche un journaliste qui voudrait interviewer l'un d'entre eux.

*¿V^d quiere una chaqueta roja? No sé si queda **alguna** de su tamaño.*
Vous voulez une veste rouge ? Je ne sais pas s'il en reste une à votre taille.

Au singulier, s'il n'y a pas d'antécédent, on emploie pour une chose le pronom *algo* (quelque chose) et pour une personne *alguno* ou le pronom *alguien* (quelqu'un).

*Hay aquí **alguien** que te quiere decir **algo**.*
Il y a ici quelqu'un qui veut te dire quelque chose.

⚡ | *Alguien* ne porte pas d'accent écrit (**a** tonique).

• **Ceux à valeur plurielle** (sauf *diferentes* et *diversos*): *unos, unos pocos, unos cuantos, algunos, ciertos, varios, otros, los demás.*

*Faltan muchos alumnos: **unos** están enfermos, **ciertos** llegarán con retraso, **otros** no quieren venir.*
Il manque beaucoup d'élèves : les uns sont malades, certains arriveront en retard, d'autres ne veulent pas venir.

• **Ceux à valeur totalisante** : *todo / -s, ambos, ninguno, ni uno.*

– *¿Fueron tus primas a la vendimia? – **Todas** / **ambas** / **ninguna** / **ni una**.*
– Tes cousines sont-elles allées à la vendange ? Toutes / toutes les deux / aucune / pas une.

– *Todo* est neutre, quand il n'a pas d'antécédent, et dans ce cas, il est le contraire de *nada* (rien).

Todo funciona bien. Tout marche bien.
*Rafael se opone a **todo**.* Raphaël s'oppose à tout.

⚡

> Quand ***todo*** neutre est complément d'objet direct, il est accompa-
> gné de ***lo***. Il y a deux constructions possibles :
>
> ► ***lo*** + verbe + ***todo***
>
> *Paquita **lo** quiere **todo** de una vez.*
>
> ► ***todo lo*** + verbe
>
> *Paquita **todo lo** quiere de una vez.* Fanchon veut tout avoir d'un seul coup.

– En tant que pronom, ***ninguno*** peut avoir comme antécédent une
personne ou une chose.

*Pregunto a los transeúntes lo que han visto, pero **ninguno** quiere hablar.*
Je demande aux passants ce qu'ils ont vu, mais aucun ne veut parler.

*El terremoto destruyó muchas casas; aquí **ninguna** se quedó en pie.*
Le tremblement de terre a détruit beaucoup de maisons ; ici aucune n'est res-
tée debout.

S'il n'y a pas d'antécédent, on emploie pour une chose le pronom
nada (rien) et pour une personne ***ninguno*** ou de préférence le pronom ***nadie*** (personne).

⚡

> Il y a deux constructions possibles :
>
> ► ***no*** + verbe + ***nada / nadie / ninguno***
>
> ***No** me has dicho **nada**.* Tu ne m'as rien dit.
> ***No** ha venido **nadie**.* Personne n'est venu.
> ***No** la cree **ninguno**.* Personne ne la croit.
>
> ► ***nada / nadie / ninguno*** + verbe
>
> ***Nada** me has dicho. **Nadie** ha venido. **Ninguno** la cree.*

C L'indéfini distributif *cada* devient ***cada uno / -a*** quand il est pronom.

*Los niños le ofrecieron un clavel **cada uno**.*
Les enfants lui ont offert un œillet chacun.

D L'indéfini qui exprime l'indétermination devient ***cualquiera***, quand il
est pronom.

*Encuentro **cualquiera** de sus novelas más bien divertida.*
Je trouve n'importe lequel de ses (vos) romans plutôt divertissant.

***Cualquiera** en su lugar hubiera hecho lo mismo.*
N'importe qui à sa (votre) place aurait fait la même chose.

Dans ce sens, **quienquiera** est synonyme si l'antécédent est une personne, mais ne s'emploie que suivi de **que**.

*El alcalde no quiere ver a nadie, **quienquiera que** venga a verle.*
Le maire ne veut voir personne, quel que soit celui qui vienne / viendra le voir.

E L'indéfini **otro** peut être pronom également quand il exprime la différence.

*Tienes tu modo de ver, yo tengo **otro**.*
Tu as ta façon de voir, j'en ai une autre.

F Les indéfinis qui expriment la ressemblance, la similitude *(semejante, tal, igual)* ne sont jamais en fonction pronominale. Quand le nom n'est pas répété, le pronom est l'article indéfini et *semejante, igual, tal* deviennent des adjectifs qualificatifs.

*Tuvo muchas novias, pero nunca **una** semejante / igual / tal.*
Il a eu beaucoup de fiancées mais jamais une comme celle-ci.

G Des deux indéfinis **mismo** et **propio** qui expriment l'identité, seul **mismo** accompagné de l'article défini peut jouer le rôle de pronom.

*Me gustan tus cortinas; me gustaría encontrar **las mismas**.*
J'aime bien tes rideaux ; j'aimerais trouver les mêmes.

LES INTERROGATIFS

Ils portent un accent écrit, que l'interrogation soit directe ou indirecte.
Ils sont au nombre de quatre.

A **Qué** (que, quoi) est invariable et sert à interroger sur la nature de quelque chose.

*¿**Qué** te parece?* Qu'est-ce que tu en penses ?
*¿Quiero saber de **qué** vamos a hablar?* Je veux savoir de quoi on va parler.
*¿**Por qué** te quejas?* Pourquoi te plains-tu ?

B **Cuánto / -a / -os / -as** (combien) s'accorde en genre et en nombre avec le substantif qu'il remplace.

*Tengo poca paciencia y no sé **cuánta** hace falta para aguantarlo.*
Je n'ai pas beaucoup de patience et je ne sais pas combien il en faut pour le *supporter*.

Cuánto peut être neutre. Il sert à interroger sur une quantité.

*¿Puedes imaginarte **cuánto** lo siento? Ahora dime **cuánto** te debo.*
Peux tu imaginer combien je regrette ? Maintenant, dis-moi combien je te dois.

C *Quién / -es* (qui) varie en nombre. Il se réfère à une personne.

*¿**Quién** quiere un helado?* Qui veut une glace ?
*No puedo decir **quiénes** son los culpables.*
Je ne peux pas dire qui sont les coupables.

D *Cuál / -es* (quel(s)/quelle(s) : lequel / laquelle / lesquels / lesquelles) varie en nombre. Il se réfère à une personne ou à une chose déjà connue.

*¿**Cuál** de las dos prefieres?* Laquelle des deux tu préfères ?
*¿**Cuál** es su dirección?* Quelle est son / votre adresse ?
*De todos los libros de la biblioteca ¿**cuáles** has leído?*
De tous les livres de la bibliothèque, lesquels as-tu lus ?

LES EXCLAMATIFS

Ils portent également un accent écrit tout comme les interrogatifs.

A *Qué* est invariable.

*Tu hermana es una mujer estupenda. ¡Y **qué** divertida!*
Ta sœur est une femme formidable. Et comme elle est amusante !

B *Cuánto / -a / -os / -as* (combien) s'accorde en genre et en nombre avec le nom qu'il remplace.

*Ya he resuelto muchos problemas. Pero ¡**cuántos** me quedan por resolver!*
J'ai déjà résolu beaucoup de problèmes. Mais combien il m'en reste à résoudre !

Cuánto, pronom neutre, insiste sur la quantité.

*¡**Cuánto** nos reímos con él!* Comme on a bien ri avec lui !
*¡No imaginas **cuánto** me irrita su desprecio!*
Tu n'imagines pas comme son mépris peut m'irriter !

C *Lo* + adjectif accordé + *que*... = *cuán* + adjectif accordé.

Dans une phrase exclamative où l'adjectif est suivi d'un verbe, deux constructions sont possibles :

– *cuán* (= *cuánto* apocopé) + adjectif accordé + verbe ;

*Me gustan estos zapatos, pero ¡has visto **cuán** caros son!*
J'aime bien ces chaussures, mais tu as vu comme elles sont chères.

– *lo* + **adjectif accordé** + *que* + **verbe** (construction plus courante).

*Me gustan estos zapatos, pero ¡has visto **lo** caros **que** son!*
J'aime bien ces chaussures, mais tu as vu comme elles sont chères !

⚡ Comparez avec la construction : *lo* + adj. invariable + *de* + nom, qui n'est pas exclamative.

Lo caro de *estos zapatos pasa de lo aceptable.*
La cherté de ces chaussures dépasse ce qui est acceptable.
= [substantivation de l'adjectif *caro*, invariable (voir p. 106)]

D *Quién / -es* varie en nombre.
Quién exclamatif est substitut du locuteur et non d'une 3ᵉ personne, quand il est suivi d'un verbe à l'imparfait du subjonctif en *-ra*, pour exprimer un regret personnel.

¡Quién estuviera allí ahora!
Ah ! si **je** pouvais me trouver là-bas en ce moment !

3 Les pronoms relatifs

Les pronoms relatifs jouent un double rôle :
– en tant que pronoms, ils remplacent un groupe nominal déjà nommé ;
– en tant que relateur, ils introduisent une proposition subordonnée, appelée « relative » dans une autre proposition.

QUE / EL QUE / LA QUE / LOS QUE / LAS QUE / LO QUE

A *Que* a comme antécédent des personnes ou des choses. Il peut être sujet ou complément.

La señora que sale de aquí es soltera.
La dame qui sort d'ici est célibataire.
[*que* a comme antécédent *la señora* (la dame) ; il est sujet du verbe *sale* (sort)]
Las uvas que hemos cosechado suelen dar buen vino.
Le raisin que nous avons récolté donne en général du bon vin.
[*que* a comme antécédent *las uvas* (le/s raisin/s) ; il est complément d'objet direct du verbe *hemos cosechado* (nous avons récolté)]

B Après une préposition, *que* est précédé de l'article défini accordé avec l'antécédent.

Las uvas de las que sale aquel vino no están maduras todavía.
Les raisins d'où est tiré ce fameux vin ne sont pas encore mûrs.

144 4. Les substituts du groupe nominal

C Au neutre, l'article *lo* est obligatoire, quelle que soit la fonction de *que*.

Dime lo que sabes. Dis-moi ce que tu sais.
Lo que sé es que no sé nada. Ce que je sais, c'est que je ne sais rien.

EL CUAL / LA CUAL / LOS CUALES / LAS CUALES / LO CUAL

A Après une préposition, on peut employer *el cual, la cual*... au lieu de *el que, la que*...

La uva de la cual sale aquel vino aún no está madura.
Le raisin d'où est tiré ce vin n'est pas encore mûr.
El vecino me ayudó bastante, con lo cual pude acabar a tiempo.
Le voisin m'a pas mal aidé, grâce à quoi j'ai pu terminer à temps.

B Sans la préposition devant, *el cual*... peut se trouver en tête d'une proposition indépendante avec valeur de pronom démonstratif.

Ha caído mucha lluvia últimamente en Andalucía; la cual no compensa todavía una sequía de varios años.
Il est tombé beaucoup de pluie dernièrement en Andalousie ; celle-ci ne compense pas encore une sécheresse de plusieurs années.

QUIEN / QUIENES

A *Quien* varie en nombre et se réfère à des personnes.

El bombero a quien has visto en el cuartel ha salvado a una anciana.
Le pompier que tu as vu à la caserne a sauvé une vieille dame.

B *Quien* peut introduire une proposition explicative et à ce titre est précédé à l'écrit d'une virgule.

Los padres, quienes no estaban de acuerdo, se negaron a que fueran allí.
Les parents, qui n'étaient pas d'accord, refusèrent qu'ils y aillent.

C *Quien* peut ne pas avoir d'antécédent et donc se référer à n'importe qui, comme c'est le cas dans les proverbes.

Quien mucho abarca, poco aprieta. Qui trop embrasse, mal étreint.

CUYO / CUYA / CUYOS / CUYAS

A *Cuyo* est à la fois pronom relatif et déterminant :
– pronom parce qu'il reprend un groupe nominal antérieur ;
– relatif parce qu'il introduit une proposition subordonnée ;
– déterminant du nom qui le suit : il précède immédiatement le nom qu'il détermine et avec lequel il s'accorde en genre et en nombre.

He hablado con el inquilino cuyas hijas emigraron a Venezuela.
J'ai parlé avec le locataire dont les filles ont émigré au Venezuela.

Cette phrase est formée de deux phrases :

He hablado con un inquilino. J'ai parlé avec un locataire.
Las hijas de este inquilino (= sus hijas) han emigrado a Venezuela.
Les filles de ce locataire (= ses filles) ont émigré au Venezuela.

Le rôle du ***cuyas*** est de réunir les deux phrases en une seule.

*El inquilino **cuyas** hijas... = el inquilino **de que** / **de quien las** hijas...*

B ***Cuyo*** peut être précédé d'une préposition.

*Él nació en una aldea **de cuyo** nombre no me acuerdo.*
Il est né dans un hameau dont je ne me souviens pas du nom.

Cette phrase est formée de deux phrases :

*Él nació en una aldea. + No me acuerdo **del** nombre de esta aldea.*
Il est né dans un hameau. + Je ne me souviens pas du nom de ce hameau.

CUANTO / CUANTA / CUANTOS / CUANTAS

A ***Cuanto*** est équivalent de ***todo el que*** et de ***todo lo que, cuanta*** est équivalent de ***toda la que...***

***Cuantos** le escuchan se dejan convencer.*
Tous ceux qui l'écoutent se laissent convaincre.

B ***Cuanto*** peut être renforcé par ***todo***.

*No puedo creer (**todo**) **cuanto** me cuentas.*
Je ne peux pas croire tout ce que tu me racontes.

4 Les adverbes substituts

Certains adverbes sont des substituts de compléments circonstanciels, c'est-à-dire d'une préposition suivie d'un groupe nominal.

A **Substituts de compléments de lieu.**

aquí (ici)	*ahí* (là)	*allí* (là-bas)	*acá* (ici)	*allá* (tout là-bas)...

• ***Aquí*** (ici) désigne le lieu où se trouve le locuteur. Selon les cas, il peut recouvrir diverses réalités : ***en*** *esta sala* (dans cette salle), ***en*** *esta ciudad* (dans cette ville), ***en*** *este país* (dans ce pays)...

• **Ahí** (là) désigne un lieu moyennement éloigné du locuteur, éventuellement proche de l'interlocuteur : *en ese sitio* (à cet endroit).

• **Allí** (là-bas) désigne un lieu éloigné du locuteur : *en aquel sitio* (à cet endroit là-bas).

• **Acá** est employé en Amérique hispanique de préférence à *aquí*. En Espagne, il suppose un mouvement qui aboutit au locuteur.

Ven acá y siéntate a mi lado. Viens ici et assieds-toi près de moi.

• **Allá** est employé en Amérique hispanique de préférence à *allí*. En Espagne, il désigne un lieu au-delà de *allí*.

*El pastor se fue **allá** lejos con su rebaño.*
Le berger est parti tout là-bas au loin avec son troupeau.

• L'adverbe interrogatif **¿dónde?** (où) équivaut à *¿en qué sitio?* (à quel endroit ?), **¿adónde?** à *¿a qué sitio?* (à quel endroit mais avec mouvement), **¿por dónde?** à *¿por qué sitio?* (par quel endroit)… de même que le relatif **donde** remplace *en el que / en la que / en los que / en las que…*

– *¿Por **dónde** vas a pasar? – Por un valle **donde** haya pocos turistas.*
– Par où vas-tu passer ? – Par une vallée où il y ait peu de touristes.

B **Substituts de compléments de temps.**

> **ahora** (maintenant), **entonces** (alors), **hoy** (aujourd'hui), **ayer** (hier), **anteayer** (avant-hier), **mañana** (demain), **pasado mañana** (après-demain)…

• **Ahora** remplace « *en este momento* » (en ce moment), **entonces** « *en ese o aquel momento* » (à ce moment-là), **hoy** « *en este día* » (pendant cette journée).

Vino hace tres días. Il est venu il y a trois jours.
Vino hace dos días. = *Vino **anteayer**.* Il venu il y a deux jours = avant-hier.
*Vino hace un día. = *Vino **ayer**.* Il est venu hier.
Vendré dentro de tres días. Je viendrai dans trois jours.
Vendré dentro de dos días. = *Vendré **pasado mañana**.* Je viendrai dans deux jours = après-demain.
*Vendré dentro de un día. = *Vendré **mañana**.* Je viendrai demain.

La conjonction **cuando** (quand, lorsque) signifie *el momento en que* (le moment où), et l'interrogatif **¿cuándo?** équivaut à *¿en qué momento?*

–*¿**Cuándo** iremos al cine? – Me da igual, **cuando** te apetezca.*
– Quand irons-nous au cinéma ? Cela m'est égal, quand tu en auras envie.

C **Substituts de complément de manière.**

Así (ainsi) signifie *de este modo* (de cette façon).

Así no vas a conseguir nada. Ainsi, tu n'obtiendras rien.

L'adverbe interrogatif et exclamatif *¿cómo?* / *¡cómo!* signifie *¿¡de qué modo!?* / *¿¡de qué manera!?*

No sé cómo agradecerle sus consejos.
Je ne sais pas comment le / vous remercier de ses / vos conseils.

Le groupe verbal

Dans une phrase, le **sujet** (ce dont on parle) est généralement un groupe nominal (ou équivalent), et **le prédicat** (ce qui est dit du sujet) un groupe verbal (voir p. 9).

 Le noyau du groupe verbal

Le groupe verbal est constitué d'un noyau, le verbe, éventuellement accompagné d'autres mots qui le complètent (compléments, adverbes) ou en modulent le sens (verbes auxiliaires et semi-auxiliaires).

 Verbes copulatifs et verbes prédicatifs

Sur le plan de la construction syntaxique, on distingue deux sortes de verbes.

• Les verbes copulatifs

Ils sont **obligatoirement** suivis d'un **attribut** (adjectif, groupe nominal) ou d'un complément de lieu, de temps ou d'une autre notion (préposition + groupe nominal). Le rôle du verbe copulatif est d'unir (copulatif : qui unit) cet attribut ou ce complément au sujet de la phrase.

*Luis **es** **rubio**.* Louis est blond.
   v. cop. + adjectif

*Su suegro **era** **un clarinetista** poco conocido.*
       v. cop. + GN
Son beau-père était un clarinettiste peu connu.

*Los huelguistas **están** en la calle.* Les grévistes sont dans la rue.
      v. cop. + prép. + GN

*La reunión **es** a las seis.* La réunion est à six heures.
    v. cop. + prép. + GN

Hoy **estoy** *de buen humor.* Aujourd'hui je suis de bonne humeur.
　　v. cop. + prép. + GN

Dans les trois dernières phrases, *en la calle* est un complément de lieu, *a las seis* un complément de temps, *de buen humor* un complément de manière. Mais, contrairement aux compléments circonstanciels de lieu, de temps, de manière, ils ne peuvent pas être supprimés, sans détruire la phrase. Ils sont obligatoires.

• Les verbes prédicatifs
Ils sont suivis ou non, selon la catégorie à laquelle ils appartiennent, d'un ou de plusieurs **groupes nominaux compléments** précédé(s) ou non d'une préposition.

Luis **duerme.** Louis dort.
Pedro **traía** *el periódico.* Pierre apportait le journal.
José **sueña** *con su próximo viaje.* Joseph rêve à son prochain voyage.
Juan **dio** *consejos a su joven colega.* Jean donna des conseils à son / sa jeune collègue.

 Les éléments du groupe verbal

Que le verbe soit copulatif ou prédicatif, il peut être accompagné d'éléments autres que des attributs ou des compléments :

• un verbe auxiliaire, qui marque, par exemple, l'antériorité dans le temps (*haber* : avoir), le passif (*ser* : être), une modalité (*poder* : pouvoir, *seguir* : continuer à) ;

• un groupe adverbial, qui est facultatif.

Les différentes structures possibles du groupe verbal sont les suivantes :

VERBE AUXILIAIRE	NOYAU		GROUPE ADVERBIAL
haber *poder* *seguir...*	verbe copulatif	+ adjectif + GN prép. + GN	adverbe (quantité, manière) prép. + GN gérondif
haber *ser* *poder, seguir...*	verbe prédicatif	+ Ø + GN + prép. + GN + GN + prép. + GN	adverbe (quantité, manière) prép. + GN adjectif gérondif

L'accord

La relation entre le groupe nominal sujet et le groupe verbal prédicat est mise en évidence par **l'accord du verbe en personne et en nombre** avec le noyau du groupe nominal.

Las vecinas lavan su ropa. Les voisines lavent leur linge.

[3e pers. / pluriel]

En espagnol, le groupe verbal peut à lui seul constituer une phrase, le sujet pouvant être intégré dans la forme verbale.

Como. Je mange.
Comerás. Tu mangeras.
Andamos lentamente. Nous marchons lentement.

 Verbe et nom

Qu'est-ce qui différencie les deux catégories grammaticales que sont le verbe et le nom ?

• **Le radical** du verbe ?
Il exprime soit une action, soit un état. Mais il en est de même pour le nom : *limpieza* signifie selon les contextes « nettoyage », une action, ou son résultat « propreté », un état.

• **La terminaison** du verbe ?
C'est elle qui reçoit les marques particulières du verbe (désinences) : marques de personne et de nombre, de voix, de mode, de temps et d'aspect, l'ensemble de ces combinaisons constituant les conjugaisons.

1 Les types de verbes

Pour commencer

On peut classer les verbes, soit selon le **sens exprimé par le radical** et la notion **d'aspect** qui découle de ce sens, soit selon leur **catégorie syntaxique,** c'est-à-dire le type de construction qu'ils imposent à la phrase.

Pour commencer

1 Selon le sens du radical

Le verbe est un mot qui exprime un **processus**, c'est-à-dire un ensemble de faits qui se déroulent dans le **temps**. Il exprime soit **l'action** faite ou subie par le sujet, soit **l'existence** ou l'état du sujet ou **l'union** de l'attribut au sujet.

LES VERBES D'ACTION

Les verbes d'action, pris dans un sens large, sont les plus nombreux. L'action, qui suppose l'œuvre d'un agent quelconque, peut être présentée comme :

– faite par le sujet de la phrase (voix active) ;

*Federico **llega** y **se ríe.*** Frédéric arrive et rit.

– subie par le sujet de la phrase (voix passive).

*Los viajeros **fueron acogidos** por tres azafatas.*
Les voyageurs furent accueillis par trois hôtesses de l'air.

LES VERBES D'ÉTAT

Ils expriment l'existence ou une manière d'être ou d'agir.

Existen varios motivos de descontento entre los ejecutivos de la empresa.
Il y a plusieurs motifs de mécontentement parmi les cadres de l'entreprise.
Marcial es un patinador de fama internacional.
Martial est un patineur de renommée internationale.
Hoy está enfermo. Aujourd'hui, il est malade.

LES VERBES À SENS PERFECTIF OU IMPERFECTIF

On peut également classer les verbes suivant la notion **d'aspect** qui indique quel est le déroulement dans le temps de l'action ou de l'état exprimés par le groupe verbal. L'aspect varie selon le sens du radical.

On distingue les verbes perfectifs et les verbes imperfectifs.

A **Les verbes perfectifs** expriment une action envisagée comme aboutissant à un terme.

• Cette action peut être le résultat d'une action antérieure implicite.

comprender, entender : comprendre [ce qui a été expliqué]
acabar, terminar : finir [ce qui a été entrepris]
morir : mourir [après avoir vécu]

• Elle peut être achevée sitôt commencée, parce que momentanée.

saltar : sauter   *disparar* : tirer un coup de feu   *abrir* : ouvrir

B **Les verbes imperfectifs** expriment une action envisagée dans son cours, sans considération de son début ni de son terme, donc une action qui dure, ou qui marque un effort, une tendance, une habitude, une répétition.

poseer : posséder   *vivir* : vivre   *esperar* : attendre, espérer
quedar : rester   *perseguir* : poursuivre

Parmi les verbes imperfectifs, on compte des sous-catégories particulières.

– **Les fréquentatifs** expriment une action qui se répète : *saltitar* (sautiller).

– **Les inchoatifs** désignent une action commençante, une progression : *palidecer* (pâlir), *humedecer* (humecter), *envejecer (*vieillir), *embellecer* (embellir) et d'autres verbes terminés en **-ecer.**

Les verbes peuvent aussi se classer selon la construction de la phrase qu'ils entraînent : avec ou sans attribut, avec ou sans complément.

| LES VERBES COPULATIFS

Certains verbes comme « être », « sembler », « paraître », « avoir l'air » unissent le sujet et une particularité **attribuée** au sujet. Ce sont les verbes dits « copulatifs ».

Il y a en espagnol deux verbes « être » (***ser*** et ***estar***) qui peuvent être remplacés par d'autres verbes selon la nuance de sens que le locuteur veut privilégier.

Avec les verbes copulatifs, trois constructions sont possibles.

A **Le verbe copulatif est suivi d'un adjectif ou d'un participe passé.**

• ***Ser*** est employé pour exprimer une caractéristique inhérente, ***estar*** pour introduire un attribut accidentel, dépendant, un résultat.

Eres malo. Tu es méchant.	*Estás malo.* Tu es malade.
Soy vieja. Je suis vieille.	*Estoy vieja para eso.* Je suis trop vieille pour cela.
Es cansado. C'est fatigant.	*Estamos cansados.* Nous sommes fatigués.
Es rica. Elle est riche.	*La sopa está rica.* La soupe est délicieuse.
Es ciego. Il est non voyant.	*Está ciego.* Il est aveuglé.
Es negra. Elle est noire.	*Está negra.* Elle est furieuse.

• L'usage veut que l'on emploie *ser* avec l'adjectif *feliz* (heureux).
Soy feliz. Je suis heureux(se).
Mais *estar* n'est pas impossible et insiste sur les circonstances.
Estoy feliz pourrait se traduire par « Je nage dans la joie ».

• Être célibataire, marié, veuf est considéré comme une **caractéristique** pour l'état civil. On trouve donc ***ser*** *soltero, casado, viudo* sur un formulaire.
Mais dans les autres situations, être célibataire, marié, veuf est considéré comme le **résultat** d'une décision, d'une rencontre, d'un décès. On dira donc : ***estar*** *soltero, casado, viudo.*

Estás soltero. Tu es célibataire. [Tu n'es pas encore marié.]
Estás casado. Tu es marié. [Tu n'es pas / plus célibataire.]
Estás viuda. Tu es veuve. [Tu as perdu ton mari.]

SER + PARTICIPE PASSÉ = PASSIF	ESTAR + PARTICIPE PASSÉ OU ADJECTIF = RÉSULTAT DE L'ACTION PRÉCÉDENTE
La ventana fue abierta dos veces. La fenêtre a été ouverte deux fois. Fue fijado. Il a été fixé. Fue enjugado. Il a été séché. Fue prendido. Il a été arrêté. Fue soltado. Il a été relâché.	La ventana está abierta. La fenêtre est ouverte. Está fijo. Il est bien fixe. Está enjuto. Il est sec. Está preso. Il est prisonnier. Está suelto. Il est libre.

• **Estar** peut être remplacé par d'autres verbes :

– **hallarse, encontrarse** (se trouver), qui insistent sur l'idée de permanence.

*Hace dos semanas que **se halla (se encuentra)** enferma.*
Cela fait deux semaines qu'elle est malade.

– **ir** (aller), **venir** (venir), **andar** (marcher), qui expriment la mobilité.

***Iba** vestida toda de blanco.* Elle était habillée tout en blanc.
*Se le veía en la cara que **venía** cansada o **andaba** preocupada.*
On voyait sur son visage qu'elle était fatiguée ou soucieuse.

– **seguir** (suivre), pour marquer la continuité.

*Me han dicho que Fulano **sigue** preso.*
On m'a dit qu'Untel est toujours prisonnier.

• **Estar** peut aussi être remplacé par des verbes qui précisent la notion d'évolution, de devenir de l'attribut :

– **ponerse,** si l'évolution n'est pas fondamentale.

***Se puso** colorado, furioso.* Il est devenu tout rouge, furieux.

– **volverse,** si le changement est radical.

***Se volvió** loco (enloqueció).* Il est devenu fou.

– **hacerse,** pour exprimer une transformation volontaire.

***Te harás** rico trabajando así.* Tu deviendras riche en travaillant ainsi.

– **resultar** (être finalement), **quedarse** (rester), pour insister sur le résultat final.

*En este terremoto once aldeanos **resultaron** heridos y quince muertos.*
Dans ce tremblement de terre, onze villageois ont été blessés et quinze tués.
*De repente la calle **se quedó** vacía.* Soudain la rue se trouva déserte.

B Le verbe copulatif est suivi d'un groupe nominal (ou équivalent).

Dans ce cas, on emploie toujours **ser,** jamais *estar.* **Ser** marque :

– l'identité.

*Quito **es** la capital de Ecuador.* Quito est la capitale de l'Equateur.

– l'appartenance à une catégorie.

El murciélago es un mamífero. La chauve-souris est un mammifère.

– la similitude.

En ese valle todo era paz y sosiego. Dans cette vallée, tout était paix et tranquillité.

• On emploie toujours *ser* avec les substituts du groupe nominal (pronom personnel, démonstratif, possessif, numéral, indéfini) ou des équivalents (verbe infinitif, proposition complétive).

Es ella. C'est elle.   *Fueron éstos.* Ce furent eux.

Éramos cinco. Nous étions cinq.   *Serán muchas.* Elles seront beaucoup.

Lo mejor es salir. Le mieux c'est de sortir.

La solución más económica es que alquiles un coche.
La solution la plus économique est que tu loues une voiture.

• *Ser* peut être remplacé par des verbes qui renforcent son sens d'identité comme *constituir* (constituer), *representar* (représenter), *llamarse* (s'appeler).

Sus años constituyen / representan [= son] un obstáculo.
Son âge constitue / représente [= est] un obstacle.

Eso se llama [= es] lisonja. Cela s'appelle [= est] de la flatterie.

• *Ser* est remplacé par :

– volverse (devenir) pour exprimer une notion d'évolution.

– hacerse (se faire), si le changement est volontaire.

Ahora que te has vuelto un hombre, no te hagas el tonto.
Maintenant que tu es devenu un homme, ne fais pas l'idiot.

C **Le verbe copulatif est suivi d'une préposition + groupe nominal**.

Dans ce cas, *ser* et *estar* sont possibles.

• **Si le prédicat donne une indication de lieu**, *ser* exprime l'origine, *estar* une localisation.

Los tres estudiantes Erasmus son de Córdoba.
Les trois étudiants Erasmus sont de Cordoue.

Están en el pasillo. Ils sont dans le couloir.

On emploie *ser* pour exprimer l'endroit où se déroule un événement.

La escena es en Sevilla. La scène est à Séville. [indication scénique]

Comparez :

– ¿Dónde es la reunión? – Creo que es en el edificio G.
– Où se tient la réunion ? – Je crois que c'est au bâtiment G.
[Dans ce cas, *ser* peut être remplacé par *realizarse* (se tenir), *celebrarse* (se dérouler), *tener lugar* (avoir lieu…).]

*– ¿Dónde **está** la sala G 611? – Creo que **está** en el sexto piso de este edificio.*
– Où est la salle G 611 ? – Je crois qu'elle se trouve au sixième étage de ce bâtiment.
[Dans ce cas (localisation), ***estar*** peut être remplacé par *encontrarse* (se trouver).]

• **Si le prédicat donne une indication de temps,** on emploie ***estar***, si la phrase est personnelle.

Estamos *en otoño, a 27 de septiembre.*
Nous sommes en automne, le 27 septembre.

On emploie ***ser***, si la phrase est impersonnelle (mais sans préposition).

*Hoy **es** el 20 de marzo ; es la primavera.*
Aujourd'hui, c'est le 20 mars ; c'est le printemps.

• **Si le prédicat indique une notion autre que le lieu ou le temps :**

– on emploie ***ser*** pour exprimer l'appartenance, la destination, la matière, la catégorie ;

*Este poema **es** de Antonio Machado.* Ce poème est d'Antonio Machado.
*Las dos entradas **son** para ti.* Les deux billets sont pour toi.
*Esta mesa **es** de pino.* Cette table est en bois blanc.
*Esta fachada **es** de estilo barroco.* Cette façade est de style baroque.

– on emploie ***estar*** pour exprimer l'attitude physique ou morale, une situation circonstancielle.

*¿Ves al chico que **está** de pie allí? **Está** de acuerdo para ayudarnos.*
Tu vois le garçon qui est debout là-bas ? Il est d'accord pour nous aider.
*El portero **está** de vacaciones, de veraneo en Santander.*
Le concierge est en vacances, en villégiature à Santander.

┃LES VERBES PRÉDICATIFS

Les verbes prédicatifs peuvent être suivis ou non de compléments. On appelle « essentiels » les compléments qui dépendent directement du verbe (avec ou sans préposition) et se distinguent ainsi des compléments circonstanciels.

*Tendrás que prescindir **de mi ayuda** para la fiesta del domingo.*
Tu devras te passer de mon aide pour la fête de dimanche.
*Entramos **en la cueva** a las cinco de la madrugada.*
Nous sommes entrés dans la grotte à cinq heures du matin.

A **Les verbes intransitifs** s'emploient sans compléments essentiels.

***Ardió** toda la casa.* Toute la maison a brûlé.
*El perro **ladraba**, mientras **maullaba** el gato.*
Le chien aboyait, tandis que le chat miaulait.
*Siempre está **comiendo**, pero no **engorda**.*
Il / Elle est toujours en train de manger mais il / elle ne grossit pas.

Certains verbes sont toujours intransitifs, comme *arder*, *ladrar*, *maullar*, *engordar*. D'autres comme *comer*, qui peuvent être suivis d'un complément, peuvent aussi être employés comme intransitifs, c'est-à-dire sans complément.

B **Les verbes transitifs** sont suivis d'un ou de plusieurs compléments essentiels. Ils se construisent de trois façons.

• v**erbe + complément essentiel appelé COD** (complément d'objet direct). Dans ce cas :

```
groupe verbal = verbe + (a) groupe nominal
```

*Ya no **come** carne de vaca.* Il ne mange plus de viande de bœuf.
*Los enemigos **quemaron** unas casas.* Les ennemis brûlèrent quelques maisons.

• En espagnol, les COD de personnes déterminées ou de choses personnifiées sont précédés de la préposition *a* (voir p. 246).

• Le pronom personnel substitut n'est pas le même pour un complément d'objet direct et pour un complément d'objet indirect.
*Divisaba **a** mi madre a lo lejos. **La** divisaba.*
J'apercevais ma mère au loin. Je l'apercevais.
*Hablaba **a** mi madre desde lejos. **Le** hablaba.*
Je parlais à ma mère de loin. Je lui parlais.

• Les verbes **réfléchis** ont un COD identique au sujet.
*Yo **me he quemado** con una cerilla.* [verbe réfléchi]
Moi, je me suis brûlé/e avec une allumette.

• Avec un verbe **réciproque**, les deux personnes sont tour à tour sujet et COD.
*Ellas **se odiaban** sin razón.* Elles se haïssaient sans raison.

Un verbe réfléchi en espagnol peut être intransitif en français et vice versa.
*No **me** muevo de aquí.* Je ne bouge pas d'ici.
Me atreveré a confesarle la verdad. J'oserai lui avouer la vérité.
Riñen a menudo. Ils **se** querellent souvent.

• **verbe + complément essentiel précédé d'une préposition** liée au verbe, appelé COI (complément d'objet indirect). Dans ce cas :

```
groupe verbal = verbe + préposition + groupe nominal (ou infinitif)
```

*No **obedece a** sus padres, poco **piensa en** su carrera y **sueña con** las vacaciones, **con** viajar por el mundo. De momento **vive en** Cádiz.*
Il / Elle n'obéit pas à ses parents, pense peu à ses études et rêve aux vacances, et à voyager à travers le monde. Pour le moment, il / elle habite à Cadix.

• **verbe + deux compléments essentiels**, l'un direct (COD), l'autre indirect (COI). Dans ce cas :

> groupe verbal = verbe + groupe nominal + prép. + groupe nominal

*Sofía **ofreció tulipanes a su madre**.* Sophie offrit des tulipes à sa mère.

C Les verbes impersonnels.

• Les verbes qui expriment des **conditions atmosphériques** ont la particularité de ne pas avoir de sujet. Ils s'emploient à la 3ᵉ personne du singulier et sont intransitifs.

Llueve, graniza, truena, relampaguea, ventea, pero no nieva ni hiela.
Il pleut, il grêle, il tonne, il y a des éclairs, il vente mais il ne neige ni ne gèle.

Cependant dans des expressions, ou dans un sens abstrait, le verbe *llover* peut avoir un sujet au pluriel.

Llueven chuzos. / Caen chuzos de punta. [*un chuzo* : un bâton à bout ferré]
Il pleut des hallebardes, des cordes.

• **Les locutions impersonnelles**.
Le présentateur « il y a » (*hay*), « il y avait » (*había*), « il y eut » (*hubo*), « il y aura » (*habrá*), « il y aurait » (*habría*)… est invariable en nombre en espagnol comme en français.

*La semana pasada **hubo** dos incendios el mismo día.*
Le semaine dernière, il y a eu deux incendies le même jour.
*En el estadio **había** muchos hinchas de los dos equipos.*
Dans le stade, il y avait beaucoup de supporters des deux équipes.

En revanche, les équivalents de « **il manque** », « **il faut** » et les **verbes d'existence** (il existe, il arrive…) ne sont pas impersonnels en espagnol. Ils s'accordent avec le sujet réel qui se place après le verbe.

***Faltan** tres toallas.* [mot à mot : trois serviettes de bain manquent]
Il manque trois serviettes de bain.
***Hacen** falta dos camas.* [mot à mot : deux lits font défaut]
Il manque deux lits.
***Existen** hojas de reclamaciones a disposición del cliente.*
Il existe (il y a) des feuilles de réclamations à la disposition des clients.
***Ocurren** allí cosas muy extrañas.*
Il se passe là-bas des choses très étranges.

2 Les formes du verbe

Pour commencer

Le verbe est formé d'un radical qui lui donne son sens et d'une terminaison ou désinence, variable et riche en significations grammaticales.

Pour commencer

1 La formation du radical

Du point de vue de la forme, le radical d'un verbe peut être :

• **primaire :**

comer : manger	*beber* : boire	*lavar* : laver
leer : lire	*decir* : dire	*pensar* : penser

• **dérivé d'un nom :**

ojo (œil) ► *ojear* : jeter un coup d'œil
carta (lettre) ► *cartear* : correspondre
canal (canal) ► *canalizar* : canaliser
cristal (vitre, verre, cristal) ► *cristalizar* : cristalliser
cruz (croix) ► *crucificar* : crucifier
paz (paix) ► *apaciguar* : apaiser
resplandor (splendeur) ► *resplandecer* : resplendir

• **dérivé d'un adjectif :**

cojo (boiteux) ► *cojear* : boiter
escaso (rare) ► *escasear* : manquer, se faire rare
puro (pur) ► *purificar* : purifier

fuerte (fort) ► fort**ific**ar : fortifier
suave (doux) ► suav**iz**ar : adoucir
fértil (fertil) ► fertil**iz**ar : fertiliser
pobre (pauvre) ► **empob**recer : apauvrir
tierno (tendre) ► **enter**necer : attendrir

• **dérivé d'un autre verbe**
decir (dire) ► **mal**decir (maudir), **ben**decir (bénir), **contra**decir (contredire), **des**decir (détonner)
probar (essayer, goûter, prouver) ► **com**probar (vérifier), **re**probar (réprouver)
atar (attacher) ► **des**atar (détacher, déchaîner)
tender (tendre) ► **ex**tender (étendre)
ver (voir) ► **pre**ver (prévoir)
seguir (suivre) ► **pro**seguir (continuer), **per**seguir (poursuivre)
salir (sortir, partir) ► **sobre**salir (ressortir, dépasser, se distinguer)
dividir (diviser) ► **sub**dividir (subdiviser)
correr (courir) ► **so**correr (secourir)
reír (rire) ► **son**reír (sourire)
poner (mettre) ► **ante**poner (antéposer), **de**poner (déposer), **dis**poner (disposer), **im**poner (imposer), **ex**poner (exposer), **pro**poner (proposer), **pos**poner (postposer), **re**poner (remplacer, remettre), **super**poner / **sobre**poner (superposer), **su**poner (supposer), **tras**poner (transposer)

2 La terminaison

Les verbes se classent en trois conjugaisons suivant la voyelle qui précède le **r** de l'infinitif et qu'on appelle **voyelle thématique** :
-ar (1re conjugaison), **-er** (2e conjugaison), **-ir** (3e conjugaison), mais la 2e et la 3e conjugaisons ont peu de formes différentes.

Aux formes conjuguées, la terminaison d'un verbe comporte plusieurs morphèmes grammaticaux (marques grammaticales) :
– celui qui marque l'accord obligatoire en **personne** et en **nombre** avec le sujet de la phrase ;
– ceux qui traduisent le choix par le locuteur de la **voix** (active, passive ou pronominale), du **mode**, du **temps** et de l'**aspect**.
Parfois certains de ces morphèmes sont distincts, parfois ils sont confondus.

---

cantasen (qu'ils / elles chantassent)
► [**cant-** = radical] + [**-a-** = voyelle thématique de 1re conjugaison] + [**-se-** = subjonctif imparfait (mode et temps)] + [**-n** = 3^e personne du pluriel (personne et nombre)]

Par contre, la terminaison **-o** correspond à la première personne du singulier de l'indicatif présent, à la voix active de presque tous les verbes.

salto : je saute   *corro* : je cours   *subo* : je monte   *hago* : je fais

LA PERSONNE ET LE NOMBRE

A **L'accord sujet / verbe.**

Le verbe s'accorde avec le sujet, selon six possibilités :

1. 1ʳᵉ personne du singulier ► le sujet est le locuteur (*yo* = je).

2. 2ᵉ personne du singulier ► le sujet est l'interlocuteur (*tú* = tu).

3. 3ᵉ personne du singulier ► le sujet est une personne ou une chose autre que le locuteur ou l'interlocuteur (*él* = il, *ella* = elle) ;
 ► le sujet est l'interlocuteur à qui le locuteur dit *usted* (vous) [équivalent du vouvoiement au singulier].

4. 1ʳᵉ personne du pluriel ► le sujet est le locuteur + une ou plusieurs autres personnes, interlocuteur(s) ou non (*nosotros, nosotras* = nous = *yo* + *tú, yo* + *usted, yo* + *él, yo* + *ella, yo* + *tú* + *tú, yo* + *tú* + *usted, yo* + *tú* + *él* / *ella...*)

5. 2ᵉ personne du pluriel ► le sujet est constitué d'au moins deux interlocuteurs que le locuteur tutoie (*vosotros, vosotras* = vous = *tú* + *tú, tú* + *tú* + *tú...*).

6. 3ᵉ personne du pluriel ► le sujet est constitué d'au moins deux personnes ou deux choses autres que le locuteur ou l'interlocuteur (*ellos* = ils, *ellas* = elles) ;
 ► le sujet est constitué d'au moins deux interlocuteurs à qui le locuteur dit *ustedes* (vous) [équivalent du vouvoiement au pluriel].

B **Les marques de la personne.**

Les marques de personne, placées à la fin de la forme verbale, sont les suivantes :

1ʳᵉ personne du singulier ► **ø** sauf à trois temps simples :
présent (**-o**), passé simple (**-é** / **-í**), futur de l'indicatif (**-r + -é**).

saltaba : je sautais   *saltaría* : je sauterais
salte : que je saute   *saltase / saltara* : que je sautasse

2ᵉ personne du singulier ► **-s** sauf au passé simple (**-ste**).
saltas : tu sautes   *saltabas* : tu sautais
saltarás : tu sauteras   *saltarías* : tu sauterais
saltes : que tu sautes   *saltases / saltaras* : que tu sautasses

3e personne du singulier ► ø sauf au passé simple (**-ó**).

salta : il / elle saute   *saltaba* : il / elle sautait
saltará : il / elle sautera   *saltaría* : il / elle sauterait
salte : qu'il / elle saute   *saltase / saltara* : qu'il / elle sautât

1re personne du pluriel ► **-mos**

*salta**mos*** : nous sautons
*saltá**bamos*** : nous sautions   *salta**mos*** : nous sautâmes
*saltare**mos*** : nous sauterons   *saltaría**mos*** : nous sauterions
*salte**mos*** : que nous sautions   *saltáse**mos** / saltára**mos*** : que nous sautassions

2e personne du pluriel ► **-is**

*saltá**is*** : vous sautez
*saltaba**is*** : vous sautiez   *saltaste**is*** : vous sautâtes
*saltaré**is*** : vous sauterez   *saltaría**is*** : vous sauteriez
*salté**is*** : que vous sautiez   *saltase**is** / saltara**is*** : que vous sautassiez

3e personne du pluriel ► **-n**

*salta**n*** : ils / elles sautent
*saltaba**n*** : ils / elle sautaient   *saltaro**n*** : ils / elles sautèrent
*saltará**n*** : ils / elles sauteront   *saltaría**n*** : ils / elles sauteraient
*salte**n*** : qu'ils / elles sautent   *saltase**n** / saltara**n*** : qu'ils/elles sautassent

La 1re et la 3e personnes ne sont différentes, pour les formes simples, qu'à trois temps de l'indicatif.

---

présent ► *lavo / lava* : je lave / il/elle lave
              bebo / bebe : je bois / il/elle boit
              vivo / vive : je vis / il/elle vit
passé simple ► *lavé / lavó* : je lavai / il/elle lava
              bebí / bebió : je bus / il/elle but
              viví / vivió : je vécus / il/elle vécut
futur ► *lavaré / lavará* : je laverai / il/elle lavera
              beberé / beberá : je boirai / il/elle boira
              viviré / vivirá : je vivrai / il/elle vivra

| LA VOIX

La voix est la façon dont le sujet du verbe participe à ce qui est exprimé. Il y a deux possibilités : ou le sujet réalise l'action ou il la subit. Mais il y a trois constructions verbales possibles, donc trois voix.

A **À la voix active**, le **sujet** du verbe est **agent**, c'est lui qui réalise l'action ; ce ou celui qui subit l'action est COD (complément d'objet direct).
*Emi **compró** dos pisos en Madrid.* Emi a acheté deux appartements à Madrid.
*Un taxi **atropelló** a mi prima.* Un taxi a renversé ma cousine.

B **À la voix passive**, le **sujet** du verbe subit l'action, il est **patient** ; celui ou ce qui réalise l'action est complément d'agent précédé de la préposition *por*.

*Estos dos pisos **fueron comprados** por Emi.* Ces deux appartements ont été achetés par Emi.

*Mi prima **fue atropellada** por un taxi.* Ma cousine a été renversée par un taxi.

La voix passive se forme à l'aide de l'auxilliaire *ser* au mode et au temps voulus, suivi du participe passé accordé en genre et en nombre avec le sujet.

Dans *fueron comprados*, l'auxiliaire *ser (fueron)* s'accorde en nombre avec *dos pisos* (3e personne du pluriel) et le participe passé (*comprados*) en genre et en nombre (masculin, pluriel) avec *dos pisos*.

Dans *fue atropellada*, l'auxiliaire *ser (fue)* s'accorde en nombre avec *mi prima* (3e personne du singulier) et le participe passé *(atropellada)* en genre et en nombre (féminin, singulier) avec *mi prima.*

La voix passive n'est possible qu'avec les verbes **transitifs** qui admettent un COD à la voix active. Ce COD devient sujet du verbe passif ; le sujet du verbe actif devient complément d'agent précédé de la préposition *por* (par).

C **À la voix pronominale**, le sujet du verbe subit l'action, mais le verbe est à la forme active précédé du pronom *se* et toujours avant son sujet grammatical ; il n'y a pas d'agent exprimé.

*Se **venden** pisos.* On vend des appartements. [appartements à vendre]

Les appartements mis en vente subissent l'action (patients). Le vendeur (agent) n'est pas exprimé.

Le français emploie « on », comme sujet impersonnel ; « des appartements » est complément d'objet direct (COD) du verbe « vend ».

En espagnol, *pisos* (des appartements) est le sujet grammatical du verbe *venden* (3e personne du pluriel) ; le verbe est précédé du pronom *se* et suivi de son sujet.

Comparez :

*Ayer **se vendieron** muchos pisos.* [voix pronominale : *se* + verbe + sujet]
Hier, beaucoup d'appartements se sont vendus. / Hier, on a vendu beaucoup d'appartements.

et

*Ayer muchos pisos **fueron vendidos**.* [voix passive : sujet + *ser* + verbe au participe passé accordé]
Hier, beaucoup d'appartements ont été vendus.

Le sens des deux phrases est le même, mais la voix pronominale accentue le dynamisme de l'action.

| LE MODE

Le mode reflète l'attitude du locuteur face au degré de réalisation supposé de ce qu'exprime le verbe. Il y a en espagnol trois modes personnels (l'indicatif, le subjonctif et l'impératif) et un mode non personnel appelé infinitif ou quasi-nominal.

A **Le mode indicatif** est le mode de la réalisation, **le mode subjonctif** celui de la non réalisation immédiate (souhait, hypothèse, doute...).

Pedro no **vendrá** *mañana.* Pierre ne viendra pas demain.
[*vendrá* est un futur de l'indicatif, on donne une information (réalisation future présentée comme certaine, dans ce cas d'une action négative)]

¡Ojalá **venga** *Pedro mañana!* Pourvu que Pierre vienne demain !
[*venga* est un présent du subjonctif, il exprime un souhait (non réalisation immédiate, réalisation présentée comme hypothétique, voire douteuse)]

► Pour l'emploi des modes et des temps, voir p. 214.

B **Le conditionnel** est présenté par certains comme un mode. En fait, il a deux emplois distincts : il est **tantôt un temps** (futur du passé), **tantôt un mode** intermédiaire entre l'indicatif et le subjonctif puisqu'il sert à exprimer la réalisation éventuelle ou irréelle, liée à une condition.

• Valeur temporelle du conditionnel.

Sé que vendrá. Je sais qu'il viendra.
[*vendrá* (il viendra) est un futur par rapport au présent *sé* (je sais) ; on emploie le futur]

Yo sabía que **vendría.** (= que iba a venir)
Je savais qu'il viendrait. (= qu'il allait venir)
[*vendría* (il viendrait) est un futur par rapport à l'imparfait *yo sabía* (je savais), c'est un futur du passé ; dans ce cas, on emploie en espagnol comme en français le conditionnel, qui a une valeur temporelle dans le mode indicatif]

• Valeur modale du conditionnel.

Iría si vinieras conmigo. J'irais si tu venais avec moi.
[*iría* (j'irais) se réaliserait à une condition, *si vinieras conmigo* (si tu venais avec moi) ; le conditionnel *iría* a dans cette phrase une valeur modale]

C **Le futur** est toujours considéré en français comme un temps de l'indicatif. Mais en espagnol, le futur a, comme le conditionnel, deux emplois distincts : **tantôt il est un temps de l'indicatif** qui exprime quelque chose qui va se réaliser dans l'avenir, **tantôt il a une valeur modale**, il exprime alors une supposition dans le présent (c'est le futur hypothétique).

• Valeur temporelle du futur.

Mañana Pedro estará en Madrid. Demain Pierre sera à Madrid.
[*estará* (sera) exprime un état qui se réalisera le lendemain (*mañana*)]

• Valeur modale du futur

Pedro no está, estará en Madrid. Pierre n'est pas là, il doit être à Madrid.
[*estará* (doit être) exprime une hypothèse s'appliquant au présent]

Cet emploi modal existe en français, mais uniquement avec le futur antérieur, qui se traduit en espagnol également par un futur antérieur.

Pierre est en retard, il **aura raté** son train. [hypothèse s'appliquant au passé]
Pedro tiene retraso, habrá perdido el tren.

Bien que la valeur générale des modes indicatif et subjonctif soit la même en espagnol et en français, il existe des différences d'emploi qui seront détaillées plus loin (voir p. 214).

D **Le mode impératif** est un mode de parole. Il est employé pour donner un ordre positif à l'interlocuteur.
Pedro, ven mañana. Pierre, viens demain.

Pour donner un **ordre négatif**, on emploie le **subjonctif présent**, précédé de *no*.

Pedro, no vengas mañana. (= *Pedro, [ordeno que] no vengas mañana.*)
Pierre, ne viens pas demain. (= Pierre, j'ordonne que tu ne viennes pas demain.)

E **Le mode non personnel**, appelé ainsi parce que les terminaisons n'y varient pas selon les personnes, comporte trois formes :

– **l'infinitif**, formé du radical + voyelle thématique + *-r* ;

saltar = *salt-a-r* (sauter)
correr = *corr-e-r* (courir)
subir = *sub-i-r* (monter)

– **le gérondif**, formé du radical +*-a* / *-ie* + *-ndo* ;

saltando = *salt-a-ndo* (en sautant)
corriendo = *corr-ie-ndo* (en courant)
subiendo = *sub-ie-ndo* (en montant)

– **le participe passé**, formé du radical + *-a* / *-i* + *-do*

saltado = *salt-a-do* (sauté)
corrido = *corr-i-do* (couru)
subido = *sub-i-do* (monté)

• L'infinitif, le gérondif et le participe passé ne portent ni marques de personne, ni marques de temps ; elles sont donc applicables à toutes les personnes et à tous les temps.

• Ces trois formes se distinguent sur le plan de l'aspect, c'est-à-dire du déroulement de l'action ou de l'état exprimés par le verbe (voir p. 154).

– **L'infinitif** se situe avant le déroulement de ce qu'exprime le verbe. L'action n'est pas encore engagée.

Correr no es un problema para él / para mí...
Courir n'est pas un problème pour lui / pour moi...

– **Le gérondif** se situe pendant le déroulement. Il exprime donc une action ou un état en train de se dérouler (aspect imperfectif).

Caminando, pensábamos / pensabas... en lo que había ocurrido.
Tout en marchant, nous pensions / tu pensais... à ce qui était arrivé.

– **Le participe passé** se situe après le déroulement. Il exprime une action achevée, un état terminé (aspect perfectif).

Lavados, son más bonitos. Une fois lavés, ils sont plus jolis.

LE TEMPS

Le temps grammatical indique le moment où se situe ce qu'exprime le verbe par rapport au moment que le locuteur choisit comme présent. Chaque action ou état est situé dans le présent, dans le passé ou dans le futur.

*Esta semana **hace** buen tiempo.* Cette semaine il fait beau.
[Dans cette phrase, le présent n'est pas limité au moment où le locuteur donne cette information, mais s'étend sur toute la semaine.]
*La semana pasada no **llovió**. ¿**Lloverá** la semana próxima?*
La semaine dernière, il n'a pas plu. Pleuvra-t-il la semaine prochaine ?

A Indicatif et subjonctif : temps simples.

À l'indicatif, qui est le mode de la réalisation, les distinctions temporelles sont plus nombreuses qu'au subjonctif, le mode de la non réalisation, où cette notion est plus floue.

A l'**indicatif,** il y a cinq formes simples de temps grammaticaux : **présent, imparfait, passé simple, futur** et **conditionnel.**

Au **subjonctif,** il y a quatre formes simples de temps grammaticaux, dont trois usuelles : **présent** et **deux imparfaits** (l'un terminé en **-se,** l'autre en **-ra**) et une peu usitée, le futur.

Le **futur** du subjonctif n'est plus utilisé en dehors de la langue juridique et d'expressions toutes faites comme :
*sea lo que **fuere*** ► *sea lo que sea* (quoi qu'il en soit), *venga lo que **viniere*** ► *venga lo que venga* (quoi qu'il advienne).

Nomenclature des temps simples

Nous présentons ici, à côté de la nomenclature française, deux nomenclatures espagnoles.

> – nomenclature française ;
> – **nomenclature de l'Académie espagnole** (*Esbozo de una Nueva Gramática de la Lengua Española,* 1996) ;
> – *nomenclature du grammairien Bello, en usage dans certains pays d'Amérique hispanique.*

	PASSÉ	PRÉSENT	FUTUR
	temps	temps	temps
Indicatif	imparfait ***pretérito imperfecto*** *copretérito*	présent ***presente*** *presente*	futur ***futuro*** *futuro*
	passé simple ***pretérito perfecto simple*** *pretérito*		conditionnel ***condicional*** *pospretérito*
Subjonctif	imparfait ***pretérito imperfecto*** *pretérito*	présent ***presente*** *presente*	***(futuro)*** *(futuro)*

B **Indicatif et subjonctif : temps composés.**

Chaque temps grammatical simple est doublé par une forme composée, formée avec l'auxiliaire *haber* conjugué, suivi du participe passé du verbe. Ce participe passé est invariable et inséparable de l'auxiliaire.

Tes cartes postales, je les **ai déjà** reç**ues**.
*Tus tarjetas postales, **ya** las **he** recibid**o**.*

Les temps composés ont une double valeur :

– **ils marquent l'antériorité** dans le temps par rapport aux temps simples correspondants ;

– ils signifient que l'action ou l'état exprimé par le verbe est **achevé** (aspect perfectif du participe passé).

Mode indicatif

TEMPS SIMPLES	TEMPS COMPOSÉS
présent (je saute) ***presente :*** ***salto*** *presente*	passé composé (j'ai sauté) ***pretérito perfecto compuesto:*** ***he saltado*** *antepresente*
imparfait (je sautais) ***pretérito imperfecto :*** ***saltaba*** *copretérito*	plus-que-parfait (j'avais sauté) ***pretérito pluscuamperfecto:*** ***había saltado*** *antecopretérito*
passé simple (je sautai) ***pretérito perfecto simple :*** *salté* *pretérito*	passé antérieur (j'eus sauté) ***pretérito anterior: hube saltado*** *antepretérito*
futur (je sauterai) ***futuro : saltaré*** *futuro*	futur antérieur (j'aurai sauté) ***futuro perfecto: habré saltado*** *antefuturo*
conditionnel (je sauterais) ***condicional : saltaría*** *pospretérito*	conditionnel passé (j'aurais sauté) ***condicional perfecto: habría saltado*** *antepospretérito*

Mode subjonctif

TEMPS SIMPLES	TEMPS COMPOSÉS
présent (que je saute) ***presente : salte*** *presente*	passé (que j'aie sauté) ***pretérito perfecto : haya saltado*** *antepresente*
imparfait (que je sautasse) ***pretérito imperfecto :*** ***saltase / saltara*** *pretérito*	plus-que-parfait (que j'eusse sauté) ***pretérito pluscuamperfecto :*** ***hubiese saltado / hubiera saltado*** *antepretérito*
futuro : saltare *futuro*	***futuro perfecto : hubiere saltado*** *antefuturo*

► Pour l'emploi des modes et des temps, voir p. 214.

• La terminologie de l'Académie espagnole de la Langue insiste sur l'aspect perfectif des temps composés, en employant *perfecto*, plus que sur l'antériorité dans le temps. *Le pretérito anterior* est la seule forme composée ainsi désignée, car le temps simple correspondant, le passé simple, est lui-même d'aspect perfectif (*pretérito perfecto simple*).

• La terminologie de Bello repose exclusivement sur la notion d'antériorité des temps composés, de même que sur les relations de temps entre les temps simples. Par exemple *pretérito* (passé simple) et *copretérito* (imparfait) indiquent seulement qu'il s'agit de deux temps du passé.

• En employant *pretérito perfecto simple* (pour « passé simple ») et *pretérito imperfecto* (pour « imparfait »), l'Académie donne à la fois la caractéristique temporelle commune aux deux temps (*pretérito*) et leur différence sur le plan de l'aspect :
– *perfecto* = *perfectif* (terminé) pour le passé simple ;
– *imperfecto* = *imperfectif* (inachevé) pour l'imparfait.
La troisième indication *simple* oppose le passé simple au passé composé : *pretérito perfecto compuesto*.
On utilisera donc, désormais, pour désigner les temps, la terminologie de l'Académie, à la fois riche et précise.

► Pour les différences d'emploi du passé simple et du passé composé de l'indicatif, en espagnol et en français, voir p. 222.

► Pour l'emploi des deux imparfaits du subjonctif, voir p. 226.

C **Le mode impératif** a un présent avec cinq formes :

– deux formes spécifiques (la 2ᵉ personne du singulier et la 2ᵉ personne du pluriel) ;

salta (saute) : forme de la 2ᵉ personne du singulier du présent de l'indicatif moins le **-s**.

saltad (sautez) : on remplace le **-r** de l'infinitif par un **-d**

– trois formes empruntées au subjonctif présent (1ʳᵉ personne du pluriel, 3ᵉ personne du singulier (*usted*) et du pluriel (*ustedes*), pour les équivalents du vouvoiement de politesse).

saltemos (sautons), ***salte*** V^d (sautez), ***salten*** V^{des} (sautez)
[*usted* et *ustedes* sont facultatifs]

La forme composée de l'impératif français, qui marque l'antériorité temporelle et l'aspect perfectif, n'existe pas en espagnol. Pour le traduire, on emploie soit l'infinitif passé à valeur d'impératif, soit une périphrase avec un verbe de volonté (*querer* = vouloir, *exigir* = exiger…) suivi de *que* et du subjonctif passé (*pretérito perfecto del subjuntivo*).

Aie tout mangé quand je reviendrai !
Haberlo ***comido*** *todo cuando yo vuelva.* [infinitif passé]

Quiero que lo hayas comido todo cuando yo vuelva.
Je veux que tu aies tout mangé, quand je reviendrai.

D Les formes du **mode non personnel** (infinitif, gérondif, participe passé) sont applicables à tous les temps.

• *Es bastante fácil **adivinar** tu secreto.* Il est assez facile de deviner ton secret.
*Era bastante fácil **adivinar** tu secreto.* Il était assez facile de deviner ton secret.
*Será bastante fácil **adivinar** tu secreto.* Il sera assez facile de deviner ton secret.

• *Siempre camino **cantando**.* Je marche toujours en chantant.
*Siempre caminaba **cantando**.* Je marchais toujours en chantant.
*Siempre caminaré **cantando**.* Je marcherai toujours en chantant.

• ***Puestas** al tanto, **buscaron** una solución.* Une fois mises au courant, elles cherchèrent une solution.
***Puestas** al tanto, **buscan** una solución.* Après avoir été mises au courant, elles cherchent une solution.
***Puestas** al tanto, **buscarán** una solución.* Une fois mises au courant, elles chercheront une solution.

L'ASPECT

L'aspect verbal correspond au caractère de l'événement considéré dans son développement. C'est la manière dont l'action se situe dans la durée ou dans les parties de la durée (début ou fin d'un événement).

Il est présent dans les temps grammaticaux et dans le sens du radical des verbes. Il peut aussi s'exprimer à l'aide de périphrases verbales ou d'adverbes.

A **L'aspect dans les temps grammaticaux.**

• L'opposition entre l'aspect imperfectif d'un événement en cours dont on n'envisage ni le début ni la fin, et l'aspect perfectif d'un événement antérieur, donc achevé, se traduit par l'opposition temps simples / temps composés. En effet, les temps composés ont un aspect perfectif dû au participe passé.

*Cuando Isabel volvía a casa, Carlos **había preparado** la cena.*
Quand Isabelle rentrait à la maison, Carlos avait préparé le dîner.
[Le plus-que-parfait *había preparado* (avait préparé) exprime une action achevée (aspect perfectif) quand se produit *volvía* (revenait) à l'imparfait.]

• Parmi les temps simples, le présent et l'imparfait sont imperfectifs, le passé simple est perfectif. C'est cette opposition aspect imperfectif / aspect perfectif qui différencie les deux temps simples du passé (voir p. 222).

*Ayer **escribí** tres cartas mientras **dormías**.*
Hier, j'ai écrit trois lettres pendant que tu dormais.

• Le passé simple *(pretérito **perfecto** simple)* et le passé composé *(pretérito **perfecto** compuesto)* sont, comme l'indique la terminologie de l'Académie espagnole, des temps perfectifs. Cependant ils ne sont pas équivalents.

► Pour l'opposition passé simple / passé composé, voir p. 222.

B **L'aspect verbal dans le sens du verbe.**

Certains verbes ont un **sens perfectif** comme *saltar* (sauter) ou *disparar* (tirer un coup de feu), car l'événement est instantané. Ils peuvent s'employer à des temps imperfectifs, comme le présent et l'imparfait de l'indicatif. Dans ce cas, ils expriment la répétition, qui fait durer l'action instantanée.

saltas (tu sautes) / *saltabas* (tu sautais) supposent plusieurs sauts.

disparas (tu tires) / *disparabas* (tu tirais) supposent plusieurs coups de feu.

De même, des verbes à **sens imperfectif** comme *dormir* (dormir), *leer* (lire) peuvent être employés à un temps perfectif comme le passé simple. Dans ce cas, ils marquent que l'événement est complètement terminé dans le présent, même s'il a duré un certain temps.

***Dormí** dos horas seguidas.* J'ai dormi deux heures de suite.

C **L'aspect verbal dans les périphrases verbales.**

Le déroulement de l'événement (entrée dans l'action, répétition, progression, continuité…) peut être précisé à l'aide de verbes semi-auxiliaires suivis de l'infinitif, du gérondif ou du participe passé (voir p. 207).

***Acabo de** llegar.* [infinitif] Je viens d'arriver.

***Sigo** pensando en nuestro proyecto.* [gérondif] Je continue à penser à notre projet.

***Quedó** arruinado.* [participe passé] Finalement il a été ruiné.

D **L'aspect verbal exprimé par des adverbes.**

L'aspect verbal peut être marqué non seulement par le verbe mais par certains adverbes :

– **pour exprimer la répétition** (adverbes *otra vez, de nuevo* = semi-auxiliaire *volver a* + infinitif).

*Lo leeré **otra vez** / **de nuevo**. = Lo **volveré a** leer.*
Je le lirai à nouveau. / Je le relirai.

– **pour exprimer l'inachèvement** (adverbes *todavía, aún*).

*Lo leo **todavía** / **aún**.* Je le lis encore. / Je suis encore en train de le lire.

– pour exprimer une **action qui a failli se produire** (locution adverbiale *por poco* + verbe au présent de l'indicatif).

***Por poco** me caigo.* J'ai failli tomber. / Un peu plus je tombais.

La conjugaison régulière

1 Les temps simples

PRÉSENT DE L'INDICATIF ET DU SUBJONCTIF
IMPÉRATIF AFFIRMATIF ET NÉGATIF

Dépendent du présent, comme temps réel, les présents de l'indicatif et du subjonctif et les deux impératifs, affirmatifs et négatifs. Ils sont formés de la même façon : **radical + voyelle + marque personne / nombre.**

INFINITIF	INDICATIF PRÉSENT	IMPÉRATIF AFFIRMATIF	SUBJONCTIF PRÉSENT	IMPÉRATIF NÉGATIF
saltar	salto		salte	
	saltas	salta	saltes ►	no saltes
	salta	salte (Vᵈ) ◄	salte ►	no salte (Vᵈ)
	saltamos	saltemos ◄	saltemos ►	no saltemos
	saltáis	saltad	saltéis ►	no saltéis
	saltan	salten (Vᵈᵉˢ) ◄	salten ►	no salten (Vᵈᵉˢ)
correr	corro		corra	
	corres	corre	corras ►	no corras
	corre	corra (Vᵈ) ◄	corra ►	no corra (Vᵈ)
	corremos	corramos ◄	corramos ►	no corramos
	corréis	corred	corráis ►	no corráis
	corren	corran (Vᵈᵉˢ) ◄	corran ►	no corran (Vᵈᵉˢ)
subir	subo		suba	
	subes	sube	subas ►	no subas
	sube	suba (Vᵈ) ◄	suba ►	no suba (Vᵈ)
	subimos	subamos ◄	subamos ►	no subamos
	subís	subid	subáis ►	no subáis
	suben	suban (Vᵈᵉˢ) ◄	suban ►	no suban (Vᵈᵉˢ)

Remarques

• La voyelle thématique **-a** de l'infinitif des verbes de 1re conjugaison, présente au présent de l'indicatif, devient **-e** au présent du subjonctif. Les voyelles thématiques **-e** et **-i** de la 2e et de la 3e conjugaison, présentes au présent de l'indicatif, deviennent **-a** au présent du subjonctif.

• La terminaison **-o** caractérise la 1re personne du singulier du présent de l'indicatif de tous les verbes sauf :

ser (être) ► *soy*   *estar* (être) ► *estoy*
dar (donner) ► *doy*   *ir* (aller) ► *voy*

• Seules trois formes distinguent la 2e de la 3e conjugaison :

– la 1re et la 2e personnes du pluriel du présent de l'indicatif *(corremos / subimos, corréis / subís)* ;

– la 2e personne du pluriel de l'impératif affirmatif *(corred / subid)*.

• **L'impératif affirmatif a deux formes propres :**

– la 2e personne du singulier (forme du présent de l'indicatif moins le **-s**) ;

– la 2e personne du pluriel (le **-r** de l'infinitif est remplacé par un **-d**).

La 1re personne du pluriel et les 3e personnes du singulier et du pluriel sont empruntées au présent du subjonctif.

> **L'impératif négatif** ou défense emprunte **toutes ses formes** au **présent du subjonctif**, précédées de *no*.

• **La syllabe tonique est la dernière du radical :**

– à la 1re, à la 2e et à la 3e personnes du singulier et à la 3e personne du pluriel du présent de l'indicatif et du subjonctif ;

elimino, eliminas, elimina… eliminan (j'élimine, tu élimines…)

elimine, elimines, elimine… eliminen (que j'élimine, que tu élimines…)

– à la 2e personne du singulier, à la 3e personne du singulier et du pluriel de l'impératif affirmatif et négatif.

elimina, elimine V^d, eliminen V^{des}

no elimines, no elimine V^d, no eliminen V^{des}

Cette caractéristique a son importance pour la conjugaison des verbes à diphtongue (voir p. 186).

À toutes les autres personnes de tous les temps et de tous les modes, **la syllabe tonique se trouve dans la terminaison.** Pour les temps présents et les impératifs, seules les personnes suivantes sont accentuées sur la terminaison :

eliminamos, elimináis   *eliminad*
eliminemos, eliminéis   *no eliminemos, no eliminéis*

Dépendent du passé, comme temps réel, l'imparfait et le passé simple de l'indicatif et les deux imparfaits du subjonctif.

L'imparfait et le passé simple de l'indicatif ont des formations spécifiques ; les imparfaits du subjonctif sont formés sur la 3e personne du pluriel du passé simple.

INFINITIF	INDICATIF IMPARFAIT	INDICATIF PASSÉ SIMPLE	SUBJONCTIF IMPARFAIT 1	SUBJONCTIF IMPARFAIT 2
saltar	*saltaba*	*salté*	*saltase*	*saltara*
	saltabas	*saltaste*	*saltases*	*saltaras*
	saltaba	*saltó*	*saltase*	*saltara*
	saltábamos	*saltamos*	*saltásemos*	*saltáramos*
	saltabais	*saltasteis*	*saltaseis*	*saltarais*
	saltaban	*saltaron*	*saltasen*	*saltaran*
correr	*corría*	*corrí*	*corriese*	*corriera*
	corrías	*corriste*	*corrieses*	*corrieras*
	corría	*corrió*	*corriese*	*corriera*
	corríamos	*corrimos*	*corriésemos*	*corriéramos*
	corríais	*corristeis*	*corrieseis*	*corrierais*
	corrían	*corrieron*	*corriesen*	*corrieran*
subir	*subía*	*subí*	*subiese*	*subiera*
	subías	*subiste*	*subieses*	*subieras*
	subía	*subió*	*subiese*	*subiera*
	subíamos	*subimos*	*subiésemos*	*subiéramos*
	subíais	*subisteis*	*subieseis*	*subierais*
	subían	*subieron*	*subiesen*	*subieran*

Remarques

• **L'indicatif imparfait** est formé du :

– radical + *aba* + marque personne / nombre (1re conjugaison) ;

– radical + *ía* + marque personne / nombre (2e, 3e conjugaisons).

• **Le passé simple** a une forme spécifique où les morphèmes voyelle thématique, mode/temps et personne/nombre ne sont pas toujours séparables.

radical + *é* / a-**ste** / *ó* / a-*mos* / a-**ste**-is / a-**ron** (1re conjugaison)
radical + *í* / i-**ste** / i-*ó* / i-*mos* / i-**ste**-is / ie-**ron** (2e et 3e conjugaisons)

– La 1e personne du pluriel du passé simple des verbes de 1re et de 3e conjugaisons a la même forme qu'au présent.

saltamos :	(présent) nous sautons		
	(passé simple) nous sautâmes ou nous avons sauté		
subimos :	(présent) nous montons		
	(passé simple) nous montâmes ou nous sommes monté(e)s		

– Seuls les verbes de 2ᵉ conjugaison ont deux formes distinctes.

corremos : nous courons (présent)
corrimos : nous courûmes / nous avons couru (passé simple)

• **Les subjonctifs imparfaits** 1 et 2 sont formés sur la 3ᵉ personne du pluriel du passé simple (*-aron* ► *-ase* / *-ara*, *-ieron* ► *-iese* / *-iera*).
Subj. imp. 1 = radical + *a* + *se* + marque personne/nombre (1ʳᵉ conjugaison)
= radical + *ie* + *se* + marque personne/nombre (2ᵉ et 3ᵉ conjugaisons)
Subj. imp. 2 = radical + *a* + *ra* + marque personne/nombre (1ʳᵉ conjugaison)
= radical + *ie* + *ra* + marque personne/nombre (2ᵉ et 3ᵉ conjugaisons).

FUTUR DE L'INDICATIF, CONDITIONNEL
FUTUR DU SUBJONCTIF

Dépendent du futur, comme temps réel, le futur de l'indicatif, le conditionnel et le futur du subjonctif. Le futur de l'indicatif et le conditionnel sont formés à partir de l'infinitif. Le futur du subjonctif, comme les imparfaits 1 et 2 du subjonctif, est formé sur la 3ᵉ personne du pluriel du passé simple.

INFINITIF	INDICATIF FUTUR	CONDITIONNEL	SUBJONCTIF FUTUR
saltar	*saltaré*	*saltaría*	*saltare*
	saltarás	*saltarías*	*saltares*
	saltará	*saltaría*	*saltare*
	saltaremos	*saltaríamos*	*saltáremos*
	saltaréis	*saltaríais*	*saltareis*
	saltarán	*saltarían*	*saltaren*
correr	*correré*	*correría*	*corriere*
	correrás	*correrías*	*corrieres*
	correrá	*correría*	*corriere*
	correremos	*correríamos*	*corriéremos*
	correréis	*correríais*	*corriereis*
	correrán	*correrían*	*corrieren*
subir	*subiré*	*subiría*	*subiere*
	subirás	*subirías*	*subieres*
	subirá	*subiría*	*subiere*
	subiremos	*subiríamos*	*subiéremos*
	subiréis	*subiríais*	*subiereis*
	subirán	*subirían*	*subieren*

Remarques

• Comme en français, le futur de l'indicatif et le conditionnel présent sont formés sur l'**infinitif.**

Pour le futur, l'infinitif est suivi du présent de l'indicatif de l'auxiliaire *haber (he ▸ -é, has ▸ -ás, ha ▸ -á, hemos ▸ -emos, habéis ▸ -éis, han ▸ -án)*

saltar he ▸ saltaré (je sauterai).

Le futur est le résultat d'une intention ou d'une obligation présente : *he de saltar* signifie « j'ai l'intention de sauter », « je dois sauter », « j'ai à sauter ».

• **Pour le conditionnel,** l'infinitif est suivi d'une forme contractée de l'imparfait de l'indicatif de l'auxiliaire *haber (había ▸ -ía, habías ▸ -ías, había ▸ -ía, habíamos ▸ -íamos, habíais ▸ -íais, habían ▸ -ían)*.

saltar había ▸ saltar hía ▸ saltaría (je sauterais)

Le conditionnel peut être le résultat d'une intention ou d'une obligation passée : *había de saltar* signifie « j'avais l'intention de sauter », « je devais sauter », « j'avais à sauter ».

• **Le futur du subjonctif** a disparu de la langue courante, remplacé selon les cas par le présent du subjonctif ou le présent de l'indicatif. Nous en donnons cependant les formes puisqu'il est encore employé dans la langue juridique et dans quelques expressions toutes faites. Comme les deux imparfaits du subjonctif, le futur du subjonctif est formé sur la 3e personne du pluriel du passé simple : *-ron* est remplacé par *-re*.

---

radical + *a* + *re* + marque personne / nombre (1re conjugaison)
radical + *ie* + *re* + marque personne / nombre (2e et 3e conjugaisons)

INFINITIF, GÉRONDIF, PARTICIPE PASSÉ

Ces trois formes s'emploient sans variation, à toutes les personnes et à tous les temps.

• **L'infinitif** est formé du : radical + voyelle thématique (**a / e / i**) + **r** : *saltar* (sauter), *correr* (courir), *subir* (monter).

• **Le gérondif** est formé du :

– radical + *a* + *ndo* (1re conjugaison) : *saltando* (en sautant) ;

– radical + *ie* + *ndo* (2e et 3e conjugaisons) : *corriendo* (en courant), *subiendo* (en montant).

• **Le participe passé** est formé du :
– radical + *a* + *do* (1re conjugaison) : *saltado* (sauté) ;
– radical + *i* + *do* (2e et 3e conjugaisons) : *corrido* (couru), *subido* (monté).

TABLEAU DE SYNTHÈSE DES TEMPS SIMPLES

► Pour la nomenclature des temps simples en espagnol, voir p. 169.

saltar (sauter)　　　　　　　Indicatif

PRÉSENT	IMPARFAIT	PASSÉ SIMPLE	FUTUR	CONDITIONNEL
salto	saltaba	salté	saltaré	saltaría
saltas	saltabas	saltaste	saltarás	saltarías
salta	saltaba	saltó	saltará	saltaría
saltamos	saltábamos	saltamos	saltaremos	saltaríamos
saltáis	saltabais	saltasteis	saltaréis	saltaríais
saltan	saltaban	saltaron	saltarán	saltarían

Subjonctif

PRÉSENT	IMPARFAIT 1	IMPARFAIT 2	FUTUR	MODE NON PERSONNEL
salte	saltase	saltara	saltare	**INFINITIF**
saltes	saltases	saltaras	saltares	saltar
salte	saltase	saltara	saltare	**GÉRONDIF**
saltemos	saltásemos	saltáramos	saltáremos	saltando
saltéis	saltaseis	saltarais	saltareis	**PART. PASSÉ**
salten	saltasen	saltaran	saltaren	saltado

correr (courir)　　　　　　　Indicatif

PRÉSENT	IMPARFAIT	PASSÉ SIMPLE	FUTUR	CONDITIONNEL
corro	corría	corrí	correré	correría
corres	corrías	corriste	correrás	correrías
corre	corría	corrió	correrá	correrías
corremos	corríamos	corrimos	correremos	correríamos
corréis	corríais	corristeis	correréis	correríais
corren	corrían	corrieron	correrán	correrían

Subjonctif

PRÉSENT	IMPARFAIT 1	IMPARFAIT 2	FUTUR	MODE NON PERSONNEL
corra	corriese	corriera	corriere	**INFINITIF**
corras	corrieses	corrieras	corrieres	correr
corra	corriese	corriera	corriere	**GÉRONDIF**
corramos	corriésemos	corriéramos	corriéremos	corriendo
corráis	corrieseis	corrierais	corriereis	**PART. PASSÉ**
corran	corriesen	corrieran	corrieren	corrido

subir (monter) **Indicatif**

PRÉSENT	IMPARFAIT	PASSÉ SIMPLE	FUTUR	CONDITIONNEL
subo	subía	subí	subiré	subiría
subes	subías	subiste	subirás	subirías
sube	subía	subió	subirá	subiría
subimos	subíamos	subimos	subiremos	subiríamos
subís	subíais	subisteis	subiréis	subiríais
suben	subían	subieron	subirán	subirían

Subjonctif

PRÉSENT	IMPARFAIT 1	IMPARFAIT 2	FUTUR	MODE NON PERSONNEL
suba	subiese	subiera	subiere	**INFINITIF**
subas	subieses	subieras	subieres	subir
suba	subiese	subiera	subiere	**GÉRONDIF**
subamos	subiésemos	subiéramos	subiéremos	subiendo
subáis	subieseis	subierais	subiereis	**PART. PASSÉ**
suban	subiesen	subieran	subieren	subido

2 Les temps composés

Les temps composés sont tous formés à l'aide de l'auxiliaire **haber** conjugué à un temps simple suivi du **participe passé invariable** du verbe. À la différence du français, l'auxiliaire et le participe passé forment **un tout inséparable**.

• Cette chanson, nous l'avions **déjà** entendu**e**.
[« déjà » entre l'auxiliaire et le participe passé, accord du participe passé avec le COD « cette chanson » repris par le pronom « l' », placé avant]
*Esta canción, ya la **habíamos oído**.*
[auxiliaire et participe inséparables, participe invariable]

• Tes amies ne **sont pas encore** arriv**ées**.
[emploi de l'auxiliaire « être », « pas » et « encore » entre l'auxiliaire et le participe passé, accord du participe passé avec le sujet]
*Tus amigas no **han llegado** todavía / aún.*
*Tus amigas todavía / aún no **han llegado**.*
*Todavía / aún tus amigas no **han llegado**.*
*Todavía / aún no **han llegado** tus amigas.*
[Il y a plusieurs possibilités pour la place du sujet *tus amigas* (tes amies) et des adverbes *todavía* ou *aún* (déjà). Mais dans toutes les constructions possibles, l'auxiliaire et le participe passé sont inséparables et le participe passé invariable.]

> **Quel que soit le verbe, on emploie toujours l'auxiliaire *haber*.**

Me *he* *lavado la cara.* Je me **suis** lavé le visage.
Hemos *bajado rápidamente.* Nous **sommes** descendu(e)s rapidement.
Hemos *bajado la escalera corriendo.* Nous **avons** descendu l'escalier en courant.

| TABLEAU DE SYNTHÈSE DES TEMPS COMPOSÉS

► Pour la nomenclature des temps composés en espagnol, voir p. 170.

• Indicatif (indicativo)

PASSÉ COMPOSÉ *PRETÉRITO PERFECTO COMPUESTO*	PLUS QUE PARFAIT *PRETÉRITO PLUSCUAMPERFECTO*	PASSÉ ANTÉRIEUR *PRETÉRITO ANTERIOR*
he saltado	había corrido	hube subido
has saltado	habías corrido	hubiste subido
ha saltado	había corrido	hubo subido
hemos saltado	habíamos corrido	hubimos subido
habéis saltado	habíais corrido	hubisteis subido
han saltado	habían corrido	hubieron subido

FUTUR ANTÉRIEUR *FUTURO PERFECTO*	CONDITIONNEL PASSÉ *CONDICIONAL PERFECTO*
habré saltado	habría corrido
habrás saltado	habrías corrido
habrá saltado	habría corrido
habremos saltado	habríamos corrido
habréis saltado	habríais corrido
habrán saltado	habrían corrido

• Subjonctif (subjuntivo)

PASSÉ *PRETÉRITO PERFECTO*	PLUS QUE PARFAIT 1 *PRETÉRITO PLUSCUAMPERFECTO*	PLUS QUE PARFAIT 2 *PRETÉRITO PLUSCUAMPERFECTO*
haya corrido	hubiese subido	hubiera saltado
hayas corrido	hubieses subido	hubieras saltado
haya corrido	hubiese subido	hubiera saltado
hayamos corrido	hubiésemos subido	hubiéramos saltado
hayáis corrido	hubieseis subido	hubierais saltado
hayan corrido	hubiesen subido	hubieran saltado

hub<u>ie</u>re corr<u>i</u>do	
hub<u>ie</u>res corr<u>i</u>do.	
hub<u>ie</u>re corr<u>i</u>do	
hub<u>ié</u>ramos corr<u>i</u>do	
hub<u>ie</u>reis corr<u>i</u>do	
hub<u>ie</u>ren corr<u>i</u>do	

• **Non personnel**

INFINITIF PASSÉ	GÉRONDIF PASSÉ
INFINITIVO COMPUESTO	GERUNDIO COMPUESTO
hab<u>e</u>r sub<u>i</u>do	hab<u>ie</u>ndo salt<u>a</u>do

Remarques

• **Le passé surcomposé** (auxiliaire au passé composé + participe passé) du français familier n'existe pas en espagnol. Il peut être rendu par le passé antérieur assez peu employé par ailleurs.

Quand **j'ai eu terminé** de faire les courses, je suis rentré(e) chez moi.
*Cuando **hube acabado** las compras, volví a casa.*

• **Le passé antérieur** exprime l'antériorité immédiate d'un événement achevé avant un autre dans le passé. On le trouve surtout dans les subordonnées temporelles.
En espagnol, il est souvent remplacé par un passé simple, dont l'aspect perfectif marque bien aussi l'antériorité, surtout après la conjonction *luego que* (dès que) ou *después que* (après que).

*Cuando **hube acabado / acabé** mi novela, fui a la cama.*
Quand **j'eus terminé** mon roman, je suis allé(e) me coucher.
*Luego que **acabé** mi informe, fui a la cama, con jaqueca.*
Dès que **j'eus terminé** mon compte rendu, je suis allée au lit avec la migraine.

• **L'impératif passé** n'est pas fréquent en français. Il n'existe pas en espagnol. Il peut être rendu par l'infinitif passé à valeur d'impératif.

Ayez tout nettoyé avant qu'il arrive.
***Haber**lo **limpiado** todo, antes que llegue.*

On pourrait dire aussi :

*Que todo **esté limpio** antes que llegue.*
Que tout soit propre, avant qu'il arrive.

3 La voix passive

A Elle est formée à l'aide de l'auxiliaire ***ser*** conjugué à un temps simple ou composé, suivi du participe passé du verbe, accordé en genre et en nombre avec le sujet.

*La reseña de aquel libro **fue redactada** por un crítico entusiasta.*
Le compte rendu de ce livre a été rédigé par un critique enthousiaste.
*Los heridos **habían sido evacuados** por helicóptero.*
Les blessés avaient été évacués par hélicoptère.

INDICATIF PRÉSENT	
soy amado / amada	je suis aimé / aimée
eres amado / amada	tu es aimé / aimée
(él / usted) es amado	il est aimé / vous êtes aimé
(ella / usted) es amada	elle est aimée / vous êtes aimée
somos amados / amadas	nous sommes aimés / aimées
sois amados / amadas	vous êtes aimés / aimées
(ellos / ustedes) son amados	ils sont aimés / vous êtes aimés
(ellas / ustedes) son amadas	elles sont aimées / vous êtes aimées

► Pour les autres temps simples de **ser**, voir p. 196.

B Les temps composés de la voix passive sont formés à l'aide des temps simples de *haber* + *sido* + participe passé du verbe.

Le participe passé de l'auxiliaire *ser* est toujours **sido**, invariable. Le participe passé du verbe s'accorde en genre et en nombre avec le sujet.

PASSÉ COMPOSÉ	
he sido amado / amada	j'ai été aimé / aimée
has sido amado / amada	tu as été aimé / aimée
(él / usted) ha sido amado	il a été aimé / vous avez été aimé
(ella / usted) ha sido amada	elle a été aimée / vous avez été aimée
hemos sido amados / amadas	nous avons été aimés / aimées
habéis sido amados / amadas	vous avez été aimés / aimées
(ellos / ustedes) han sido amados	ils ont été aimés / vous avez été aimés
(ellas / ustedes) han sido amadas	elles ont été aimées / vous avez été aimées

► Pour les temps simples de **haber**, voir p. 196.

4 Accentuation quand deux voyelles se suivent

DANS LE RADICAL

Dans la conjugaison (voir p. 175), **l'accent tonique tombe sur la dernière syllabe** du radical aux présents de l'indicatif et du subjonctif aux trois personnes du singulier et à la 3e du pluriel ainsi qu'à l'impératif pour les formes qui en dérivent. Dans les cas de *prohibir* (interdire) et de *reunir* (réunir), dont le radical comporte une diphtongue (*-oi*, *-eu*), l'accent tonique tombe sur la voyelle faible, il n'y a donc plus de diphtongue et l'accent doit être écrit (voir p. 21).

indicatif présent
prohíbo, prohíbes, prohíbe, (prohibimos, prohibís), prohíben
reúno, reúnes, reúne, (reunimos, reunís), reúnen
subjonctif présent
prohíba, prohíbas, prohíba, (prohibamos, prohibáis), prohíban
reúna, reúnas, reúna, (reunamos, reunáis), reúnan

DANS LA TERMINAISON

Les verbes terminés à l'infinitif en **-iar** et **-uar** se divisent en deux groupes.

A Certains d'entre eux ont l'accent tonique sur le **i** ou le **u** de la terminaison aux trois premières personnes du singulier et à la 3e personne du pluriel des présents de l'indicatif et du subjonctif ainsi qu'à l'impératif pour les formes qui en dérivent. A ces personnes la diphtongue **-ia** ou **-ua** de l'infinitif disparaît donc, et l'accent est écrit. C'est le cas de *enviar* (envoyer) et de *situar* (situer).

indicatif présent
envío, envías, envía, (enviamos, enviáis), envían
sitúo, sitúas, sitúa, (situamos, situáis), sitúan
subjonctif présent
envíe, envíes, envíe, (enviemos, enviéis), envíen
sitúe, sitúes, sitúe, (situemos, situéis), sitúen

Se conjuguent ainsi :

> *aliar* (allier), *ampliar* (agrandir), *chirriar* (grincer), *desviar* (dévier), *enfriar* (refroidir), *enviar* (envoyer), *espiar* (espionner), *fiar* (avoir confiance), *confiar* (confier, faire confiance), *guiar* (guider), *vaciar* (vider), *variar* (varier)…

> *acentuar* (accentuer), *actuar* (agir), *atenuar* (atténuer), *continuar* (continuer), *desvirtuar* (dénaturer), *exceptuar* (excepter), *graduar* (graduer), *habituar* (habituer), *insinuar* (insinuer), *perpetuar* (perpétuer), *situar* (situer)…

B D'autres verbes terminés en *-iar* et *-uar* portent, aux personnes indiquées, l'accent tonique sur la dernière syllabe du radical. C'est le cas de *acariciar* (caresser), *estudiar* (étudier), *limpiar* (nettoyer)… et des verbes terminés en *-cuar* et *-guar* comme *evacuar* (évacuer), *aguar* (couper avec de l'eau) ou *averiguar* (vérifier).

indicatif présent
limpio, limpias, limpia, (limpiamos, limpiáis), limpian
aguo, aguas, agua, (aguamos, aguáis), aguan

Seuls l'usage et les dictionnaires permettent de savoir à quelle catégorie appartient un verbe.

4 La conjugaison irrégulière

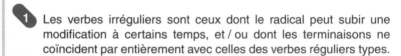

1 Les verbes irréguliers sont ceux dont le radical peut subir une modification à certains temps, et / ou dont les terminaisons ne coïncident par entièrement avec celles des verbes réguliers types.

2 On distingue deux sortes de verbes irréguliers :
– ceux dont les irrégularités se produisent de la même façon et aux mêmes endroits pour un certain nombre de verbes considérés comme « régulièrement irréguliers » ;
– ceux dont les irrégularités diverses ne permettent pas de les regrouper, ce sont des verbes irréguliers isolés.

3 De plus, il y a des verbes dont la conjugaison est régulière à tous les temps mais qui ont un participe passé irrégulier.

4 Enfin certains verbes ont la particularité d'avoir un participe passé à double forme.

Pour commencer

1 Les verbes régulièrement irréguliers

L'irrégularité touche la **dernière voyelle du radical** ou la **soudure du radical et de la terminaison.**

LES VERBES QUI DIPHTONGUENT

La voyelle de la dernière syllabe du radical diphtongue (► deux voyelles) quand elle est tonique dans la conjugaison :
e ► ie, o ► ue, quand le **e** ou le **o** de la dernière syllabe du radical est tonique.

La diphtongaison a donc lieu dans les cas suivants :

– 1re, 2e, 3e personnes du singulier, 3e personne du pluriel du **présent de l'indicatif** ;

– 1re, 2e, 3e personnes du singulier, 3e personne du pluriel du **présent du subjonctif** ;

– 2e, 3e personnes du singulier, 3e personne du pluriel de l'**impératif**.

Perder (perdre) ; ***contar*** (raconter)

INDICATIF PRÉSENT	*pierdo, pierdes, pierde, (perdemos, perdéis), pierden* *cuento, cuentas, cuenta, (contamos, contáis), cuentan*
SUBJONCTIF PRÉSENT	*pierda, pierdas, pierda, (perdamos, perdáis), pierdan* *cuente, cuentes, cuente, (contemos, contéis), cuenten*
IMPÉRATIF	*pierde, pierda V^d, (perdamos, perded), pierdan V^{des}* *cuenta, cuente V^d, (contemos, contad), cuenten V^{des}*

Dans les mêmes conditions, **i ► ie** dans ***adquirir*** (acquérir), **u ► ue** dans ***jugar*** (jouer).

INDICATIF PRÉSENT	*adquiero, adquieres, adquiere, (adquirimos, adquirís), adquieren* *juego, juegas, juega, (jugamos, jugáis), juegan*
SUBJONCTIF PRÉSENT	*adquiera, adquieras, adquiera, (adquiramos, adquiráis), adquieran* *juegue, juegues, juegue, (juguemos, juguéis), jueguen*
IMPÉRATIF	*adquiere, adquiera V^d, (adquiramos, adquirid), adquieran V^{des}* *juega, juegue V^d, (juguemos, jugad), jueguen V^{des}*

LES VERBES QUI S'AFFAIBLISSENT

La voyelle de la dernière syllabe du radical se ferme (**e ► i, o ► u**) quand il n'y a pas de **i** tonique dans la terminaison.

– 1re, 2e, 3e personnes du singulier et 3e personne du pluriel du **présent de l'indicatif** ;

– toutes les personnes du **présent du subjonctif** ;

– **impératif,** sauf 2e personne du pluriel ;

– 3e personne du singulier et 3e personne du pluriel du **passé simple** et **les temps qui en dérivent** (subjonctif imparfait 1 et 2, futur) ;

– **gérondif.**

pedir (demander) ; **podrir**[1] (pourrir)

INDICATIF PRÉSENT	*pido, pides, pide, (pedimos, pedís), piden* *pudro, pudres, pudre, (podrimos, podrís), pudren*
SUBJONCTIF PRÉSENT	*pida, pidas, pida, pidamos, pidáis, pidan* *pudra, pudras, pudra, pudramos, pudráis, pudran*
IMPÉRATIF	*pide, pida V^d, pidamos, (pedid), pidan V^des* *pudre, pudra V^d, pudramos, (podrid), pudran V^des*
PASSÉ SIMPLE	*(pedí, pediste), pidió, (pedimos, pedisteis), pidieron* *(podrí, podriste), pudrió, (podrimos, podristeis), pudrieron*
SUBJONCTIF IMPARFAIT 1 ET 2 / FUTUR	*pidiese…, pidiera… / pidiere…* *pudriese…, pudriera… / pudriere…*
GÉRONDIF	*pidiendo* *pudriendo*

1. « Pourrir » se dit aussi *pudrir* (verbe régulier), participe passé : *podrido*.

LES VERBES QUI DIPHTONGUENT ET S'AFFAIBLISSENT

Ces verbes ont les deux irrégularités antérieures à la fois :
– ils diphtonguent aux personnes où l'accent tonique tombe sur la dernière syllabe du radical ;
– ils s'affaiblissent aux personnes où il n'y a pas de **i** tonique dans la terminaison.

sentir (sentir) ; **dormir** (dormir)

INDICATIF PRÉSENT	*siento, sientes, siente, (sentimos, sentís), sienten* *duermo, duermes, duerme, (dormimos, dormís), duermen*
SUBJONCTIF PRÉSENT	*sienta, sientas, sienta, sintamos, sintáis, sientan* *duerma, duermas, duerma, durmamos, durmáis, duerman*
IMPÉRATIF	*siente, sienta V^d, sintamos, (sentid), sientan V^des* *duerme, duerma V^d, durmamos, (dormid), duerman V^des*
PASSÉ SIMPLE	*(sentí, sentiste), sintió, (sentimos, sentisteis), sintieron* *(dormí, dormiste), durmió, (dormimos, dormisteis), durmieron*
SUBJONCTIF IMPARFAIT 1 ET 2 / FUTUR	*sintiese…, sintiera… / sintiere…* *durmiese…, durmiera… / durmiere…*
GÉRONDIF	*sintiendo* *durmiendo*

Le verbe *erguir* (dresser, lever), qui appartient à ce groupe, a une autre forme en **i** parallèle à la diphtongue.

INDICATIF PRÉSENT	*ye*rgo, *ye*rgues, *ye*rgue, (erguimos, erguís), *ye*rguen *i*rgo, *i*rgues, *i*rgue, *i*rguen
SUBJONCTIF PRÉSENT	*ye*rga, *ye*rgas, *ye*rga, *i*rgamos, *i*rgáis, *ye*rgan *i*rga, *i*rgas, *i*rga, *i*rgan
IMPÉRATIF	*ye*rgue, *ye*rga V^d, irgamos, (erguid), *ye*rgan V^{des} *i*rgue, *i*rga V^d, *i*rgan V^{des}
PASSÉ SIMPLE	(erguí, erguiste), *i*rguió, (erguimos, erguisteis), *i*rguieron
SUBJONCTIF IMPARFAIT 1 ET 2 / FUTUR	*i*rguiese..., *i*rguiera... / *i*rguiere...
GÉRONDIF	*i*rguiendo

LA PLUPART DES VERBES EN *-ACER, -ECER, -OCER, -UCIR*

-c- ▶ **-zc-** devant **a** et **o** à :

– la 1re personne du singulier du **présent de l'indicatif** ;

– toutes les personnes du **présent du subjonctif** ;

– la 3e personne du singulier, les 1re et 3e personnes du pluriel de l'**impératif**.

nacer (naître), *crecer* (croître), *conocer* (connaître), *lucir* (luire)

INDICATIF PRÉSENT	*nazco* (naces...), *crezco* (creces...), *conozco* (conoces...), *luzco* (luces...)
SUBJONCTIF PRÉSENT	*nazca, nazcas, nazca, nazcamos, nazcáis, nazcan* *crezca, crezcas, crezca, crezcamos, crezcáis, crezcan* *conozca, conozcas, conozca, conozcamos, conozcáis, conozcan* *luzca, luzcas, luzca, luzcamos, luzcáis, luzcan*
IMPÉRATIF	(nace), *nazca* V^d, *nazcamos*, (naced), *nazcan* V^{des} (crece), *crezca* V^d, *crezcamos*, (creced), *crezcan* V^{des} (conoce), *conozca* V^d, *conozcamos*, (conoced), *conozcan* V^{des} (luce), *luzca* V^d, *luzcamos*, (lucid), *luzcan* V^{des}

Font exceptions :

– *mecer* (bercer, balancer) et *remecer* (secouer, agiter) qui sont réguliers : *mezo, meces, mece...* ;

– **cocer** (cuire), **escocer** (cuire [sensation de brûlure]), **recocer** (mijoter) qui diphtonguent (voir p. 186) : *cuezo, cueces, cuece...* ;

– **yacer** (gésir) dont le **c** devient **zg** devant **a, o** (*yazgo, yazga, yazgas...*).

Mais les formes usitées de ce verbe défectif sont régulières : *yace* (il / elle gît), *yacen* (ils / elles gisent), *yacía* (il / elle gisait), *yacían* (ils / elles gisaient), *yaciendo* (gisant).

> Le verbe **placer** (plaire) n'est plus employé qu'à la 3e personne du singulier du présent de l'indicatif (*place*) et dans l'expression *plega / pluguiera a Dios* (plaise / plût à Dieu), formes anciennes du présent et de l'imparfait 2 du subjonctif.

LES VERBES EN -*DUCIR*

Outre l'irrégularité précédente : -**c**- ▶ -**zc**- devant **a, o**, les verbes en -**ducir** ont un passé simple irrégulier en -**duj**- (appelé prétérit fort parce que tonique sur la dernière syllabe du radical à la 1e et à la 3e personne du singulier). Sont donc aussi irréguliers les temps du subjonctif qui en dérivent (imparfaits 1et 2 / futur).

traducir (traduire)

INDICATIF PRÉSENT	*traduzco, (traduces, traduce, traducimos, traducís, traducen)*
SUBJONCTIF PRÉSENT	*traduzca, traduzcas, traduzca, traduzcamos, traduzcáis, traduzcan*
PASSÉ SIMPLE	*traduje, tradujiste, tradujo, tradujimos, tradujisteis, tradujeron* [le **i** de la terminaison **ieron** disparaît]
SUBJONCTIF IMPARFAIT 1 ET 2 / FUTUR	*tradujese..., tradujera... / tradujere...*

LES VERBES EN -*UIR*

Un **y** est ajouté devant une terminaison en **o, a, e** pour les verbes en -**uir** dont le **u** se prononce (par exemple dans *distinguir* le **u** ne se prononce pas).

huir (fuir)

INDICATIF PRÉSENT	_huyo, huyes, huye, (huimos, huís), huyen_
SUBJONCTIF PRÉSENT	_huya, huyas, huya, huyamos, huyáis, huyan_
IMPÉRATIF	_huye, huya_ V^d, _huyamos, (huid), huyan_ V^des

D'autres formes comportent un **y**, mais il s'agit d'une modification orthographique (voir p. 205) et non d'un **y** ajouté.

PASSÉ SIMPLE	_huyó_ (pour _hu + i + ó_), _huyeron_ (pour _hu + ie + ron_)
SUBJONCTIF IMPARFAIT 1 ET 2 / FUTUR	_huyese…, huyera… / huyere…_ (pour _hu + ie + se, hu + ie + ra / hu + ie + re_)
GÉRONDIF	_huyendo_ (pour _hu + ie + ndo_)

2 Les verbes irréguliers isolés

Ce sont presque tous des verbes usuels, dérivés de verbes irréguliers en latin. Suivant les temps, certaines irrégularités sont communes à plusieurs verbes.

LES PRÉSENTS DE L'INDICATIF ET DU SUBJONCTIF IRRÉGULIERS

Tous les verbes irréguliers isolés (sauf _andar_) le sont au présent de l'indicatif et du subjonctif et aux formes de l'impératif qui en dérivent. On distingue trois groupes.

• L'irrégularité de la 1re personne du singulier du présent de l'indicatif entraîne celle de toutes les personnes du présent du subjonctif :
_-go_ à la 1re personne du singulier du présent de l'indicatif, **_-ga_** au présent du subjonctif.

INFINITIF	INDICATIF PRÉSENT	SUBJONCTIF PRÉSENT
decir (dire)	*digo* (je dis)	*diga* (que je dise)...
hacer (faire)	*hago* (je fais)	*haga* (que je fasse)...
caer (tomber)	*caigo* (je tombe)	*caiga* (que je tombe)...
traer (apporter)	*traigo* (j'apporte)	*traiga* (que j'apporte)...
oír (entendre)	*oigo* (j'entends)	*oiga* (que j'entende)...
poner (mettre)	*pongo* (je mets)	*ponga* (que je mette)...
tener (avoir, posséder)	*tengo* (j'ai)	*tenga* (que j'aie)...
venir (venir)	*vengo* (je viens)	*venga* (que je vienne)...
valer (valoir)	*valgo* (je vaux)	*valga* (que je vaille)...
salir (sortir)	*salgo* (je sors)	*salga* (que je sorte)...

– Le verbe *raer* (racler, user un tissu) a deux formes pour la 1re personne du présent de l'indicatif (*raigo / rayo*) et au présent du subjonctif (*raiga / raya*).

– Le verbe *roer* (ronger) a trois formes pour la 1re personne du présent
de l'indicatif (*roo, roigo, royo*) et au présent du subjonctif (*roa, roiga,
roya*).

• **-o** + **-y** à la 1re personne du singulier du présent de l'indicatif (**y** du
pronom *yo* ajouté à des formes monosyllabiques : *so* de *ser*, *vo* de *ir*,
do de *dar* et à *esto* de l'auxiliaire *estar*). Le présent du subjonctif de
ces verbes est irrégulier (sauf *dé* de *dar*), mais non formé sur la 1re
personne du présent de l'indicatif.

INFINITIF	INDICATIF PRÉSENT	SUBJONCTIF PRÉSENT
ser (être)	*soy* (je suis)	*sea* (que je sois)
estar (être)	*estoy* (je suis)	*esté* (que je sois)
ir (aller)	*voy* (je vais)	*vaya* (que j'aille)
dar (donner)	*doy* (je donne)	*dé* (que je donne)

• 1re personne du présent de l'indicatif et le présent du subjonctif des
autres verbes irréguliers.

INFINITIF	INDICATIF PRÉSENT	SUBJONCTIF PRÉSENT
haber (avoir [aux.])	**he** (j'ai)	**haya** (que j'aie)
saber (savoir)	**sé** (je sais)	**sepa** (que je sache)
caber (tenir dans)	**quepo** (je tiens)	**quepa** (que je tienne)
ver (voir)	**veo** (je vois)	**vea** (que je voie)

► Pour les autres irrégularités de *ser, haber, ir, tener, oír*, voir tableau
p. 196.

INFINITIF	INDICATIF PRÉSENT	SUBJONCTIF PRÉSENT
querer (vouloir, aimer) *poder* (pouvoir)	*quiero* (je veux) *puedo* (je peux)	*quiera* (que je veuille) *pueda* (que je puisse)

➤ *Querer* et *poder* diphtonguent, lorsque l'accent tonique tombe sur la dernière syllabe du radical (voir p. 186).

LES IMPÉRATIFS IRRÉGULIERS

Huit verbes sont irréguliers à la 2ᵉ personne du singulier de l'impératif.

hacer ➤ *haz* (fais) ; *salir* ➤ *sal* (sors) ; *valer* (valoir) ➤ *val* (rarement employé et archaïque) ; *poner* ➤ *pon* (mets)
tener ➤ *ten* (aie) ; *venir* ➤ *ven* (viens)
ir ➤ *ve* (va) ; *decir* ➤ *di* (dis) ; *ser* ➤ *sé* (sois)

• *Ir* (aller) est irrégulier à la 1ʳᵉ personne du pluriel ➤ *vamos* (au lieu de *vayamos*) : allons.

Irse (s'en aller) ➤ *vete* (va-t-en), *váyase* (Vᵈ) (allez-vous-en), ***vámonos*** (allons-nous-en), mais *no nos vayamos* (ne partons pas), *idos* (allez-vous-en) [seul verbe où le **d** ne tombe pas devant **-os**], *váyanse (Vᵈᵉˢ)* (allez-vous-en).

LES IMPARFAITS DE L'INDICATIF IRRÉGULIERS

Seuls trois verbes ont un imparfait irrégulier.

• *Ir* ➤ *iba* (j'allais), *ibas, iba, íbamos, ibais, iban* [le **b** de la terminaison de l'imparfait latin n'est pas tombé comme dans les autres verbes de 3ᵉ conjugaison (*-ibam* ➤ *ía*)].

• *Ser* ➤ *era* (j'étais), *eras, era, éramos, erais, eran*.

• *Ver* ➤ *veía* (je voyais), *veías, veía, veíamos, veíais, veían* (au lieu de *v + ía, v + ías…*).

LES PASSÉS SIMPLES, LES IMPARFAITS 1 ET 2 / FUTUR DU SUBJONCTIF IRRÉGULIERS

A Parmi les verbes irréguliers isolés, **sont réguliers au passé simple** :
 – ***valer, salir*** (radical + *í, -iste, -ió, -imos, -isteis, -ieron*) ;
 – ***ver*** (1ʳᵉ et 3ᵉ personnes du singulier : *vi, vio,* sans accent écrit) ;
 – ***caer, oír, raer, roer*** (avec modifications orthographiques) : *cayó, cayeron / oyó, oyeron / rayó, rayeron / royó, royeron* (voir p. 199).

B Seize **sont irréguliers au passé simple.**

• **Changement de conjugaison.**

dar ► *di* (je donnai), *diste, dio, dimos, disteis, dieron* (attention : pas d'accent écrit sur *di* et *dio*)

• **Changement de radical**

ser ► *fui* (je fus), *fuiste, fue, fuimos, fuisteis, fueron*
ir ► *fui* (j'allai, je fus), *fuiste, fue, fuimos, fuisteis, fueron*

• **Changement dans le radical et prétérit fort**, c'est-à-dire avec la dernière syllabe du radical tonique à la 1re et la 3e personne du singulier.

Radical en **i**

hacer ► *hice* (je fis), *hiciste, hizo, hicimos, hicisteis, hicieron*
venir ► *vine* (je vins), *viniste, vino, vinimos, vinisteis, vinieron*
querer ► *quise* (je voulus), *quisiste, quiso, quisimos, quisisteis, quisieron*
decir ► *dije* (je dis), *dijiste, dijo, dijimos, dijisteis, dijeron*

Radical en **u**

poder ► *pude* (je pus), *pudiste, pudo, pudimos, pudisteis, pudieron*
poner ► *puse* (je mis), *pusiste, puso, pusimos, pusisteis, pusieron*
caber ► *cupe* (je tins), *cupiste, cupo, cupimos, cupisteis, cupieron*
saber ► *supe* (je sus), *supiste, supo, supimos, supisteis, supieron*
haber ► *hube* (j'eus), *hubiste, hubo, hubimos, hubisteis, hubieron*
tener ► *tuve* (j'eus), *tuviste, tuvo, tuvimos, tuvisteis, tuvieron*
estar ► *estuve* (je fus), *estuviste, estuvo, estuvimos, estuvisteis, estuvieron*
andar ► *anduve* (je marchai), *anduviste, anduvo, anduvimos, anduvisteis, anduvieron.*

Radical en **a**

traer ► *traje* (j'apportai), *trajiste, trajo, trajimos, trajisteis, trajeron*

• Le **i** de *-ieron* disparaît après le **j** de *dijeron* (*decir*), *trajeron* (*traer*) (comme de la terminaison *-jeron* des verbes en *-ducir*, voir p. 190).

• *Estar* et *andar* ont un passé simple (*estuve, anduve*) formé sur celui de *tener* (*tuve*), ce qui allonge leur radical (*est-* ► *estuv-*, *and-* ► *anduv-*).

C Le subjonctif imparfait 1 et 2 et le subjonctif futur (formés sur la 3e personne du pluriel du passé simple) de ces verbes ont les mêmes irrégularités.

dar ► *diese..., diera... / diere...*
ser ► *fuese..., fuera...'/ fuere...*

ir	► *fuese..., fuera... / fuere...*
hacer	► *hiciese..., hiciera... / hiciere...*
venir	► *viniese... viniera... / viniere...*
querer	► *quisiese..., quisiera... / quisiere...*
decir	► *dijese..., dijera... / dijere...*
poder	► *pudiese..., pudiera... / pudiere...*
poner	► *pusiese..., pusiera... / pusiere...*
caber	► *cupiese..., cupiera... / cupiere...*
saber	► *supiese..., supiera... / supiere...*
haber	► *hubiese..., hubiera... / hubiere...*
tener	► *tuviese..., tuviera... / tuviere...*
estar	► *estuviese..., estuviera... / estuviere...*
andar	► *anduviese..., anduviera... / anduviere...*
traer	► *trajese..., trajera... / trajere...*

LES FUTURS DE L'INDICATIF ET LES CONDITIONNELS IRRÉGULIERS

Pour douze verbes, l'irrégularité du futur de l'indicatif et du condition-nel vient d'un changement de forme de l'infinitif qui leur sert de base.

Il y a trois sortes d'irrégularité.

• La voyelle thématique a disparu.

INFINITIF	FUTUR	CONDITIONNEL
caber	*cabré* (je tiendrai dans)	*cabría* (je tiendrais dans)
haber	*habré* (j'aurai)	*habría* (j'aurais)
poder	*podré* (je pourrai)	*podría* (je pourrais)
querer	*querré* (je voudrai)	*querría* (je voudrais)
saber	*sabré* (je saurai)	*sabría* (je saurais)

• Un *d* a remplacé la voyelle thématique disparue.

INFINITIF	FUTUR	CONDITIONNEL
poner	*pondré* (je mettrai)	*pondría* (je mettrais)
tener	*tendré* (j'aurai)	*tendría* (j'aurais)
venir	*vendré* (je viendrai)	*vendría* (je viendrais)
salir	*saldré* (je sortirai)	*saldría* (je sortirais)
valer	*valdré* (je vaudrai)	*valdría* (je vaudrais)

• L'infinitif a perdu une syllabe.

INFINITIF	FUTUR	CONDITIONNEL
hacer	*haré* (je ferai)	*haría* (je ferais)
decir	*diré* (je dirai)	*diría* (je dirais)

LES GÉRONDIFS IRRÉGULIERS

Trois verbes ont un gérondif irrégulier sur le modèle de *pedir* et *dormir*.
decir ► *diciendo* (en disant)
venir ► *viniendo* (en venant)
poder ► *pudiendo* (en pouvant)

Pour le **y** du gérondif de *ir* ► *yendo*, *caer* ► *cayendo* et *oír* ► *oyendo*, il s'agit d'une modification orthographique (voir p. 205).

LES PARTICIPES PASSÉS IRRÉGULIERS

Parmi les verbes « inclassables », quatre ont un participe passé irrégulier :
decir ► *dicho* (dit)
hacer ► *hecho* (fait)
poner ► *puesto* (mis)
ver ► *visto* (vu)

► Pour les autres participes passés irréguliers, voir p. 201.

RÉCAPITULATION DES FORMES IRRÉGULIÈRES DES VERBES INCLASSABLES

Après les auxiliaires **haber, ser, estar**, le classement est alphabétique.

---

haber : avoir
ind. prés. ► **he, has, ha, hemos,** habéis, **han**
subj. prés. ► **haya, hayas, haya, hayamos, hayáis, hayan**
passé simple ► **hube, hubiste, hubo, hubimos, hubisteis, hubieron**
sub. imp. 1 ► **hubiese, hubieses, hubiese, hubiésemos, hubieseis, hubiesen**
sub. imp. 2 ► **hubiera, hubieras, hubiera, hubiéramos, hubierais, hubieran**
sub. futur ► **hubiere, hubieres, hubiere, hubiéremos, hubiereis, hubieren**
ind. futur ► **habré, habrás, habrá, habremos, habréis, habrán**
conditionnel ► **habría, habrías, habría, habríamos, habríais, habrían**

---

ser : être
ind. prés. ► **soy, eres, es, somos, sois, son**
subj. prés. ► **sea, seas, sea, seamos, seáis, sean**
impératif ► **sé, sea, seamos,** sed, **sean**
ind. imp. ► **era, eras, era, éramos, erais, eran**
passé simple ► **fui, fuiste, fue, fuimos, fuisteis, fueron**
subj. imp. 1 ► **fuese, fueses, fuese, fuésemos, fueseis, fuesen**
sub. imp. 2 ► **fuera, fueras, fuera, fuéramos, fuerais, fueran**

```
estar : être
ind. prés.    ► estoy, estás, está, estamos, estáis, están
subj. prés.   ► esté, estés, esté, estemos, estéis, estén
impératif     ► está, esté, estemos, estad, estén
passé simple  ► estuve, estuviste, estuvo, estuvimos, estuvisteis,
                estuvieron
subj. imp. 1  ► estuviese, estuvieses, estuviese, estuviésemos,
                estuvieseis, estuviesen
subj. imp. 2  ► estuviera, estuvieras, estuviera, estuviéramos, estu-
                vierais, estuvieran
subj. futur   ► estuviere, estuvieres, estuviere, estuviéremos, estu-
                viereis, estuvieren
```

• **andar** : marcher
passé simple ►**anduve, anduviste, anduvo, anduvimos, anduvisteis anduvieron**
subj. imp. 1 et 2 / futur ►**anduviese..., anduviera... / anduviere...**

• **caber** : tenir dans, entrer dans
ind. prés. ►**quepo**, cabes, cabe, cabemos, cabéis, caben
subj. prés. ►**quepa, quepas, quepa, quepamos, quepáis, quepan**
impératif ►cabe, **quepa V**^{d}, **quepamos**, cabed, **quepan V**^{des}
passé simple ►**cupe, cupiste, cupo, cupimos, cupisteis, cupieron**
subj. imp. 1 et 2 / futur ►**cupiese..., cupiera... / cupiere...**
ind. futur ►**cabré, cabrás, cabrá, cabremos, cabréis, cabrán**
conditionnel ►**cabría, cabrías, cabría, cabríamos, cabríais, cabrían**

• **caer** : tomber
ind. prés. ►**caigo**, caes, cae, caemos, caéis, caen
subj. prés. ►**caiga, caigas, caiga, caigamos, caigáis, caigan**
impératif ►cae, **caiga V**^{d}, **caigamos**, caed, **caigan V**^{des}
passé simple ►**caí, caíste, cayó, caímos, caísteis, cayeron**
subj. imp. 1 et 2 / futur ►**cayese..., cayera... / cayere...**
gérondif ►**cayendo**

• **dar** : donner
ind. prés. ►**doy**, das, da, damos, dais, dan
subj. prés. ►**dé**, des, **dé**, demos, deis, den
impératif ►da, **dé V**^{d}, demos, dad, den **V**^{des}
passé simple ►**di, diste, dio, dimos, disteis, dieron**
subj. imp. 1 et 2 / futur ►**diese..., diera... / diere...**

• **decir** : dire
ind. prés. ►**digo, dices, dice**, decimos, decís, **dicen**
subj. prés. ►**diga, digas, diga, digamos, digáis, digan**
impératif ►**di, diga V**^{d}, **digamos**, decid, **digan V**^{des}
passé simple ►**dije, dijiste, dijo, dijimos, dijisteis, dijeron**
subj. imp. 1 et 2 / futur ►**dijese..., dijera... / dijere...**

ind. futur ► *diré, dirás, dirá, diremos, diréis, dirán*
conditionnel ► *diría, dirías, diría, diríamos, diríais, dirían*
gérondif ► *diciendo*
participe passé ► *dicho*

⚡

> ### Remarques
> Les composés de *decir* comme *contradecir* (contredire), *desdecirse* (se dédire), *bendecir* (bénir), *maldecir* (maudire)… ont un impératif affirmatif régulier à la 2ᵉ personne du singulier : *contradice* (contre-dis), *desdícete* (dédie-toi), *bendice* (bénis), *maldice* (maudis).
> *Bendecir* (bénir) et *maldecir* (maudire) ont un futur et un condition-nel réguliers :
> • *bendeciré* (je bénirai) / *bendeciría* (je bénirais) ;
> • *maldeciré* (je maudirai) / *maldeciría* (je maudirais) ;
> et un double participe passé :
> • béni = *bendecido* (pour les temps composés) / *bendito* (adjectif) ;
> • maudit = *maldecido* (pour les temps composés) / *maldito* (adjec-tif) (voir p. 202).

• *hacer* : faire
ind. prés. ► *hago*, haces, hace, hacemos, hacéis, hacen
subj. prés. ► *haga, hagas, haga, hagamos, hagáis, hagan*
impératif ► *haz, haga, hagamos*, haced, *hagan*
passé simple ► *hice, hiciste, hizo, hicimos, hicisteis, hicieron*
subj. imp. 1 et 2 / futur ► *hiciese…, hiciera… / hiciere…*
ind. futur ► *haré, harás, hará, haremos, haréis, harán*
conditionnel ► *haría, harías, haría, haríamos, haríais, harían*
participe passé ► *hecho*

• *ir* : aller
ind. prés. ► *voy, vas, va, vamos, vais, van*
subj. prés. ► *vaya, vayas, vaya, vayamos, vayáis, vayan*
impératif ► *ve, vaya, vamos*, id, *vayan*
ind. imp. ► *iba, ibas, iba, íbamos, ibais, iban*
passé simple ► *fui, fuiste, fue, fuimos, fuisteis, fueron*
subj. imp. 1 et 2 / futur ► *fuese…, fuera… / fuere…*
gérondif ► *yendo*

• *oír* : entendre
ind. prés. ► *oigo, oyes, oye*, oímos, oís, *oyen*
subj. prés. ► *oiga, oigas, oiga, oigamos, oigáis, oigan*
impératif ► *oye, oiga, oigamos*, oíd, *oigan*
passé simple ► *oí*, oíste, *oyó*, oímos, oísteis, *oyeron*
subj. imp. 1 et 2 / futur ► *oyese…, oyera… / oyere…*
gérondif ► *oyendo*

• **poder** : pouvoir
ind. prés. ► **puedo, puedes, puede**, *podemos, podéis*, **pueden**
subj. prés. ► **pueda, puedas, pueda**, *podamos, podáis*, **puedan**
passé simple ► *pude, pudiste, pudo, pudimos, pudisteis, pudieron*
subj. imp. 1 et 2 / futur ► *pudiese..., pudiera... / pudiere...*
ind. futur ► *podré, podrás, podrá, podremos, podréis, podrán*
conditionnel ► *podría, podrías, podría, podríamos, podríais, podrían*
gérondif ► *pudiendo*

• **poner** : mettre
ind. prés. ► **pongo**, *pones, pone, ponemos, ponéis, ponen*
subj. prés. ► *ponga, pongas, ponga, pongamos, pongáis, pongan*
impératif ► *pon, ponga, pongamos*, *poned*, *pongan*
passé simple ► *puse, pusiste, puso, pusimos, pusisteis, pusieron*
subj. imp. 1 et 2 / futur ► *pusiese..., pusiera... / pusiere...*
ind. futur ► *pondré, pondrás, pondrá, pondremos, pondréis, pondrán*
conditionnel ► *pondría, pondrías, pondría, pondríamos, pondríais,*
                    pondrían
participe passé ► *puesto*

• **querer** : vouloir quelque chose, aimer quelqu'un
ind. prés. ► **quiero, quieres, quiere**, *queremos, queréis*, **quieren**
subj. prés. ► **quiera, quieras, quiera**, *queramos, queráis*, **quieran**
impératif ► **quiere, quiera** *V^d*, *queramos, quered*, **quieran** *V^{des}*
passé simple ► *quise, quisiste, quiso, quisimos, quisisteis, quisieron*
subj. imp. 1 et 2 / futur ► *quisiese..., quisiera... / quisiere...*
ind. futur ► *querré, querrás, querrá, querremos, querréis, querrán*
conditionnel ► *querría, querrías, querría, querríamos, querríais, querrían*

• **raer** : racler, user (du tissu)
ind. prés. ► **raigo (rayo)**, *raes, rae, raemos, raéis, raen*
subj. prés. ► *raiga, raigas, raiga, raigamos, raigáis, raigan*
                ► *raya, rayas, raya, rayamos, rayáis, rayan*
impératif   ► *rae, raiga V^d, raigamos, raed, raigan V^{des}*
                ► *raya V^d, rayamos, rayan V^{des}*
passé simple ► *raí, raíste, rayó, raímos, raísteis, rayeron*
subj. imp. 1 et 2 / futur ► *rayese..., rayera... / rayere...*
gérondif ► *rayendo*

• **roer** : ronger
ind. prés. ► *roo / roigo / royo, roes, roe, roemos, roéis, roen*
subj. prés. ► *roa, roas, roa, roamos, roáis, roan*
                ► *roiga, roigas, roiga, roigamos, roigáis, roigan*
                ► *roya, royas, roya, royamos, royáis, royan*
impératif ► *roe, roiga V^d, roigamos, roed, roigan V^{des}*
                ► *roya V^d, royamos, royan V^{des}*
passé simple ► *roí, roíste, royó, roímos, roísteis, royeron*

subj. imp. 1 et 2 / futur ► *royese..., royera... / royere...*
gérondif ► *royendo*

• **saber** : savoir
ind. prés. ► **sé**, *sabes, sabe, sabemos, sabéis, saben*
subj. prés. ► **sepa, sepas, sepa, sepamos, sepáis, sepan**
impératif ► *(que sepas)*, **sepa** V^d, **sepamos**, *sabed*, **sepan** V^des
passé simple ► **supe, supiste, supo, supimos, supisteis, supieron**
subj. imp. 1 et 2 / futur ► **supiese..., supiera... / supiere...**
ind. futur ► **sabré, sabrás, sabrá, sabremos, sabréis, sabrán**
conditionnel ► **sabría, sabrías, sabría, sabríamos, sabríais, sabrían**

• **salir** : sortir, partir
ind. prés. ► **salgo**, *sales, sale, salimos, salís, salen*
subj. prés. ► **salga, salgas, salga, salgamos, salgáis, salgan**
impératif ► **sal, salga, salgamos**, *salid*, **salgan**
ind. futur ► **saldré, saldrás, saldrá, saldremos, saldréis, saldrán**
conditionnel ► **saldría, saldrías, saldría, saldríamos, saldríais, saldrían**

• **tener** : avoir, posséder
ind. prés. ► **tengo, tienes, tiene**, *tenemos, tenéis*, **tienen**
subj. prés. ► **tenga, tengas, tenga, tengamos, tengáis, tengan**
impératif ► **ten, tenga, tengamos**, *tened*, **tengan**
passé simple ► **tuve, tuviste, tuvo, tuvimos, tuvisteis, tuvieron**
subj. imp. 1 et 2 / futur ► **tuviese..., tuviera... / tuviere...**
ind. futur ► **tendré, tendrás, tendrá, tendremos, tendréis, tendrán**
conditionnel ► **tendría, tendrías, tendría, tendríamos, tendríais, tendrían**

• **traer** : apporter
ind. prés. ► **traigo**, *traes, trae, traemos, traéis, traen*
subj. prés. ► **traiga, traigas, traiga, traigamos, traigáis, traigan**
impératif ► *trae*, **traiga** V^d, **traigamos**, *traed*, **traigan** V^des
passé simple ► **traje, trajiste, trajo, trajimos, trajisteis, trajeron**
subj. imp. 1 et 2 / futur ► **trajese..., trajera... / trajere...**
gérondif ► *trayendo*

• **valer** : valoir
ind. prés. ► **valgo**, *vales, vale, valemos, valéis, valen*
subj. prés. ► **valga, valgas, valga, valgamos, valgáis, valgan**
impératif ► **val** / *vale*, **valga, valgamos**, *valed*, **valgan**
ind. futur ► **valdré, valdrás, valdrá, valdremos, valdréis, valdrán**
conditionnel ► **valdría, valdrías, valdría, valdríamos, valdríais, valdrían**

• **venir** : venir
ind. prés. ► **vengo, vienes, viene**, *venimos, venís*, **vienen**
subj. prés. ► **venga, vengas, venga, vengamos, vengáis, vengan**
impératif ► **ven, venga, vengamos**, *venid*, **vengan**
passé simple ► **vine, viniste, vino, vinimos, vinisteis, vinieron**
subj. imp. 1 et 2 / futur ► **viniese..., viniera... / viniere...**

ind. futur ► **vendré, vendrás, vendrá, vendremos, vendréis, vendrán**
conditionnel ► **vendría, vendrías, vendría, vendríamos, vendríais, vendrían**
gérondif ► **viniendo**

ver : voir
ind. prés. ► **veo,** *ves, ve, vemos, veis, ven*
subj. prés. ► **vea, veas, vea, veamos, veáis, vean**
impératif ► *ve,* **vea V**[d]**, veamos,** *ved,* **vean V**[des]
ind. imp. ► **veía, veías, veía, veíamos, veíais, veían**
participe passé ► **visto**

3) Les participes passés irréguliers

Parmi les verbes « inclassables », quatre (et leurs dérivés) ont un participe passé irrégulier.

poner ► *puesto*   **hacer** ► *hecho*
ver ► *visto*   **decir** ► *dicho*

Les verbes suivants réguliers ou irréguliers (et leurs dérivés) ont aussi un participe passé irrégulier.

abrir (ouvrir) ► *abierto* (ouvert) [verbe régulier]
cubrir (couvrir) ► *cubierto* (couvert) [verbe régulier]
morir (mourir) ► *muerto* (mort) [verbe qui diphtongue]
volver (revenir) ► *vuelto* (revenu) [verbe qui diphtongue]

 Les verbes en **-olver** ont un participe passé en **-uelto**.
resolver (résoudre) ► *resuelto* (résolu)

escribir (écrire) ► *escrito* (écrit) [verbe régulier]
romper (casser) ► *roto* (cassé) [verbe régulier]
proveer (pourvoir) ► *provisto* (pourvu) [verbe régulier]
imprimir (imprimer) ► *impreso* (imprimé) [verbe régulier]
He **escrito** *diez tarjetas.* J'ai écrit dix cartes postales.
Todas mis tarjetas están **escritas**. Toutes mes cartes sont écrites.

4 Les participes passés à double forme

Certains verbes, réguliers ou irréguliers ont deux participes passés, l'un régulier, l'autre irrégulier plus court.

La forme régulière s'emploie avec l'auxiliaire *haber* pour former les temps composés et reste invariable.

Elle s'emploie aussi avec l'auxiliaire *ser* pour former la voix passive et s'accorde en genre et en nombre avec le sujet.

La forme courte, irrégulière s'emploie comme adjectif, avec ou sans l'auxiliaire *estar*.

*Elena está **despierta**. No la he **despertado** yo; ha sido **despertada** por los truenos de la tormenta.*

Hélène est réveillée. Ce n'est pas moi qui l'ai réveillée ; elle a été réveillée par les coups de tonnerre de l'orage.

Voici quelques participes passés à double forme parmi les plus fréquents.

absorber (absorber)	*absorbido*	*absorto*	(absorbé)
bendecir (bénir)	*bendecido*	*bendito*	(béni)
corromper (corrompre)	*corrompido*	*corrupto*	(corrompu)
despertar (réveiller)	*despertado*	*despierto*	(réveillé)
enjugar (sécher)	*enjugado*	*enjuto*	(séché, sec)
extender (étendre)	*extendido*	*extenso*	(étendu)
fijar (fixer)	*fijado*	*fijo*	(fixé, fixe)
freír (frire)	*freído*	*frito*	(frit)
incluir (inclure)	*incluido*	*incluso*	(inclus)
insertar (insérer)	*insertado*	*inserto*	(inséré)
juntar (joindre)	*juntado*	*junto*	(joint)
maldecir (maudire)	*maldecido*	*maldito*	(maudit)
manifestar (manifester)	*manifestado*	*manifiesto*	(manifesté, manifeste)
marchitar (faner)	*marchitado*	*marchito*	(fané)
ocultar (cacher)	*ocultado*	*oculto*	(caché, occulte)
oprimir (opprimer)	*oprimido*	*opreso*	(opprimé, oppressé)
prender (attacher, arrêter)	*prendido*	*preso*	(pris, prisonnier)
presumir (présumer)	*presumido*	*presunto*	(présumé)
soltar (lâcher)	*soltado*	*suelto*	(lâché, libre)
sujetar (attacher)	*sujetado*	*sujeto*	(attaché)
suspender (suspendre, recaler)	*suspendido*	*suspenso*	(suspendu, recalé)
teñir (teindre)	*teñido*	*tinto*	(teint)

Pour les verbes *romper* (casser), *proveer* (pourvoir), *imprimir* (imprimer), la forme régulière (*rompido, proveído, imprimido*) n'a pas complètement disparu au profit de la forme courte (*roto, provisto, impreso*).

5 Les modifications orthographiques

Pour commencer

Des modifications orthographiques interviennent :
– soit pour conserver la prononciation de certaines consonnes de la syllabe finale, quand les voyelles de la terminaison changent ou devant une consonne ;
– soit pour respecter certaines traditions orthographiques.

Pour commencer

POUR CONSERVER LA PRONONCIATION DE CERTAINES CONSONNES

Au cours de la conjugaison, la voyelle suivant la dernière consonne du radical peut être différente de la voyelle thématique de l'infinitif. Dans ce cas, une modification orthographique a lieu pour préserver la prononciation de certaines consonnes. La modification existant aux présents de l'indicatif et du subjonctif se retrouve à l'impératif qui emprunte ses formes à ces deux temps (voir p. 174).

• **Verbes terminés en *-car*** : /k/ = c + a, o ► qu + e

buscar (chercher)
ind. prés. ► *busco* (je cherche), *buscas* (tu cherches)…
passé simple ► *busqué* (je cherchai), *buscaste* (tu cherchas)…
subj. prés. ► *busque, busques, busque, busquemos, busquéis, busquen*

• **Verbes terminés en *-quir*** : /k/ = qu + i, e ► c + a, o

delinquir (commettre un délit)
ind. prés. ► *delinco, delinques, delinque, delinquimos, delinquís, delinquen*
subj. prés. ► *delinca, delincas, delinca, delincamos, delincáis, delincan*

- **Verbes terminés en -*gar*** : /g/ = g + a, o ► gu + e

llegar (arriver)

ind. prés. ► *llego* (j'arrive), *llegas* (tu arrives)…
passé simple ► *llegué* (j'arrivai), *llegaste* (tu arrivas)…
subj. prés. ► *llegue, llegues, llegue, lleguemos, lleguéis, lleguen*

- **Verbes terminés en -*guir*** : /g/ = gu + i, e ► g + a, o

distinguir (distinguer)

ind. prés. ► *distingo, distingues, distingue, distinguimos, distinguís, distinguen*
sub. prés. ► *distinga, distingas, distinga, distingamos, distingáis, distingan*

- **Verbes terminés en -*guar*** : /gu/ = gu + a, o ► gü + e

aguar (couper avec de l'eau, gâcher (une fête))

ind. prés. ► *aguo* (je gâche), *aguas*…
passé simple ► *agüé* (je gâchai), *aguaste* (tu gâchas), *aguó* (il / elle gâcha)…
subj. prés. ► *agüe, agües, agüe, agüemos, agüéis, agüen*

- **Verbes terminés en -*ger*, -*gir*** : /x/ = g + e, i ► j + a, o

escoger (choisir), ***dirigir*** (diriger)

ind. prés. ► *escojo, escoges, escoge, escogemos, escogéis, escogen*
dirijo, diriges, dirige, dirigimos, dirigís, dirigen
subj. prés. ► *escoja, escojas, escoja, escojamos, escojáis, escojan*
dirija, dirijas, dirija, dirijamos, dirijáis, dirijan

- **Verbes terminés en -*cer*, -*cir*** : /θ/ = c + e, i ► z + a, o

ejercer (exercer), ***esparcir*** (éparpiller)

ind. prés. ► *ejerzo, ejerces, ejerce, ejercemos, ejercéis, ejercen*
esparzo, esparces, esparce, esparcimos, esparcís, esparcen
subj. prés. ► *ejerza, ejerzas, ejerza, ejerzamos, ejerzáis, ejerzan*
esparza, esparzas, esparza, esparzamos, esparzáis, esparzan

- **Verbes irréguliers terminés en -*acer*, -*ecer*, -*ocer*, -*ucir*** :
/θ/ = c + e, i ► z + c, g

nacer (naître), ***yacer*** (gésir), ***parecer*** (sembler), ***conocer*** (connaître), ***lucir*** (luire, briller)

ind. prés. ► *nazco* (je nais), *naces* (tu nais)…
yazgo (je gis), *yaces* (tu gis)…
parezco (je semble), *pareces* (tu sembles)…
conozco (je connais), *conoces* (tu connais)…
luzco (je brille), *luces* (tu brilles)…
subj. prés. ► *nazca, nazcas, nazca, nazcamos, nazcáis, nazcan*
yazga, yazgas, yazga, yazgamos, yazgáis, yazgan
parezca, parezcas, parezca, parezcamos, parezcáis, parezcan
conozca, conozcas, conozca, conozcamos, conozcáis, conozcan
luzca, luzcas, luzca, luzcamos, luzcáis, luzcan

• **Verbes terminés en** *-zar* : /θ/ = z + a, o ► c + e (par pure convention, car si l'on gardait le **z** devant un **e**, le son ne changerait pas).

rozar (frôler)

ind. prés. ► *rozo* (je frôle), *rozas* (tu frôles)

passé simple ► *rocé* (je frôlai), *rozaste* (tu frôlas), *rozó, rozamos, rozasteis...*

subj. prés. ► *roce, roces, roce, rocemos, rocéis, rocen*

• Entre deux voyelles, **i** atone ► **y** à la 3e personne du singulier et du pluriel du passé simple, aux imparfaits et futur du subjonctif et au gérondif.

caer (tomber), *leer* (lire), *huir* (fuir)

passé simple ► *caí, caíste, cayó* [au lieu de *ca + ió*], *caímos, caísteis, cayeron*
leí, leíste, leyó, leímos, leísteis, leyeron [au lieu de *le + ieron*]
huí, huiste, huyó, huimos, huisteis, huyeron

subj. imp. 1 et 2 / futur ► *cayese, cayeses...* et *cayera, cayeras...* /
cayere, cayeres...
leyese, leyeses... et *leyera, leyeras...* /
leyere, leyeres...
huyese, huyeses... et *huyera, huyeras...* /
huyere, huyeres...

gérondif ► *cayendo, leyendo, huyendo*

• **En début de verbe** : *ue* ► *hue* et *ie* ► *ye*

oler (sentir)

ind. prés. ► *huelo, hueles, huele, olemos, oléis, huelen*

subj. prés. ► *huela, huelas, huela, olamos, oláis, huelan*

errar (se tromper)

ind. prés. ► *yerro, yerras, yerra, erramos, erráis, yerran*

subj. prés. ► *yerre, yerres, yerre, erremos, erréis, yerren*

• Les diphtongues **ió** ► **ó** et **ie** ► **e** (perdent le i) après **ch, ll, ñ** du radical des verbes de 2e et 3e conjugaisons, ces deux derniers sons consonantiques comportant déjà le son vocalique /i/.

henchir (remplir), *bullir* (bouillir, remuer), *tañer* (jouer de, sonner)

passé simple ► *hinchó* (il remplit), *hincheron* (ils remplirent)
bulló (il bouillit), *bulleron* (ils bouillirent...)
tañó (il joua d'un instrument), *tañeron* (ils jouèrent...)

subj. imp. 1 et 2 / futur ► *hinchese...* et *hinchera... / hinchere...*
bullese... et *bullera... / bullere...*
tañese... et *tañera... / tañere...*

gérondif ►*hinchendo, bullendo, tañendo*

• Il en est de même pour *reír* (rire) : **ió** ► **ó** et **ie** ► **e**, lorsque le **e** du radical se ferme en **i** (verbes qui s'affaiblissent).

passé simple ►*rió* [au lieu de *ri + ió* (il rit)], *rieron* [au lieu de *ri + ieron* (ils rirent)]

subj. imp. 1 et 2 / futur ► *riese...* et *riera... / riere...*

gérondif ►*riendo*

6 Les auxiliaires et semi-auxiliaires

Pour commencer

Les verbes auxiliaires, employés avec un infinitif, un gérondif ou un participe passé servent à exprimer diverses nuances de **temps**, de **mode** ou **d'aspect** ou à former la **voix passive**. Ce sont des mots grammaticaux.

L'auxiliaire *haber* (avoir) conjugué et suivi du **participe passé invariable** (quel que soit le verbe) sert à former les **temps composés** de ce verbe.

Hemos sido felices hasta ahora. Nous avons été heureux jusqu'à présent.
Lo habías prometido. Tu l'avais promis.

Le verbe *haber* peut aussi être le **présentateur d'un groupe nominal**.

Ayer había mucha gente pero hoy no hay casi nadie.
Hier, il y avait beaucoup de monde, mais aujourd'hui il n'y a presque personne.

Les verbes *ser* et *estar* sont **auxiliaires** quand ils servent à former la **voix passive** ; ils sont conjugués et suivis du **participe passé accordé** d'un verbe prédicatif (voir p. 182).

La futura madre fue llevada al hospital por su marido.
La future mère fut emmenée à l'hôpital par son mari.

En el cóctel, la diputada estaba acompañada de su esposo.
Au cocktail, la députée était accompagnée de son époux.

Ils peuvent aussi être des **verbes copulatifs** qui **introduisent un attribut ou un groupe nominal** précédé d'une préposition (voir p. 155).

Fuiste muy amable. Tu as été très aimable.
Estoy lista. Je suis prête.
Su abanico no es de papel sino de encaje.
Son éventail n'est pas en papier mais en dentelle.
Mis padres están en Cataluña. Mes parents sont en Catalogne.

D'autres verbes d'ordinaire prédicatifs peuvent jouer épisodiquement le **rôle d'auxiliaires**, lorsqu'ils sont suivis, selon les cas, de l'infinitif, du gérondif ou du participe passé d'un verbe copulatif ou prédicatif : on les appelle des verbes semi-auxiliaires.

*El perro **sigue** a su amo por todas partes.* Le chien suit son maître partout.
[***seguir*** (*sigue*) = verbe prédicatif]

*Tus investigaciones **siguen** siendo apasionantes.*
Tes recherches continuent à être passionnantes.
[***seguir*** (*sigue*) = verbe auxiliaire, ***ser*** (*siendo*) = verbe copulatif]

*A pesar del ruido, el niño **sigue** durmiendo a pierna suelta.*
Malgré le bruit, l'enfant continue à dormir à poings fermés.
[***seguir*** (*sigue*) = verbe auxiliaire, ***dormir*** (*durmiendo*) = verbe prédicatif]

*Juan **tiene** dos coches.* Jean a deux voitures.
[***tener*** (*tiene*) = verbe prédicatif]

*Los billetes, ya los **tengo** compra**dos**.*
Les billets, je les ai déjà achetés/je les ai déjà en poche.
[***tener*** (*tengo*) = verbe auxiliaire, **comprar** (*comprados*) = verbe prédicatif]

Pour commencer

1 Auxiliaire + infinitif

On emploie l'infinitif pour un événement dont le déroulement n'est pas encore engagé ou qui n'est pas en train de se dérouler. C'est ce qui explique ses liens avec l'expression de l'idée de futur.
Le temps futur lui-même est formé de l'infinitif + présent de l'auxiliaire ***haber*** (avoir) (voir p. 178).

cantaré (je chanterai) = *cantar* + *he* [chanter + ai]

IDÉE DE FUTUR

A **Pour exprimer un futur immédiat** on emploie :
• *ir* (au présent, à l'imparfait) + *a* + infinitif (aller + infinitif) ;
Va a llover. Il va pleuvoir.
*Yo **iba a** salir cuando llegó Federico.*
J'allais sortir quand Frédéric est arrivé.

Aux autres temps du passé, au futur et au conditionnel, le verbe **ir** n'est pas auxiliaire mais reprend son rôle prédicatif de verbe de mouvement.

Fui / He ido *a comprar pan.* Je suis allé(e) acheter du pain.
Había ido *a comprar el periódico.* J'étais allé(e) acheter le journal.
Iré *a comprar leche.* J'irai acheter du lait.
Iría *a verla con mucho gusto.* J'irais la voir avec grand plaisir.

• **estar para, a punto de** + infinitif (être sur le point de + infinitif)
El barco **está para** *zarpar.* Le bateau est sur le point de lever l'ancre.

B **Pour exprimer une action prévue**, on emploie **estar por** + infinitif (être à + infinitif).
La pared **está por** *pintar.* Le mur est à peindre.
El barco **está por** *zarpar.* Le bateau est en partance.

C **Pour exprimer une action non réalisée** (simple constatation), on emploie **estar sin** + infinitif (n'être pas + participe passé).
La pared **está sin** *pintar.* Le mur n'est pas encore peint.

D **Pour exprimer une intention ou une légère obligation**, on emploie **haber de** + infinitif (devoir + infinitif, avoir à + infinitif).
He de *pasar por su casa.* Je dois passer chez lui / elle / vous.

NOTION DE CAPACITÉ, DE RÉUSSITE

Pour exprimer la capacité, la possibilité, on emploie **poder** + infinitif (pouvoir + infinitif).

Pour exprimer la réussite, on emploie **conseguir** + infinitif (réussir à + infinitif), **lograr** + infinitif (parvenir à, arriver à + infinitif).

Estoy constipada, no **puedo** *cantar, ni siquiera* **consigo** *abrir la boca.*
Je suis enrhumée, je ne peux pas chanter, je n'arrive même pas à ouvrir la bouche.
Puedes *correr, pero no* **lograrás** *escapar.*
Tu peux courir, mais tu ne parviendras pas à t'échapper.

ASPECT FACTITIF

Pour donner l'ordre d'agir (sans complément ou avec un pronom), on emploie **mandar** + infinitif (faire + infinitif).

(Le) **mandó** *construir un palacio.* Il (lui / vous) fit construire un palais.

« Faire » + infinitif, s'il n'y a pas d'ordre donné se traduit par **hacer** + infinitif.

*La **hizo** esperar demasiado.* Il la fit trop attendre.

IDÉE D'OBLIGATION, DE CONVENANCE

A « Il faut » + infinitif ► **hay que, es necesario, es preciso, (es menester), hace falta** + infinitif.

Hay que *decírselo inmediatamente.* Il faut le lui dire immédiatement.
*Para ir a Orense, **era preciso** hacer transbordo en Venta de Baños.*
Pour aller à Orense, il fallait changer de train à Venta de Baños.
Hace falta *pensarlo con calma.* Il faut y réfléchir calmement.

B « Devoir » + infinitif ou « il faut que » + sujet + verbe au subjonctif ► **deber, tener que, (haber de)** + infinitif.

Tienes que *reservar el pasaje y **debes** pagar cuanto antes.*
Il faut que tu réserves ton billet d'avion et tu dois payer dès que possible.

C « Il convient de » + infinitif ► **conviene, cabe** + infinitif / **es de** + infinitif d'un verbe de perception ou d'entendement.

Cabe *decir que ese chico no era muy serio.*
Il faut bien dire que ce garçon n'était pas très sérieux.
Es de *notar que los disturbios se produjeron después de la manifestación.*
Il faut remarquer que les troubles se sont produits après la manifestation.

IDÉE DE SUPPOSITION

Pour exprimer la supposition, on emploie **deber de** + infinitif (devoir + infinitif), **poder** + infinitif (pouvoir + infinitif), **parecer** + infinitif (sembler + infinitif)

Debe de *tener unos quince años.* = **Puede** *tener unos quince años.*
Il doit avoir environ quinze ans. Il peut avoir dans les quinze ans.
Parece *tener unos quince años.* Il semble avoir à peu près quinze ans.

IL SUFFIT DE, IL N'Y A QU'À

L'équivalent est **basta / basta con** + infinitif.

Basta (con) *pedírselo y te dará permiso de salir más temprano.*
Il suffit de / il n'y a qu'à le lui demander et il te donnera la permission de sortir plus tôt.

ASPECT INCHOATIF : DÉBUT DE L'ÉVÉNEMENT

Pour exprimer un événement à son début, on emploie :
– **empezar a, comenzar a** + infinitif (« commencer à » + infinitif) ;

– **ponerse a** + infinitif (« se mettre à » + infinitif) ;

– **echar a, echarse a, romper a** + infinitif (« se mettre à » + infinitif) qui soulignent le caractère soudain et inattendu de ce début.

*El veraneante **empezó** a caminar por la carretera y **se puso a** cantar a voz en grito.* L'estivant commença à marcher sur la route et se mit à chanter à tue-tête.

*De repente la niña **se echó a** correr y las demás **rompieron a** reír.*
Soudain la fillette prit ses jambes à son cou et les autres éclatèrent de rire.

ASPECT TERMINATIF : FIN DE L'ÉVÉNEMENT

A Pour exprimer une action qui se termine ou terminée récemment, on emploie :

– **dejar de** + infinitif (« cesser de » + infinitif) ;

– **acabar** (au présent, à l'imparfait) + **de** + infinitif (« venir de » + infinitif).

*Bartolomé **dejó de** fumar hace ya dos años.*
Barthélémy a cessé de fumer, voilà déjà deux ans.

*Perla **acaba de** salir.* Perla vient de sortir.

B Aux autres temps du passé, au futur et au conditionnel, *acabar de* + infinitif n'est plus auxiliaire, mais reprend son sens de « finir ».

***Acabé / He acabado de** trabajar a las seis.* J'ai fini de travailler à six heures.

***Habías acabado de** corregir las pruebas, cuando llamó Irene.*
Tu avais fini de corriger les épreuves, quand Irène appela.

***Acabaré de** comer antes de recibirla.*
Je finirai de manger, avant de la recevoir.

***Acabaría de** leer el periódico, si pudiera.*
Je finirais de lire le journal, si je le pouvais.

ASPECT RÉITÉRATIF : RÉPÉTITION DE L'ÉVÉNEMENT

Pour exprimer un événement qui se répète, on emploie : **volver a, tornar a** + infinitif (« faire » à nouveau).

*.**Volvió a** contar su viaje a Bolivia.*
Il raconta à nouveau son voyage en Bolivie.

*Rafael volvió la cabeza para despedirse de ella y **tornó a** llorar.*
Raphaël tourna la tête pour prendre congé d'elle et il pleura à nouveau.

NOTION D'HABITUDE

Pour exprimer l'habitude, on emploie :

– **soler, acostumbrar** + infinitif (« avoir l'habitude de » + infinitif) ;

– **acostumbrarse a** + infinitif (« prendre l'habitude de » + infinitif).

*Francisco **solía** / **acostumbraba** llamarla a la hora del desayuno.*
François avait l'habitude de l'appeler à l'heure du petit-déjeuner.
*El anciano **se acostumbró a** pasear un poco por la tarde.*
Le vieil homme prit l'habitude de se promener un peu l'après-midi.

2 Auxiliaire + gérondif

Le gérondif marque un processus en cours de déroulement (aspect imperfectif). Il sert à exprimer la durée, la progression, la continuité, un laps de temps qui s'écoule.

DURÉE

On traduit la tournure « être en train de » + infinitif par **estar** + gérondif (plus fréquent que son équivalent français).

***Estoy** estudiando la historia de la Independencia de los países latinoamericanos.*
Je suis en train d'étudier l'histoire de l'Indépendance des pays latino-américains.
*He **estado** esperándote media hora y me he ido furiosa.*
Je t'ai attendu(e) une demi-heure et je suis partie furieuse.

PROGRESSION AVEC DES VERBES DE MOUVEMENT

• **ir** + gérondif : exprime une certaine lenteur.

***Va** entendiendo mejor las lecciones de matemáticas.*
Il commence à mieux comprendre les leçons de maths.

• **venir** + gérondif : exprime l'insistance.

*Hacía mucho tiempo que él me **venía** aconsejando lo mismo.*
Cela faisait longtemps qu'il me donnait le même conseil.

• **andar** + gérondif : exprime un mouvement de dispersion.

*¿Conoces la estrofa de la canción extremeña que empieza así: "**Anda** diciendo la gente que tienes un olivar / y el olivar que tú tienes, ay, / es que te quieres casar…"?*
Est-ce que tu connais la strophe de la chanson d'Extrémadure qui commence ainsi : « On dit à droite et à gauche que tu as une oliveraie / et l'oliveraie que tu as, aïe, / c'est que tu veux te marier… » ?

CONTINUITÉ

Pour exprimer la continuité, on emploie **seguir, continuar** + gérondif (« continuer à » + infinitif).

*A pesar de su largo silencio, **sigo** pensando en él.*
Malgré son long silence, je continue à penser à lui.

« Cela fait… » + durée + « que » se traduit par **llevar** + durée + gérondif

Llevo *ya tres años estudi**ando** castellano.*
Cela fait déjà trois ans que j'étudie l'espagnol.

Pour traduire la phrase négative correspondante : « Cela fait » + durée + « que… ne… pas », on emploie **llevar** + durée + **sin** + infinitif.

Llevo *ya tres años **sin leer** nada en castellano.*
Cela fait déjà trois ans que je ne lis rien en espagnol.

❸ Auxiliaire + participe passé

Le participe passé marque un procès dont le déroulement est achevé (aspect perfectif).

TEMPS COMPOSÉS

Ils se construisent avec **haber** + participe passé invariable. Ils marquent l'antériorité d'un événement sur un autre (voir p. 180).

► Pour le passé composé, voir page 223.

PERSISTANCE D'UNE ACTION DÉJÀ EXÉCUTÉE OU INSISTANCE

Dans ce cas, on emploie **tener** + participe passé, accordé avec le complément d'objet direct.

Ten *cerra**dos** los ojos.* Garde les yeux fermés.
*Se lo **tengo** dicho.* Je le lui ai dit. [je t'assure]

VOIX PASSIVE

► Pour **ser** + participe passé accordé avec le sujet, voir p. 182.

RÉSULTAT D'UNE ACTION ANTÉRIEURE

La forme **estar** + participe passé, accordé avec le sujet, exprime le résultat d'un événement antérieur présenté soit à la voix active à un temps simple ou composé (*haber* + participe passé), soit à la voix passive (*ser* + participe passé).

*El presidente **abre** / **ha** abierto la sesión.* Le président ouvre / a ouvert la séance.
*La sesión **es** / ha **sido** abierta por el presidente.* La séance est / a été ouverte par le président.
*La sesión **está** abierta.* La séance est ouverte.

ACTION PARTIELLEMENT TERMINÉE

Dans ce cas, on emploie **llevar** + participe passé, accordé avec le complément d'objet direct.

*Roberto **lleva** escri**tas** unas cien páginas de su tesis sobre Unamuno.*
Robert a rédigé environ cent pages de sa thèse sur Unamuno.

PERSISTANCE D'UNE ACTION EN L'ABSENCE DE L'AGENT

On emploie **dejar** + participe passé, accordé avec le complément d'object direct.

***Dejó** decepciona**dos** a todos sus amigos.* Il a déçu tous ses amis.

RÉSULTAT D'UNE ACTION AVEC NOTION D'INSISTANCE

Pour exprimer le résultat d'une action avec l'idée d'insistance de *tener* + participe passé, ou l'idée de persistance exprimée par *dejar* + participe passé, au lieu de *estar* + participe passé, on emploie :
quedar + participe passé, accordé avec le sujet.

***Tengo dicho** varias veces que es inútil insistir.* ► ***Queda** dich**o** que es inútil insistir.*
J'ai bien dit à plusieurs reprises qu'il est inutile d'insister ► Il a été bien dit / il est bien clair qu'il est inutile d'insister.

*Antes de ir a trabajar, Paco **dejó regado** el jardín. **Queda** regad**o** el jardín.*
Avant d'aller travailler, François a arrosé le jardin. C'est fait, le jardin est arrosé.

EN PARLANT DES VÊTEMENTS, DES CHAUSSURES...

• *ir, venir, andar* + *vestido, calzado* (participe passé accordé avec le sujet) : être habillé, chaussé...

Vienes vestida de verano. Tu es habillée comme en été.

• *tener, llevar, traer* puesto (participe passé accordé avec le COD) : porter, avoir mis.

*Aquella señora siempre **va** vesti**da** de verde, pero hoy **lleva** puest**o un** chaquetón negr**o**.* Cette dame est toujours habillée [s'habille toujours] en vert, mais aujourd'hui elle porte [a mis] une veste noire.

Étude contrastive des modes et des temps

Pour commencer

La valeur des modes est sensiblement la même en espagnol et en français :
- l'indicatif est le mode de la réalisation ;
- le subjonctif celui de la non réalisation ;
- l'impératif celui de l'interlocution ;
- les formes non personnelles (infinitif, gérondif, participe passé) ont entre elles des différences d'aspect verbal (voir p. 168).

Il y a cependant, si on compare les deux langues, des différences d'emploi. C'est ce que nous mettons en relief pour les modes et pour les temps.

Pour commencer

1 Différences dans l'emploi des modes

INDICATIF EN ESPAGNOL / SUBJONCTIF EN FRANÇAIS

A **Une subordonnée concessive**, dont l'opposition porte sur un fait réel est introduite par : *aunque, si bien, a pesar de que, pese a que* + indicatif = « bien que » / « quoique » + subjonctif (qui marque l'opposition) :

*Aunque **está** lloviendo a cántaros, tengo que irme ahora.*
Bien qu'il **pleuve** à torrents, je dois partir maintenant.
*Aunque **llovía** mucho, tuve que salir.*
Quoiqu'il **pleuve** (plût) beaucoup, j'ai dû sortir.

B **Une subordonnée relative après un superlatif** ou des adjectifs qui expriment la même idée comme « seul », « premier », « unique », « suprême », est normalement au **subjonctif** en français (ce qui manifeste un reste de doute dans l'esprit et évite un avis trop tranchant). Le point de comparaison étant la réalité, **l'espagnol emploie toujours l'indicatif**.

*Daniela es la **mejor** secretaria que **hemos tenido**.*
Danielle est la meilleure secrétaire que nous ayons eue.

*Dionisio es el **único** alumno que **sabe** de memoria algunos poemas.*
Denis est le **seul** élève qui **sache** par cœur quelques poèmes.

C **Proposition hypothétique coordonnée introduite par « et que ».**
En français la conjonction « si » suffit à exprimer l'hypothèse et n'est pas renforcée par un subjonctif. Dans une proposition conditionnelle coordonnée par « et », « ou », « mais », on emploie normalement « **que** » qui n'a pas en soi de valeur hypothétique et en a besoin pour introduire une supposition, d'où l'emploi du subjonctif.

En espagnol, on n'emploie pas *que* devant la subordonnée et bien que la conjonction *si* ne soit pas répétée, elle introduit la deuxième proposition, toujours à l'**indicatif** comme la première.

Si tu viens mercredi et **qu'il fasse** beau, nous irons nous promener.
*Si vienes el miércoles **y hace** buen tiempo, iremos de paseo.*

SUBJONCTIF EN ESPAGNOL / INDICATIF EN FRANÇAIS

Le subjonctif est le mode de la non réalisation (voir p. 166).

A **Expression de la condition**, de **l'hypothèse**, de **la comparaison hypothétique** après « si », « même si », « comme si » en français : « **si** » suffit à lui seul à exprimer l'hypothèse ; il est donc toujours suivi de **l'indicatif**.

• **Hypothèse future**, qui peut donc se réaliser.
L'espagnol et le français emploient le présent de l'**indicatif** après « si » (*si*) et le futur dans la proposition principale.

*Si **vienes** conmigo, te lo **contaré** todo.*
[**indicatif** présent]   [indicatif futur]
Si tu viens avec moi, je te **raconterai** tout.
[**indicatif** présent]   [indicatif futur]

On peut remplacer *si* + **indicatif** présent par *como* + **subjonctif** présent. *Como* (comme) n'ayant pas de valeur hypothétique, c'est le **subjonctif** qui l'exprime.

Como vengas conmigo, te lo contaré todo.
[**subjonctif** présent]   [indicatif futur]
Si tu **viens**... / A **condition que** tu **viennes** avec moi, je te raconter**ai** tout.
[**indicatif** présent / subjonctif présent]   [indicatif futur]

• **Irréel du présent et du passé** : c'est une non réalisation.
L'espagnol emploie le **subjonctif** : après « **si** », le français emploie
l'**indicatif**.

Si vinieras / vinieses conmigo, te lo contaría todo.
[**subjonctif** imparfait]   [conditionnel présent]
Si tu **venais** avec moi, je te raconter**ais** tout.
[**indicatif** imparfait]   [conditionnel présent]
Si hubieses / hubieras venido conmigo, te lo habría contado todo.
[**subjonctif** plus-que-parfait]   [conditionnel passé]
Si tu **étais venu(e)** avec moi, je t'aur**ais** tout raconté.
[**indicatif** plus-que-parfait]   [conditionnel passé]

• **Subordonnée concessive** dont l'opposition repose sur une **hypothèse.**
L'espagnol emploie le **subjonctif**. Le français, après « **même si** »,
emploie l'**indicatif** et après « **quand bien même** », le **conditionnel**.

• *Aunque vengas conmigo, no te diré nada.*
[**subjonctif** présent]   [indicatif futur]
Même si tu **viens** avec moi, je ne te di**rai** rien.
[**indicatif** présent]   [indicatif futur]
• *Aunque vinieras conmigo, no te diría nada.*
[**subjonctif** imparfait]   [conditionnel présent]
Même si tu **venais** avec moi, je ne te di**rais** rien.
[**indicatif** imparfait]   [conditionnel présent]
Quand bien même tu **viendrais** avec moi, je ne te di**rais** rien.
          [**conditionnel** présent]   [conditionnel présent]
Tu **viendrais** avec moi, **que** je ne te di**rais** rien.
[**conditionnel** présent]   [conditionnel présent]
• *Aunque hubieses venido conmigo, no te habría dicho nada.*
[**subjonctif** plus-que-parfait]   [conditionnel passé]
Même si tu **étais venu(e)** avec moi, je ne t'aur**ais** rien dit.
[**indicatif** plus-que-parfait]   [conditionnel passé]
Quand bien même tu **serais venu(e)** avec moi, je ne t'aur**ais** rien dit.
          [conditionnel passé]   [conditionnel passé]
Tu **serais venu(e)** avec moi **que** je ne t'aur**ais** rien dit.
[**conditionnel** passé]   [**conditionnel** passé]

• **Comparaison hypothétique.**
L'espagnol emploie le **subjonctif** imparfait ou plus-que-parfait après
como si, le français l'**indicatif** imparfait ou plus-que-parfait après
« **comme si** ».

V^d actuó **como si** no **supiera** nada. [**subjonctif** imparfait]
Vous avez agi **comme si** vous ne **saviez** rien. [**indicatif** imparfait]

B Expression de la supposition.

Après ***quizá, quizás, acaso, tal vez*** (peut-être), on emploie :

– l'**indicatif** si la supposition est une probabilité ;

– le **subjonctif**, s'il ne s'agit que d'une possibilité.

En français, « **peut-être** » est toujours suivi de l'**indicatif**.

Quizá(s) *ella* ***está*** *al tanto.* Peut-être **est**-elle au courant.
Quizá(s) *ella* ***esté*** *al tanto.* Il peut se faire qu'elle **soit** au courant.

Dans les deux cas, il y a doute, exprimé par le même adverbe *quizás* ou un équivalent. Mais, pour rendre la nuance entre probabilité et possibilité, l'espagnol utilise l'opposition indicatif / subjonctif : « probable » est proche de la réalité (indicatif) ; « possible » est plus éloigné d'une éventuelle réalité (subjonctif).

Le français exprime l'opposition « probabilité / possibilité » à l'aide de deux tournures différentes, « peut-être » ne pouvant être suivi du subjonctif.

A lo mejor, qui est toujours suivi de l'**indicatif**, exprime la probabilité.

A lo mejor *ella* ***está*** *al tanto.*
Si ça se trouve, elle **est** au courant. / Elle **doit** être au courant. / Elle **est probablement** au courant. / **Il est presque sûr** qu'elle **est** au courant.

C Subordonnées temporelles au futur, relatives exprimant une éventualité, comparatives au futur.

Dans une subordonnée temporelle envisageant un événement dans l'avenir et dans une proposition relative exprimant une éventualité future, en **français** on emploie l'**indicatif futur**.

Comme un événement futur peut ne pas se réaliser, en **espagnol**, on emploie dans ces subordonnées le **subjonctif présent** (en espagnol ancien, le subjonctif futur).

Cuando ***venga*** *Felipe, veremos lo que dice.*
[subjonctif présent]   [indicatif futur]
Quand Philippe **viendra**, on verra ce qu'il (en) dit.
        [indicatif futur]   [indicatif futur]

El que llegue *primero pondrá la mesa.*
[subjonctif présent]   [indicatif futur]
Celui qui **arrivera** le premier mettra la table.
        [indicatif futur]   [indicatif futur]

Harás primero ***lo que*** *él te* ***diga***, *después irás* ***adonde quieras***.
[indicatif futur] [subjonctif présent] [indicatif futur] [subjonctif présent]

Tu feras d'abord **ce qu**'il te **dira**, ensuite tu iras **où** tu **voudras**.
[indicatif futur]   [indicatif futur] [indicatif futur] [indicatif futur]
*Allí, no podrás trabajar sólo **cuando** te **dé** la gana y **como** te **apetezca**.*
          [indicatif futur]   [subjonctif présent]   [subjonctif présent]
Là-bas, tu ne pourras pas travailler seulement **quand** tu en **auras envie** et
               [indicatif futur]   [indicatif futur]
comme tu l'**entendras**.
          [indicatif futur]

D **Le conditionnel de certains verbes** exprimant le souhait (***querer***), la
possibilité (***poder***), la supposition (***deber***) et celui de l'auxiliaire ***haber***
peut être remplacé par **le subjonctif imparfait en -*ra***. Dans ce cas, le
subjonctif renforce la non réalisation actuelle d'un souhait, d'une possibilité, d'une supposition, exprimée au conditionnel.

***Quisiera** un quilo de patatas.* [au lieu de *querría* très peu employé]
Je **voudrais** un kilo de pommes de terre.
***Pudiera** V^d / **podría** V^d decirme si hay un metro cerca.*
[***pudiera*** plus hypothétique que ***podría*** est en quelque sorte plus poli parce
que moins insistant, mais moins usité]
Pourriez-vous me dire s'il y a un métro près d'ici.
*No estoy cierta, pero me parece que María **debiera / debería** haber llegado.*
Je ne suis pas sûre, mais il me semble que Marie devrait être arrivée.
*Aunque hubieses venido conmigo, él no te **hubiera / habría** dicho nada.*
[***hubiera*** est plus courant que ***habría***, voir p. 226]
Même si tu étais venu(e) avec moi, il ne t'**aurait** rien dit.

SUBJONCTIF EN ESPAGNOL / INFINITIF EN FRANÇAIS

Après des verbes de volonté, exprimant :

– l'ordre (***pedir, ordenar, decir, mandar***),
– la permission (***permitir, dejar***),
– la défense (***prohibir, impedir***),
– la prière (***rogar, suplicar***),
– le conseil (***aconsejar***),

en espagnol, la subordonnée est au **subjonctif**, car la volonté du sujet
peut être contrecarrée par celle de l'interlocuteur et ne pas être réalisée.

En français, le subjonctif est possible, mais on emploie en général l'**infinitif** (ce qui est impossible en espagnol, quand le complément du
verbe de volonté n'est pas un pronom).

*Manuel (le) **pide** / **dice** a su hermano que nos **llame** cuanto antes.*
Emmanuel **demande** / **dit** à son frère de nous **appeler** dès que possible.
***Le prohibió** a su criado que **dijera** la verdad.*
Il interdit à son valet de **dire** la vérité.

Si le complément du verbe de la proposition principale (sujet de la subordonnée) est un **pronom**, l'infinitif est admis après *ordenar, mandar, permitir, dejar, prohibir, impedir*.

Me ordenó / *me* mandó / *me* permitió / *me* dejó / *me* prohibió / *me* impidió *pasar*.
Il m'ordonna de / me fit / me permit de / me laissa / m'interdit de / m'empêcha de passer.

Avec *pedir* (demander), *rogar* (prier), *suplicar* (supplier), *aconsejar* (conseiller), verbes qui supposent une place plus grande laissée à la volonté de l'interlocuteur, l'infinitif est moins employé et le subjonctif reste conseillé.

Te pido / ruego / suplico / aconsejo que **vengas**
Je te demande/ te prie / te supplie / te conseille de venir.

Avec *decir*, exprimant un ordre, on emploie toujours le subjonctif.

*El dentista (le) dijo **a su paciente** que **volviera** el martes.*
Le dentiste dit à son patient de **revenir** le mardi suivant.
*El dentista **le** dijo que **volviera** el martes.*
Le dentiste lui dit de **revenir** le mardi suivant.

Comparez avec *decir* + indicatif (qui n'exprime pas un ordre).

*El dentista le **dijo** que **volvía** a su casa muy tarde los martes.*
Le dentiste lui dit qu'il rentrait chez lui très tard le mardi.

SUBJONCTIF EN ESPAGNOL / IMPÉRATIF EN FRANÇAIS

En espagnol, l'impératif n'a que deux formes qui lui sont propres : la 2e personne du singulier et la 2e du pluriel de l'impératif affirmatif.
Les autres personnes ainsi que l'impératif négatif en entier empruntent leurs formes au subjonctif, comme si **ordeno que** ou **pido que** (j'ordonne que ou je demande que) étaient sous-entendus.

salta	(saute)	*no **saltes***	(ne saute pas)
***salte* V**d	(sautez)	*no **salte** V*d	(ne sautez pas)
saltemos	(sautons)	*no **saltemos***	(ne sautons pas)
saltad	(sautez)	*no **saltéis***	(ne sautez pas)
***salten* V**des	(sautez)	*no **salten** V*des	(ne sautez pas)

INFINITIF EN ESPAGNOL / SUBJONCTIF EN FRANÇAIS

L'obligation personnelle peut s'exprimer à l'aide de ***tener que*** + infinitif, ***haber de*** + infinitif, ***deber*** + infinitif.
En français, « **devoir** » est suivi de l'infinitif, mais « **il faut que** », étant impersonnel, le subjonctif est employé dans la subordonnée. L'infinitif n'est possible qu'avec un pronom.

*Los alumnos tienen que / deben **coger** el tren de las ocho, para llegar a tiempo.*
Les élèves doivent prendre le train… / **Il faut que** les élèves **prennent** le train de 8 h pour arriver à temps.

Mais : *Tengo que **coger** el último tren.*
Je dois prendre… / **Il faut que** je **prenne**… / Il me **faut prendre** le dernier train.

*Los turistas también han de **dormir** la siesta en verano.*
Les touristes aussi doivent faire la sieste… / **Il faut que** les touristes aussi **fassent** la sieste en été.
Mais : *He de **hacer** más ejercicio.*
Je dois faire**…** / **Il faut que** je **fasse**… / Il me **faut faire** plus d'exercice.

❷ Ressemblances et différences dans l'emploi des temps

| LES TEMPS DE L'INDICATIF

▢ A Le présent.

• En espagnol comme en français, le présent est un temps **imperfectif**, c'est-à-dire qu'on n'envisage ni le début ni la fin de l'événement, pourvu que celui-ci coïncide avec le moment où l'on parle.

– **Cette coïncidence peut être ponctuelle.**
Llaman a la puerta. On frappe à la porte.

– **Le présent**, décidé par le locuteur, peut être **plus long**.
*Este año **llueve** poco.* Cette année, il ne pleut pas beaucoup.

– On emploie le présent pour exprimer une **vérité générale** toujours valable au moment où l'on parle.
*El cocido **es** un plato madrileño.* Le pot-au-feu est un plat madrilène.
*El sol **sale** por el este y **se pone** por el oeste.*
Le soleil se lève à l'est et se couche à l'ouest.

– **Une habitude**, si elle est valable au moment où l'on parle, s'exprime au présent.
*Irene **compra** El País sólo los domingos.*
Irène achète *El País* seulement le dimanche / … n'achète *El País* que le dimanche.

• Le présent est un temps **non marqué**, c'est-à-dire qu'il est compatible également avec l'expression du **passé** et du **futur** en espagnol comme en français.

– Expression du passé immédiat.

¡Tú aquí! salgo de tu casa. Toi, ici ! Je sors de chez toi.

– Le présent historique, c'est-à-dire l'emploi du présent au milieu d'un récit au passé, consiste à utiliser cette caractéristique du présent pour donner au lecteur l'impression de vivre un événement en direct.

*En 1252, **sube** al trono Alfonso X el Sabio y **empieza** un largo período de esplendor cultural.*
En 1252, Alphonse X le Sage monte sur le trône et commence alors une longue période de splendeur culturelle.

– De même, après *por poco*, et à la différence de l'équivalent français (« un peu plus », « faillir »…), on emploie le présent, quel que soit le moment où se produit l'événement.

*Ayer al encender la barbacoa, **por poco** me **quemo**.*
Hier en allumant le barbecue, **j'ai failli** me brûler / …un peu plus je me **brûlais**.

– Expression du futur plus ou moins éloigné.

*Pasado mañana **voy** al teatro.* Après-demain, je vais au théâtre.
*Dentro de tres años **damos** la vuelta al mundo.*
Dans trois ans, nous faisons le tour du monde.

– Expression d'un ordre, vu comme déjà réalisé.

***Preparas** la ensalada y **pones** la mesa.*
Tu prépares la salade et tu mets la table.

B **Le futur simple et le futur antérieur.**

Le futur simple, imperfectif, et le futur antérieur, perfectif, ont la même valeur temporelle en espagnol et en français.

*Me **quedaré** en casa el jueves, pero cuando **llegues**, ya **habré almorzado**.*
Jeudi je resterai à la maison, mais quand tu arriveras, j'aurai déjà déjeuné.

En espagnol, le futur simple et le futur antérieur peuvent avoir **une valeur modale de conjecture**, le futur simple appliqué au présent, le futur antérieur appliqué à un événement antérieur au présent.
En français, seul le futur antérieur peut être employé avec cette valeur pour un événement passé.

*– No sé dónde **habré puesto** ese juguete. – Estará en el sótano.*
– Je ne sais pas où **j'ai bien pu mettre** ce jouet. – Il **doit être** au sous-sol.
*María no está. **Habrá perdido** el tren o **estará** enferma.*
Marie n'est pas là. Elle **aura raté** son train, ou elle **est peut-être** malade.

C **Le conditionnel présent et le conditionnel passé.**

En espagnol, ces deux temps peuvent avoir une **valeur de conjecture** dans un contexte au passé, le conditionnel passé exprimant l'antériorité.

*Cuando volví a casa, **serían** las diez y pico. Vicente no estaba, se **habría ido**
ya a dar clase.*
Quand je suis rentré(e) à la maison, il **pouvait être** 10 h passées. Vincent
n'était pas là, **il était sans doute** déjà **parti** faire cours.

Avec les verbes ***poder*** et ***deber***, le conditionnel passé suivi de l'infinitif présent est remplacé par le conditionnel présent suivi de l'infinitif
passé.

Podrías *haberlo dicho antes.* [pour *Habrías podido decirlo antes.*]
Tu **aurais pu** le dire avant.

Deberíamos *haberla avisado.* [pour *Habríamos debido avisarla.*]
Nous **aurions dû** l'avertir.

D L'imparfait.

Comme son nom l'indique, c'est un temps imperfectif, l'équivalent du
temps présent dans le passé.

*Nunca **fumaba** mientras **leía** el periódico.*
Il / elle ne fumait jamais pendant qu'il / elle lisait le journal.

De même que le présent, quand il est employé pour un futur, confère
à l'événement une plus grande certitude de réalisation (c'est comme
si c'était fait), l'imparfait peut, dans la langue orale, remplacer le conditionnel avec le même effet de sens.

*Si llevara conmigo mi tarjeta de crédito, **compraba** ya este cuadro.*
Si j'avais sur moi ma carte de crédit, j'achèterais sûrement ce tableau sur-le-
champ.

Le conditionnel *compraría* (j'achèterais) est hypothétique, l'imparfait
compraba (j'achetais), qui normalement exprime une action réalisée
dans le passé, renforce la certitude de la réalisation.

Avec les verbes ***poder*** (pouvoir), ***deber, haber de*** (devoir), l'imparfait
suivi de l'infinitif présent peut remplacer le conditionnel présent.

Podías / ***debías*** / ***habías de*** *decírselo.*
Tu pourrais / devrais le lui dire.

L'imparfait suivi de l'infinitif passé peut remplacer le conditionnel
passé.

Podías / ***debías*** / ***habías de*** *habérselo dicho.*
Tu aurais pu / aurais dû le lui dire.

E Le passé simple et le passé composé.

La valeur respective de ces deux temps est différente en espagnol et
en français.

• **En français actuel**, pour exprimer une action passée, on emploie l'imparfait si elle est d'aspect imperfectif (événement dont on n'envisage pas la fin).

Si elle est d'aspect perfectif (événement qui est présenté comme terminé), on emploie exclusivement le **passé composé dans la langue orale** et plutôt le **passé simple dans un récit écrit**.

Ce matin, il jouait à cache-cache, il a glissé et s'est fait mal à un genou.
      [imparfait]   [passé composé]

Ce matin, il jouait à cache-cache, (quand) il glissa et se fit mal à un genou.
      [imparfait]   [passé simple]

En espagnol, à l'oral comme à l'écrit, le **passé simple** est un temps perfectif, qui exprime une action achevée dans le passé et **coupée réellement ou subjectivement du présent**.

En revanche, à l'oral comme à l'écrit, le **passé composé** exprime une action passée, achevée, donc également d'aspect perfectif (c'est ce qu'indique le participe passé) mais qui a un certain **rapport (réel ou subjectif) avec le présent** (c'est ce que marque le présent de l'auxiliaire *haber*).

*Esta mañana jugaba al escondite, **ha resbalado** y se **ha hecho daño** en una rodilla.*
Ce matin il jouait à cache-cache, il a glissé et s'est fait mal à un genou.
[dans un récit écrit, on pourrait dire : « …, il glissa et se fit mal à un genou. »]

Les deux événements sont complètement terminés, mais *esta mañana* (ce matin) situe l'action dans le temps présent choisi par le locuteur, à savoir la journée, d'où l'emploi du passé composé.

*Ayer jugaba al escondite, **resbaló** y se **hizo daño** en una rodilla.*
Hier il jouait à cache-cache, il a glissé et s'est fait mal à un genou.
[dans un récit écrit, on pourrait dire : « …, il glissa et se fit mal à un genou. »]

Ayer (hier) coupe le procès du présent, d'où l'emploi du passé simple.

• **Le passé composé s'emploie donc quand l'action passée a un rapport avec le présent**, c'est-à-dire :

– si l'action s'est achevée dans le laps de temps choisi par le locuteur comme présent.

*A lo largo de este siglo se **ha calentado** la tierra.*
Au cours de ce siècle, la terre s'est réchauffée.

– si l'action a commencé dans le passé et se poursuit dans le présent ou dans l'avenir.

*Ya **he leído** casi toda la novela.* J'ai lu presque tout le roman.

– si l'action achevée a des conséquences dans le présent.

*Pilar tiene la muñeca escayolada; se la **ha roto** hace dos semanas.*
Pilar a le poignet dans le plâtre ; elle se l'est cassé, il y a deux semaines.

– si l'action achevée dans le passé est vécue comme présente.

*Parece mentira, hace ya dos años que **ha muerto** Manolo, dijo Juana, desconsolada.*
Ce n'est pas croyable, cela fait déjà deux ans que Manolo est mort, dit Jeanne, inconsolable.

• **Le passé simple** peut s'employer, même pour exprimer une habitude, du moment qu'il y a **coupure avec le présent**.

*Durante más de veinte años Ramón **tomó** el tren de las siete.*
Pendant plus de 20 ans, Raymond a pris / prit le train de 7 h. [maintenant, c'est fini]

L'aspect perfectif du passé simple explique qu'on puisse l'employer pour :

– **exprimer une action future** que l'on souhaite voir réalisée sur-le-champ et que l'on présente donc comme terminée, sans laisser place à la discussion ;

*La madre levanta la voz, gritando a sus hijos : **¡se acabó!***
La mère élève la voix et crie à ses enfants : vous avez fini ! [= ça suffit !]

– **exprimer une action antérieure**, à la place du plus-que-parfait et surtout du passé antérieur, qui est peu employé en espagnol.

*En cuanto **terminó** (= hubo acabado) su trabajo, tomó las de Villadiego.*
Dès qu'il **eut terminé** son travail, il prit la poudre d'escampette.

Comparons les trois temps du passé : imparfait, passé simple et passé composé :

– *En 1492, Cristóbal Colón **descubría** el Nuevo Mundo.*
En 1492, Christophe Colomb découvrait le Nouveau Monde.
[imparfait = temps imperfectif ►on attend la suite]

– *En 1492, Cristóbal Colón **descubrió** el Nuevo Mundo.*
En 1492, Christophe Colomb découvrit / a découvert le Nouveau Monde.
[passé simple = temps perfectif ►événement terminé, historique]

– *En 1492, Cristóbal Colón **ha descubierto** el Nuevo Mundo.*
En 1492, Christophe Colomb a découvert le Nouveau Monde.
[passé composé = temps perfectif mais lié au présent ; le lien ne peut être que subjectif ►et aujourd'hui 500 ans plus tard, où en est-on ?]

F **Le plus-que-parfait.**

Le plus-que-parfait, en espagnol comme en français, exprime l'antériorité d'une action par rapport à une autre action passée.

*Cuando llegó José, ya **habíamos cenado**.*
Quand Joseph est arrivé, nous avions déjà dîné.

À côté de la forme composée, la forme étymologique simple en **-ra** (actuellement imparfait 2 du subjonctif) n'a pas complètement disparu.

Outre son emploi dialectal (Galice et Asturies), on la trouve dans les textes littéraires et même dans la presse actuelle, dans les propositions subordonnées.

*Se alegraba mucho del premio que le **concediera** la Academia.* [pour *que le había concedido*]
Il se réjouissait beaucoup du prix que lui avait décerné l'Académie.

G Le passé antérieur.

Le passé antérieur est un temps peu utilisé et remplacé par le passé simple.

*En cuanto **acabó** la ceremonia, la niña se quitó los zapatos de charol.*
Dès que la cérémonie **fut terminée**, la fillette enleva ses chaussures vernies.

LES TEMPS DU SUBJONCTIF

En espagnol, la langue courante dispose de trois formes simples et de trois formes composées au subjonctif, si l'on ne tient pas compte du futur et du futur antérieur, usités uniquement dans la langue juridique ou dans les discours officiels. Ces temps sont :

– le présent et deux imparfaits (l'un en -*se*, l'autre en -*ra*) ;

– leurs temps composés respectifs (subjonctif passé et deux plus-que-parfaits, l'un en -*se*, l'autre en -*ra*), tous utilisés dans le jeu de la **concordance des temps**.

A Les règles de la concordance des temps.

• Si le verbe de la proposition principale est au présent, au futur ou à l'impératif, le verbe de la subordonnée au subjonctif sera au présent.
*Ordeno / Ordenaré / Ordena que **se vaya**.*
J'ordonne / J'ordonnerai / Ordonne qu'il s'en aille.

• Si le verbe de la proposition principale est à l'imparfait, au passé simple, au plus-que-parfait, au conditionnel présent ou passé, le verbe de la subordonnée au subjonctif sera à l'imparfait.
*Ordenaba / Ordené / Había ordenado / Ordenaría / Habría ordenado que **se fuese / se fuera**.*
J'ordonnais / J'ai ordonné, J'ordonnai / J'avais ordonné / J'ordonnerais / J'aurais ordonné qu'**il s'en aille.**

• Si le verbe de la proposition principale est au passé composé, le verbe de la subordonnée au subjonctif se met :

– à l'imparfait, si l'action de la subordonnée se situe dans le passé.
*Esta mañana **he ordenado** que se **fuese / fuera** en seguida.*
Ce matin, j'ai ordonné qu'il s'en aille immédiatement.

– au présent, si l'action de la subordonnée se situe dans le présent ou le futur.

*Esta mañana **he ordenado** que **se vaya** en un plazo de tres días.*
Ce matin, j'ai ordonné qu'il s'en aille dans un délai de trois jours.

B Le présent.

Le présent du subjonctif a remplacé l'ancien futur du subjonctif dans les subordonnées temporelles, dans les relatives avec idée de futur et dans les propositions comparatives introduites par *como*, là où on emploie le futur de l'indicatif en français.

*Cuando Beatriz **se jubile**, se le hará un regalo.*
Quand Béatrice **partira à la retraite**, on lui fera un cadeau.

*Que levante la mano el que **tenga** algo que preguntar.*
Que celui qui **aura** quelque chose à demander lève la main.

*Haga V^d como **quiera**, me da igual.*
Faites comme vous voudrez, cela m'est égal.

C L'imparfait en -*se* et en -*ra*.

• En espagnol d'Amérique, l'imparfait en **-*ra*** est la forme majoritairement employée à l'oral.

• En espagnol d'Espagne, l'imparfait en **-*se*** et l'imparfait en **-*ra*** sont très souvent interchangeables. Cependant l'imparfait en **-*ra*** a des emplois spécifiques. Il peut remplacer :

– **le plus-que-parfait de l'indicatif** (voir p. 224).

– le **conditionnel présent** théoriquement de tous les verbes mais en particulier des verbes *querer, poder* et dans une moindre mesure *deber, saber* et *valer* ainsi que de l'auxiliaire *haber* qui forme le conditionnel passé (voir p. 218).

quisiera (= *querría*), **pudiera** (= *podría*), **debiera** (= *debería*), **supiera** (= *sabría*), **valiera** (= *valdría*), **hubiera** (= *habría*)

– **le conditionnel passé**, car l'espagnol remplace volontiers les temps composés par les temps simples correspondants. L'imparfait en **-*ra*** pouvant remplacer le conditionnel présent, peut s'employer aussi à la place d'un conditionnel passé.

*Si no fuera por tal casualidad, nunca **viniera** (hubiera venido / habría venido) tu libro a mis manos.*
Si cela n'avait pas été par ce hasard, jamais ton livre ne me **serait venu** entre les mains.

– **le subjonctif passé.**

*Me parece extraño que **hablara** (haya hablado) con semejante desfachatez.*
Cela m'étonne qu'il / elle ait parlé avec une telle effronterie..

– le subjonctif plus-que-parfait.

*Si los **vieras** (hubieras visto) antes, no **hubiera** (habría) ocurrido.*
Si tu les avais vus avant, cela ne serait pas arrivé.

• L'imparfait et le plus-que-parfait du subjonctif en **-ra** sont employés dans les exclamations de souhait ou de regret personnel introduites par **quién**.

*¡Quién **tuviera** dieciocho años!* Ah, si j'avais dix-huit ans !
[subj. imparfait ► souhait]

*¡Quién le **hubiera** hablado!* Ah, si seulement je lui avais parlé !
[subj. plus-que-parfait ► regret]

Pour l'ensemble des temps et des modes, seuls les emplois différents en espagnol et en français ont été développés. Bon nombre d'emplois sont communs.

8 Le groupe adverbial

Pour commencer

Dans le groupe verbal, le rôle adverbial peut être tenu par un adverbe (de quantité ou de manière), un adjectif, un groupe nominal précédé d'une préposition ou par un gérondif.

Au sein du groupe verbal, **le groupe adverbial** est **facultatif**.

*Pedro come **(mucho)**.* Pierre mange (beaucoup).
    [adverbe de quantité]

*Pedro duerme **(profundamente)**.* Pierre dort (profondément).
    [adverbe de manière]

*Pedro corre **(rápido)**.* Pierre court (vite).
    [adjectif]

*Pedro trabaja **(con mucho empeño)**.* Pierre travaille (avec beaucoup d'acharnement). [groupe nominal prépositionnel]

*Pedro guisa **(cantando)**.* Pierre fait la cuisine (en chantant).
    [gérondif]

Les adverbes de quantité et de manière peuvent à leur tour, comme les adjectifs qualificatifs (voir p. 92) être modifiés par des suffixes de quantité (*-ísimo, -ito*) ou des adverbes qui marquent différents degrés d'intensité (*muy, bastante...*).

Pedro come mucho ► *much**ísimo**.*
Pierre mange beaucoup ► énormément.

Pedro come poco ► *poqu**ísimo**, poqu**ito**, **muy poco**, relativamente poco...*
Pierre mange peu ► très très peu, assez peu, très peu, relativement peu...

Pedro come de prisa ► ***muy** de prisa, **bastante** de prisa...*
Pierre mange vite ► **très** vite, **assez** vite...

Le groupe adverbial module le verbe :
– soit quantitativement, par des notions d'intensité, de périodicité, de durée ;
– soit en précisant la manière dont l'événement se déroule.

Pour commencer

1 Notion de quantité

L'INTENSITÉ

A Elle peut être marquée par des adverbes comme :

> *demasiado* (trop), *mucho* (beaucoup), *bastante* (assez), *poco* (peu), *un poco*, *algo* (un peu), *apenas* (à peine), *a medias* (à moitié), *casi* (presque), *no* (ne... pas), *nada* (pas du tout), *ni siquiera* (ne ... même pas) ; *más que* (plus que), *menos que* (moins que), *tanto como* (autant que), *tanto que* (tellement que), *cuánto* (combien).

*Ángel trabajaba **demasiado** y ahora **no** trabaja (**nada**).*
Ange travaillait beaucoup et maintenant il ne travaille pas (du tout).
*– ¡**Cuánto** te has divertido! – He reído **menos que** Jaime.*
– Comme tu t'es bien amusé(e) ! – J'ai moins ri que Jacques.

B L'intensité peut être marquée aussi par des locutions adverbiales comme :

> *cada vez más*, *cada día más*, *más y más* (de plus en plus), *cada vez menos* (de moins en moins), *más o menos* (plus ou moins).

*Desde el verano pasado, su amiga le llama **cada vez menos**.*
Depuis l'été dernier, son amie l'appelle de moins en moins.

LA RÉPÉTITION, LA PÉRIODICITÉ, LA DURÉE

A Elle s'exprime à l'aide d'adverbes ou de locutions adverbiales comme :

> *de nuevo, otra vez, una vez más* (à nouveau),
> *muchas veces, a menudo* (souvent), *a veces* (parfois),
> *de vez en cuando, de cuando en cuando* (de temps en temps),
> *siempre* (toujours), *nunca, jamás* (jamais), *ya no* (ne... plus),
> *ya* (déjà), *todavía, aún* (encore), *también* (aussi), *tampoco* (non plus).

*Jorge venía **de vez en cuando** a nuestra tertulia.*
Georges venait de temps en temps à notre réunion entre amis.
*Había desaparecido, ahora viene **de nuevo**, y **cada vez más a menudo**.*
Il avait disparu ; maintenant il vient à nouveau, et de plus en plus souvent.
*– **Ya no** lo aguanto. – Yo **tampoco**.*
– Je ne le supporte plus. – Moi, non plus.

B Les adverbes négatifs *nunca, jamás* (jamais), *tampoco* (non plus) peuvent se construire de deux façons. Quand ils sont placés **avant le verbe**, on n'emploie pas *no*.

Nunca da su opinión, *tampoco* discute las órdenes.
Jamais il **ne** donne son opinion, il ne discute pas non plus les ordres.

• Si *nunca*, *jamás* ou *tampoco* sont placés **après le verb**e, celui-ci
est **précédé de *no***.

No da *nunca* su opinión, *no* discute *tampoco* las órdenes.
Il ne donne jamais son opinion, il ne discute pas non plus les ordres.

2 Notion de manière

La manière peut s'exprimer à l'aide d'un adverbe simple, d'une locution
adverbiale, d'un adverbe en *-mente*, d'un adjectif invariable ou accordé, d'un groupe nominal précédé d'une préposition, d'un gérondif.

LES ADVERBES

Il peut s'agir d'adverbes simples ou de locutions adverbiales.

A Adverbes simples.

> *así* (ainsi), *bien* (bien), *mal* (mal), *mejor* (mieux), *peor* (pire), *aprisa* (vite),
> *despacio* (lentement), *quedo* (doucement, à voix basse), *adrede*
> (exprès).

*No se le entiende **bien**, habla **despacio** pero muy **quedo**.*
On ne le comprend pas bien, il parle lentement mais pas assez fort / à voix très
basse.

B Locutions adverbiales.

• Elles sont nombreuses et relèvent du lexique comme :

> *a posta*, *a propósito* (exprès), *por casualidad* (par hasard), *de prisa* (à
> la hâte), *de buena gana* (volontiers), *de mala gana* (à contre-cœur), *a
> quemarropa* (à brûle-pourpoint), *de antemano* (à l'avance), *de paso* (en
> passant), *de bruces, boca abajo* (à plat-ventre)*, de espaldas*, *boca arri-
> ba* (sur le dos), *de pie* (debout), *de memoria* (par cœur).

• De nombreuses locutions sont au féminin pluriel (le genre et le
nombre marqués), sans raison d'accord le plus souvent, comme pour
plus d'expressivité.

a pie juntillas : à pieds joints [*pie* est au masculin singulier, *juntillas* au féminin
pluriel]

a sabiendas : en connaissance de cause [formé sur *sabiendo*, le gérondif (invariable) de *saber* (savoir)]

• **Sont formées sur des adjectifs :**

> *a ciegas, a oscuras* (à l'aveuglette), *a las claras* (au grand jour), *a solas* (tout seul), *a secas* (tout court), *a tontas y a locas* (à tort et à travers), *a sus anchas* (à son aise).

• **Sont formées sur des participes passés :**

> *a hurtadillas* (à la dérobée), *a escondidas* (en cachette)

• **Sont formées sur des noms :**

> *a tientas* (à tâtons), *a gatas* (à quatre pattes), *a horcajadas* (à califourchon), *a mujeriegas* (en amazone), *de puntillas* (sur la pointe des pieds), *de mentirillas*, *de mentirijillas* (pour rire)…

C **Adverbes en *-mente*.**

• Etymologiquement, ils sont formés du substantif féminin ***mente*** (esprit, intention comme dans « mentalité » en français) précédé d'un adjectif qualificatif accordé au féminin. Actuellement, l'adverbe s'écrit en un seul mot tonique sur le premier **e** de *mente*, avec un accent secondaire sur la voyelle tonique de l'adjectif, qui, s'il est écrit, se conserve.

con mente lenta ► *lenta mente* ► ***lentamente***
[avec un esprit lent = lentement]
con mente irónica ► *irónica mente* ► ***irónicamente***
[avec une intention ironique = ironiquement]

• Quand plusieurs adverbes se succèdent, la terminaison *-mente* ne s'ajoute qu'au dernier.

*El latín vulgar se difundió **rápida y profundamente** entre los habitantes de la Bética.*
Le latin parlé se diffusa rapidement et profondément parmi les habitants de la Bétique. [province romaine qui deviendra l'Andalousie, quand le fleuve Betis deviendra le Guadalquivir]

• Il n'existe que deux adverbes en *-mente* formés sur les ordinaux : ***primeramente*** (« premièrement » qui se dit aussi *primero* et en *primer lugar*) et ***últimamente*** (dernièrement). Pour les autres ordinaux, on emploie en ***segundo lugar*** (deuxièmement), ***en tercer lugar*** (troisièmement), ***en cuarto lugar*** (quatrièmement)…

• Certains adverbes français en « -ment » ont un équivalent différent en espagnol.

autrement = *de otro modo* / *de otra manera*
aucunement = *de ningún modo, de ninguna manera*
tellement = *tanto, de tal modo, de tal manera* (avec un verbe)
= *tanto* / *-a* / *-s* (devant un substantif)
= *tan* (devant un adjectif et un adverbe)

Tantos *vecinos* **tan** *atentos le ayudaron* **tanto** *y* **tan** *eficazmente que casi llo-raba.* **Tant** de voisins **si** gentils l'ont **tellement** aidé et si efficacement qu'il en pleurait presque.

• Dans bien des cas, l'espagnol emploie un adverbe en *-mente*, là où le français préfère un groupe nominal précédé d'une préposition.

raconter en détail, à la perfection = *contar detalladamente, perfectamente*
le contraire peut aussi se trouver :
parler sérieusement = *hablar en serio*
parler couramment une langue = *hablar un idioma con soltura* / *de corrido*.

D **Adjectifs invariables à valeur adverbiale.**

Comme en français l'adjectif « bon » dans : « Ces fleurs sentent bon. » ou « faux » dans : « Elle chante faux. », certains adjectifs comme ***bajo*** (bas), ***alto*** (haut), ***fuerte, recio*** (fort), ***claro*** (clair), ***justo*** (juste), ***falso*** (faux), ***duro*** (dur)... s'emploient sans accord comme adverbes de préférence à l'adverbe en *-mente*.

Elena solía hablar **fuerte** / **justo** / **claro***.*
Hélène avait l'habitude de parler fort / juste / clairement.

Ce processus peut s'étendre à d'autres adjectifs.

Ayer lo pasamos **genial** / **bárbaro***.* Hier, on s'est super bien amusés.
[*bomba, cañón, fenómeno...* = substantif]

ADJECTIF ACCORDÉ À VALEUR ADVERBIALE

Un adjectif qualificatif accordé avec le sujet peut avoir une valeur adverbiale, s'il est placé après le verbe. L'adjectif est lié à la fois au substantif sujet (par l'accord) et au verbe (par sa position).

Las golondrinas surcaban **veloces** *como un rayo el cielo nuboso.*
Les hirondelles sillonnaient rapides comme l'éclair le ciel nuageux.
Paloma le escuchaba muy **atenta***.* Paloma l'écoutait très attentivement.

GROUPE NOMINAL

Les adverbes en *-mente* sont les substituts de *con mente* + adjectif (avec un esprit...).
De même, les locutions adverbiales sont très souvent des groupes nominaux prépositionnels figés.

L'emploi d'un groupe nominal prépositionnel pour exprimer la notion de manière appliquée à un verbe permet une adjectivation du substantif plus complexe et s'impose s'il n'y a pas d'adjectif adéquat.

*Habías preparado la entrevista **con especial esmero** y **admirable sentido del humor**.*
Tu avais préparé l'entrevue avec un soin tout particulier et un admirable sens de l'humour.

[*con especial esmero* (avec un soin tout particulier) signifie à peu près *muy esmeradamente* (très soigneusement), mais *con un admirable sentido del humor* (avec un admirable sens de l'humour) en dit plus que *muy humorísticamente* (très humoristiquement)]

GÉRONDIF À VALEUR ADVERBIALE

Le gérondif permet d'exprimer la notion de manière, quand elle se déroule dans le temps. En tant que verbe, le gérondif peut avoir des compléments et être à son tour accompagné d'un adverbe.

*Llegó el conde **cabalgando** su potro alazán a rienda suelta.*
Le comte arriva chevauchant son poulain alezan à bride abattue… / …arriva sur son poulain…

Remarque

Les autres **adverbes ou locutions**, qui n'expriment pas la manière, mais **le temps, le lieu, une opinion** sont :

– soit des adverbes substituts de groupes nominaux prépositionnels obligatoires, dépendant du verbe ;

*Pablo vive **aquí** (= en este casa / ciudad…).* Paul habite ici (dans cette maison / dans cette ville…)

– soit des groupes circonstanciels facultatifs du groupe verbal ;

*La niña se lava **(aquí)**.* La fillette se lave (ici).
[*aquí* est le substitut d'un groupe nominal prépositionnel facultatif : *en esta bañera / en la fuente* (dans cette baignoire / dans la fontaine)]

– soit des adverbes qui n'appartiennent pas au groupe verbal, mais s'appliquent à la phrase tout entière.

***Anoche**, Don Juan llamó a su criado.* Hier soir, Don Juan appela son valet.
***Aquí**, somos todos iguales.* Ici, nous sommes tous égaux.
***Quizás** te equivoques.* Peut-être que tu te trompes.

Les éléments
de relation

Notions de base

Les prépositions et les conjonctions forment un ensemble de mots outils invariables. Leur rôle est de mettre en relation des mots, groupes de mots, propositions ou phrases.

 Les prépositions permettent de repérer les fonctions occupées par les mots ou groupes de mots dans la phrase. Elles introduisent un groupe nominal ou un substitut du GN.

Les groupes ainsi constitués, appelés groupes prépositionnels, peuvent occuper différentes positions dans la phrase. Les prépositions précèdent un mot ou un groupe de mots dont le sens vient compléter le verbe, un autre mot ou un groupe de mots. Elles établissent des liens entre des éléments qui ont des fonctions différentes dans la phrase.

Il est difficile d'attribuer un sens unique à chacune d'elles car elles font référence à des domaines très divers et sont dotées selon le contexte de sens plus ou moins explicites.

 Les conjonctions de coordination unissent des mots qui appartiennent à une même catégorie grammaticale (nom, adjectif, verbe, adverbe) et qui ont la même fonction syntaxique (sujet, complément…).

 Il existe des **conjonctions** dites **de subordination** qui introduisent des propositions non équivalentes subordonnées. Elles sont étudiées pages 306-341.

1 Les prépositions

1 Formes

LES PRÉPOSITIONS SIMPLES

PRINCIPALES PRÉPOSITIONS SIMPLES			
a : à	*contra* : contre	*en* : en, dans, sur	*según* : selon
ante : devant	*de* : de	*hacia* : vers	*sin* : sans
bajo : sous	*desde* : de, depuis	*hasta* : jusqu'à	*so* : sous
cabe : près de	*entre* : entre,	*para* : pour	*sobre* : sur
con : avec	parmi	*por* : par	*tras* : derrière

Remarques

• Les prépositions **cabe** et **so** qui signifient respectivement « près de » (**junto a**) et « sous » (**debajo de**) ne sont plus très usitées. On trouve la préposition **so** dans les expressions figées suivantes.

so pena de : sous peine de   *so capa de* : sous couvert de
so color de : sous prétexte de   *cabe la casa* : près de la maison

• **Hasta**
Employé seul comme adverbe, ce mot signifie « même » et peut être suivi de pronoms personnels sujets tout comme les prépositions *excepto*, *salvo*, *incluso*, *según* (voir p. 130).

*¡**Hasta** tú mientes !* Même toi tu mens !
Salvo tú no veo quien podría venir. Sauf (à part) toi, je ne vois pas qui (d'autre) pourrait venir.

Employé comme préposition, ce mot signifie « jusqu'à ». Il est suivi de pronoms personnels compléments.

*Vino **hasta mí**.* Il est venu jusqu'à moi.

> Il ne faut pas confondre *hasta* (jusqu'à) et *hacia* (vers), ni *hacia* avec *hacía* accentué (je faisais / il faisait = imparfait de l'indicatif de *hacer*).

• *Entre*
On emploie les pronoms sujets après ***entre*** pour exprimer une idée d'association, de réunion ou de collaboration.

Entre tú y yo *pudimos comprar la casa.* A nous deux, nous avons pu acheter la maison.

Entre mí signifie en moi-même.

• *Según*
C'est la seule préposition qui puisse être suivie d'un groupe verbal.

Según (lo que) dice el camarero es una buena gaseosa.
Selon le garçon de café, c'est une bonne limonade.

---

salvo : sauf	*mediante* : à l'aide de
excepto : excepté	*durante* : pendant
incluso : inclus	

• Il existe également un certain nombre de mots qui, tout en n'étant pas initialement des prépositions, peuvent jouer le même rôle.

Mediante *tu intervención, conseguí lo que quería.*
Grâce à ton intervention, j'ai obtenu ce que je voulais.

*Se salvará Dios **mediante**.* [*mediante* = adjectif]
Il sera sauvé grâce à Dieu.

*Todos, **incluso** tu madre, vinieron a verme.*
Tout le monde, même ta mère, est venu me voir.

VALEURS GÉNÉRALES DES PRÉPOSITIONS		
Dynamiques rapprochement	jusqu'à atteindre le but direction	*a, hasta, contra* *hacia, para*
éloignement	origine point de départ	*de* *desde*
intermédiaire		*por*
Statiques	concomitance absence de concomitance espace limite	*con* *sin* *en* *entre*

*Viajamos **hacia** París*. Nous voyageons vers / en direction de Paris.

*Bucearé **hasta** pescar una perla*. Je plongerai jusqu'à ce que j'aie pêché une perle.

*Trabajo **hasta** las 5*. Je travaille jusqu'à 5 heures.

*No viene al pueblo **desde** 1968*. Il/elle ne vient pas au village depuis 1968. [moment précis]

*Me llama **desde** el balcón*. Il/elle m'appelle du balcon. [point d'origine]

***Desde** Roma **hasta** París*. De (depuis) Rome à (jusqu'à) Paris.

*Viajo **desde hace** tres años*. Je voyage depuis trois ans. [durée]

*Volverán **dentro de** dos días*. Ils reviendront dans deux jours.

| LES PRÉPOSITIONS DOUBLES

Deux prépositions peuvent se combiner entre elles pour former des prépositions doubles.

• *de + a / en / entre / por*

*Vendía caramelos **de a** una peseta*. Il/elle vendait des bonbons à une pésète.

*El perro apareció **de entre** las flores*. Le chien apparut au milieu des fleurs.

*¡Quítate **de en** medio!* Ôte-toi de là !

*Esta máquina no se mueve **de por** sí*. Cette machine ne bouge pas d'elle-même.

• *desde + por*

*Llueve **desde por** la noche*. Il pleut depuis cette nuit.

• *para + con*

*El cariño de los niños **para con** el maestro era grande*. L'affection des enfants à l'égard de leur maître était grande.

On peut trouver également des associations de prépositions.

*Este trabajo lo dejaré **para por** la tarde del sábado*. Ce travail je le laisserai pour dans l'après-midi de samedi.

• *por + entre*

*El profesor pasa **por entre** los alumnos*. Le professeur passe parmi les élèves.

Por se combine également avec les locutions prépositives ***debajo de*** (au-dessous de), ***encima de*** (au-dessus de) et ***cerca de*** (près de).

• *hasta + con / de / por...*

*Se presentó **hasta con** su hermano. **Hasta** se presentó **con** su hermano.* Il alla jusqu'à se présenter avec son frère.

*A la ceremonia, vino gente **hasta del** pueblo. A la ceremonia, **hasta** vino gente **del** pueblo.* Même des gens du village vinrent à la cérémonie.

*Trabajaba **hasta por** la noche. **Hasta** trabajaba **por** la noche.* Il/Elle travaillait même la nuit.

Hasta est ici synonyme de *incluso* ; il est adverbe (voir p. 237).

A Certains adverbes suivis des prépositions *de* ou *a* forment des prépositions composées ou locutions prépositives.

> *además de* (outre), *alrededor de* (autour de), *antes de* (avant de), *cerca de* (près de), *conforme a* (conformément à), *debajo de* (sous, au-dessous de), *delante de* (devant), *después de* (après), *detrás de* (derrière), *dentro de* (dans), *encima de* (sur, au-dessus de), *enfrente de* (en face de), *frente a* (face à), *fuera de* (hors de), *junto a* (tout près de, contre), *lejos de* (loin de), *tocante a* (quant à, en matière de)...

B Plusieurs mots peuvent se combiner avec une préposition pour former des groupes indivisibles qui fonctionnent comme des prépositions : ce sont également des locutions prépositives.

> *a favor de* (en faveur de), *a fuerza de* (à force de), *a / por causa de* (à cause de), *al lado de* (à côté de), *con destino a / con rumbo a* (en direction de), *en contra de* (contre) , *en medio de* (au milieu de), *en lugar de / en vez de* (au lieu de), *a pesar de* (malgré), *por debajo de* (par dessous), *por encima de* (par dessus), *con respecto a* (par rapport à), *respecto a* (quant à, à l'égard de*), a través de* (à travers de)…

2 Rôles syntaxiques

Les prépositions relient un mot ou un groupe de mots soit directement au verbe, soit à un autre mot de la phrase.

A La préposition, quelle que soit sa forme (simple ou composée), permet d'introduire l'un des éléments suivants :

• **le complément du nom** (ou d'un substitut) au sein du groupe nominal ;
El libro de Pablo es bonito. Le livre de Paul est joli.
[La préposition *de* marque la relation de *Pablo* avec *libro* : *Pablo* est le complément du nom *libro*.]
Alguna de vosotras bebe café con leche? L'une d'entre vous boit-elle du café au lait ?.
[La préposition *de* marque la relation de *vosotras* à *alguna*, la préposition *con* celle de *leche* (complément de nom) à *café*.]

• **le complément de l'adjectif** dans un groupe adjectival ;
Están orgullosos de su victoria. Ils sont fiers de leur victoire.
Se pone rojo de ira. Il devient rouge de colère.

• **le complément d'objet** à l'intérieur du groupe verbal ;

*Observé **a** mi vecina.* J'ai observé ma voisine. [COD]
*Le ofrecí flores **a** mi madre.* J'ai offert des fleurs à ma mère. [COI]

• **les compléments de phrase** ou compléments circonstanciels ;

*Felipe se pasea **por** la tarde.* Philippe se promène l'après-midi. [complément circonstanciel de temps]

B La préposition permet donc d'établir une relation de dépendance entre deux mots de catégories grammaticales différentes ou non. On peut trouver les combinaisons suivantes mais toutes les prépositions n'admettent pas toutes ces constructions.

un poema de amor (un poème d'amour)	► nom + nom
la de Manolo (celle de Manolo)	► pronom + nom
una máquina de lavar la ropa (une machine à laver le linge)	► nom + v. à l'infinitif
difícil de aceptar (difficile à accepter)	► adjectif + v. à l'infinitif
vivir con pan y cebollas (vivre d'amour et d'eau fraîche)	► v. conjugué ou non + nom
pensar en ello (y penser)	► v. conjugué ou non + pronom
soñar con enamorarse (rêver de tomber amoureux)	► v. conjugué ou non + v. conjugué ou non
lejos de aquí (loin d'ici)	► adverbe + adverbe

C Une même préposition peut introduire des compléments différents.

***Desde** esta ventana, se ve la torre.* [complément de phrase]
De cette fenêtre, on voit la tour.
*Manolo se acuerda **de** aquel profesor.* [complément de verbe]
Manuel se souvient de ce professeur.
*Los cristales **de** esta ventana están rotos.* [complément de nom]
Les vitres de cette fenêtre sont cassées.
*Estamos orgullosos **de** su fama.* [complément d'adjectif]
Nous sommes fiers de sa renommée.

D **Quelques emplois particuliers.**

• La présence d'une préposition peut contribuer à construire une unité significative. Aussi, en espagnol, un même verbe peut avoir des sens différents suivant la préposition qui l'accompagne.

*dar **con** un amigo en el café* : rencontrer par hasard un ami au café
*dar **de** comer a un amigo* : donner à manger à un ami
*dar **a** la calle* : donner sur la rue
*Felipe estudia **para** médico.* Philippe fait ses études de médecine.
*Felipe está estudiando **en** la biblioteca.* Philippe travaille à la bibliothèque.

• Certains verbes sont totalement liés à la présence d'une préposition et n'acceptent pas d'autres combinaisons.

*estar obligado **a*** : être obligé à/de   *pensar **en*** : penser à
*depender **de*** : dépendre de   *soñar **con*** : rêver à

• Le sens d'un verbe peut changer en fonction de la présence ou de l'absence d'une préposition et selon le type de compléments.

Quiero a mi hijo. J'aime mon fils. *Quiero un hijo.* Je veux un enfant.

• L'emploi de certaines prépositions peut dépendre du sens du verbe, du nom, de l'adjectif qualificatif ou du participe passé qui les précèdent.

– Après un verbe d'état, on emploie généralement la préposition **en** (pour l'emploi de **a**, voir ci-dessous).

Estoy en *Roma y mis padres* **están en** *España.* Je suis à Rome et mes parents sont en Espagne.

Vivo en *París.* J'habite à Paris.

– Après la plupart des verbes de mouvement, on emploie généralement la préposition **a** (pour l'emploi de **en**, voir p. 253).

El gato **va a** *la cocina.* Le chat va à la cuisine.

Cada semana **subo al** *cementerio.* Chaque semaine je monte au cimetière.

– Après un verbe de mouvement dans un lieu (lieu parcouru), on emploie la préposition **por**.

Felipe se **pasea por** *el bosque.* Philippe se promène dans le bois.

3 La préposition *a*

La préposition **a** permet d'introduire :
– les compléments de lieu, de temps, de but... ;
– le complément d'objet direct s'il désigne un être humain (ou considéré comme tel) déterminé ;
– le complément d'objet indirect.

En espagnol, la préposition **a** est la préposition qui exprime par excellence le mouvement d'approche vers une limite unique (destination).

Voy **al** *teatro.* Je vais au théâtre. [mouvement]

On emploie donc la préposition **a** après un verbe de mouvement même s'il n'y a pas de véritable déplacement. Dans ce cas, le mouvement peut être figuré, intérieur ou abstrait.

Voy **a** *escribir.* Je vais écrire.

> La préposition *a* peut exprimer la coïncidence (la superposition) avec un lieu précis (limite).

*Estoy **a** orillas del mar.* Je suis au bord de la mer. [superposition]
*Estoy **a** la sombra.* Je suis à l'ombre. *Estoy **a** la puerta.* Je suis à la porte.

LE LIEU

A Le lieu exprimé est précis, il y a **déplacement vers ce lieu bien délimité** ou **superposition,** c'est-à-dire correspondance, coïncidence avec lui.

*Va **al** cine.* Il va au cinéma. [mouvement vers une limite, le cinéma]
*Está **a** la puerta, **al** pie del árbol, **a** orillas del mar, **a** su izquierda, **al** lado de...* Il est à la porte, au pied de l'arbre, au bord (près) de la mer, à sa gauche, à côté de... [superposition]

> La préposition *a* employée avec le verbe *mirar* permet d'exprimer le mouvement des yeux vers un endroit précis.
>
> *Cuando te hablo, mírame **a** los ojos.* Regarde-moi dans les yeux quand je te parle.
>
> En revanche, on n'emploiera pas la préposition *a* après certains verbes exprimant l'idée d'« entrer dans » comme *entrar* (entrer), *penetrar* (pénétrer), *internarse* (pénétrer, s'infiltrer), *ingresar* (intégrer), *meterse* (se mettre), *introducirse* (s'introduire) qui se construisent avec la préposition *en* (voir p. 253) ou une autre préposition (*por*, *entre*).

B L'idée de mouvement peut être associée à une **idée de but**. Aussi certains verbes qui ne sont pas des verbes de mouvement peuvent se construire avec la préposition *a* (au lieu de *para*) pour exprimer une nuance de finalité.

*detenerse **a*** / *pararse **a*** : s'arrêter pour
*quedarse **a*** : rester à
*Se quedó **a** esperarme.* Il resta à m'attendre.

C Certains mots (autres que des verbes) expriment l'idée de mouvement vers un but précis et se construisent avec la préposition *a*.

*Estoy preparando un viaje **a** América.* Je prépare un voyage en Amérique.
*Estamos listos para hacer una salida **al** mar.* On est prêts pour faire une sortie en mer.

1. Les prépositions **243**

D La localisation peut correspondre à une partie précise du corps qui est également indiquée à l'aide de la préposition *a*.

Con el bolso al hombro, entró en el almacén. Le sac à l'épaule, il / elle entra dans le magasin.

E L'expression d'une distance déterminée est également rendue par la préposition *a*.

Aparcó el coche a cien metros del restaurante. Il / elle gara la voiture à cent mètres du restaurant.

LE TEMPS

A Dans le domaine du temps, la préposition *a* permet d'indiquer un mouvement d'approche ou un moment précis.

Remontémonos al siglo XVIII. Remontons au 18°siècle. [déplacement]
Se casó a los 40 años. Il s'est marié à 40 ans. [correspondance]
Estamos a 20 de diciembre. Nous sommes le 20 décembre. [correspondance]
Estaré allí a las 2. Je serai là-bas à deux heures. [correspondance]
Salieron del hospital a los 3 días. Ils / elles sont sorti(e)s de l'hôpital au bout de trois jours. [superposition]

B La préposition *a* entre dans la construction d'un certain nombre de locutions figées.

al mismo tiempo : en même temps
al principio, *a* principios : au début
al comienzo : au commencement
al final, *a* fines, *a* finales : à la fin
a mediados : au milieu

a la tarde : l'après-midi
a la noche : le soir venu
al día siguiente : le lendemain
a la primavera : au printemps
al otoño : à l'automne

 Ne confondez pas *al día siguiente = al otro día* (le lendemain) *et el otro día* (l'autre jour).

C Les constructions *al* + **infinitif** qui expriment la simultanéité de deux actions correspondent à l'expression « au moment de ».

Al entrar se cayó. Au moment d'entrer, il est tombé. [correspondance, simultanéité]

D La préposition *a* sert à signaler la régularité, la périodicité.

Esa planta produce mil televisores al día. Cette usine produit mille téléviseurs par jour.

LE PASSAGE D'UN ÉTAT À UN AUTRE

A La préposition *a* s'emploie avec des verbes ou des expressions qui indiquent soit une **intention**, soit un **changement**, c'est-à-dire le **passage d'un état à un autre** souvent assimilable à un mouvement :

> *aspirar a* (aspirer à), *obligar a* (obliger à), *traducir a* (traduire en), *animar a* (encourager à)...

Traduzca este texto al inglés. Traduisez ce texte en anglais. [changement]
Se puso a trabajar. Il se mit à travailler. [changement]

B L'expression des **sentiments** peut être perçue comme un mouvement puisque l'on porte des sentiments à quelqu'un ou quelque chose. Dans ce cas, on trouve la préposition *a* avec des verbes ou des expressions comme :

> *aficionarse a* (s'adonner à), *inclinarse a* (être porté à)...
> *tener horror a / odio / repulsión a* (avoir horreur de)...
> *tener miedo a / temor a / terror a* (avoir peur de)...

C Le mouvement vers l'action peut s'exprimer à travers les notions de commencement, de répétition ou d'obligation.

comenzar a / empezar a : commencer à   *ponerse a / echarse a* : se mettre à
volver a : recommencer à
Estoy obligado a ofrecértelo. Je suis obligé de te l'offrir.

LA MANIÈRE ET LE MOYEN

A On emploie la préposition *a* pour introduire les compléments de manière caractérisants.

Escribe a máquina. Il / elle écrit à la machine.
una camisa a rayas : une chemise à rayures
un vestido a cuadros : une robe à carreaux [notion de caractérisation]

B La construction *a lo* + adjectif substantivé / nom correspond à l'expression « **à la manière de** ».

Vivir a lo grande. Vivre comme un seigneur / un roi.
Se vistió a lo torero. Il s'habilla comme un toreador. [coïncidence : comme le fait un toreador]

C Il existe un certain nombre d'expressions construites avec la préposition *a* qui expriment la manière ou le moyen.

a carcajadas : aux éclats

a puñaladas : à coups de poignard

a pedradas : à coups de pierres

a todo correr : à toutes jambes

a pie / a caballo / a nado : à pied / à cheval / à la nage

► Pour la traduction de « un coup de », voir p. 345.

EMPLOIS PARTICULIERS

A Les verbes de perception exprimant le goût ou l'odorat se construisent avec la préposition *a*.

oler a : sentir   *saber a* : avoir le goût de

Huele a quemado. Ça sent le brûlé.

Sabe a poco. [Ça a un goût de trop peu.] J'en veux d'autres.

Ces verbes permettent de construire des expressions équivalentes.

el sabor a : le goût de   *un olor a* : une odeur de   *un perfume a* : un parfum de

B La préposition *a* permet d'exprimer avec précision la notion de prix de l'unité d'une marchandise.

Compré unos billetes de teatro (de) a veinte euros. J'ai acheté des places de théâtre à vingt euros.

Dame un kilo de cebollas a cien pesetas. Donne-moi un kilo d'oignons à cent pésètes.

RÔLES SYNTAXIQUES

A La préposition *a* + COD.

• **Noms propres.**

L'espagnol emploie la préposition *a* devant un complément d'objet direct représentant des **entités définies**, singularisées.

Conozco a Pedro. Je connais Pierre.

El Director convocó a Miguel. Le Directeur convoqua Michel.

Cada mañana veo a Max, mi gato. Chaque matin, je vois Max, mon chat.

Escucho a Noches en los jardines de España de Manuel de Falla. J'écoute les *Nuits dans les jardins d'Espagne* de Manuel de Falla.

Defiende a la libertad. Il défend la liberté.

Dans le cas où le COD est un **nom géographique** (nom de continent, de pays, de province, de ville…) non précédé d'un article défini, l'emploi de la préposition *a* est recommandé.

Voy a visitar a Roma. Je vais visiter Rome.

Me gustaría conocer el Salvador. J'aimerais connaître le Salvador.

• Nom commun déterminé.

– On emploie la préposition **a** devant les noms communs de personne, d'animal ou autre, déterminés par un article défini, un adjectif démonstratif ou un possessif ou par le contexte.

*Reconozco **a** tu hermano.* Je reconnais ton frère.

*El Director convocó **a** aquel alumno.* Le Directeur convoqua cet élève-là.

*Cada mañana veo **a** mi gato.* Chaque matin, je vois mon chat.

*Carmen ganó una medalla, y yo quisiera enmarcar **a** esta medalla.*
Carmen a gagné une médaille et je voudrais encadrer cette médaille.

*Salió a visitar **a** un amigo.* Il alla rendre visite à un ami.

Mais : *Se busca vendedor.* On cherche un vendeur.

– La présence de la préposition **a** devant un COD représentant un nom collectif (*familia, gente, grupo*…) permet au locuteur d'insister sur l'aspect humain du groupe. Dans le cas contraire, l'absence de la préposition signifie que le locuteur fait référence au groupe.

*Encontré **a** la familia Pérez en el bar.* J'ai rencontré la famille Perez au café.

– On emploie la préposition **a** devant le COD du verbe *tener* quand il désigne un lien de parenté et qu'il est déterminé par un possessif.

[*tener* + *a* + possessif + COD]
*Tiene **a** su hijo en casa.* Il a son fils à la maison.

Mais :

[*tener* + COD]
Tiene un hijo en Inglaterra. Il a un fils en Angleterre. [*hijo* n'est pas déterminé]

• Entités indéfinies.

On emploie la préposition **a** devant des entités indéfinies (indéfini à valeur nominale ou substitut : pronom indéfini, relatif, démonstratif, possessif ou personnel, numéral employé pronominalement…).

*(re)conocer **a** alguien* : reconnaître quelqu'un

*El director castigará **a** cualquiera de los dos alumnos.* Le Directeur punira un des deux élèves.

*Cada mes veo **a** cada uno de mis hermanos.* Chaque mois, je vois chacun de mes frères.

*No soporto **a** los que no respetan **a** los demás.* Je ne supporte pas ceux qui ne respectent pas les autres.

*Un autor famoso, **a** quien todo el mundo leía, murió de repente.* Un auteur connu, que tout le monde lisait, est mort subitement.

B **La préposition *a* + complément d'attribution.**

La préposition **a** permet d'introduire un complément d'attribution.

*Voy a dar lo que queda **al** perro.* Je vais donner ce qui reste au chien.

C La préposition *a* + COD sujet d'un infinitif.

Quand le COD d'un **verbe de perception** est également sujet d'un verbe à l'infinitif, il est préférable d'utiliser la préposition *a* devant le COD.

Oigo ladrar (a) un perro. J'entends aboyer un chien.

D La préposition *a* pour lever des ambiguïtés syntaxiques.

• La préposition *a* permet de lever des ambiguïtés syntaxiques entre un complément d'objet direct et son attribut - notamment avec les verbes comme :

llamar (appeler), *nombrar* (nommer), *declarar* (déclarer), *hacer* (faire), *elegir* (choisir), *bautizar* (baptiser)...

Nombraron director ***a*** *un profesor de instituto.* Ils ont nommé directeur un professeur de lycée.

• La présence de la préposition *a* permet de différencier un sujet et un COD.

Ayudaron sus amigos. Ses amis (nous) aidèrent. [sujet]
Ayudaron a sus amigos. Ils aidèrent ses / leurs amis. [complément]

• Elle permet également de lever d'autres ambiguïtés que le français maintient.

el miedo al lobo : la peur du loup [celle qu'on éprouve envers le loup]
el miedo del lobo : la peur du loup [celle qu'éprouve le loup]

E La préposition *a* change le sens des verbes.

Le sens de certains verbes varie selon que le complément d'objet direct désigne une chose ou une personne : « écouter une mélodie », « écouter ses parents ». Pour marquer la différence de sens, l'espagnol utilise la préposition *a* devant le COD de personne même quand il est précédé d'un article indéfini.

*examinar **a*** + COD de personne = faire passer un examen
examinar + COD de chose = observer, examiner
*querer **a*** + COD de personne = aimer
querer + COD de chose = vouloir

► Pour *esperar **a***, voir p. 315.
► Pour ***a*** + article défini, voir p. 55.

La préposition *de* indique un mouvement à partir d'un point de départ, l'origine du mouvement, la provenance.

El tren venía de Barcelona. Le train venait de Barcelone.

LE LIEU

A La préposition *de* sert à indiquer le lieu de départ d'un mouvement.

Viene del cine. Il vient du cinéma.

Sale del pueblo. Il part du village.

Lo sacó del bolsillo. Il le sortit de sa poche.

¿De dónde eres? D'où es-tu ? [origine]

Soy de Alicante. Je suis d'Alicante. [provenance]

B Associée à certains verbes, la préposition *de* permet d'exprimer la notion d'éloignement.

alejarse de / apartarse de : s'éloigner de

escapar de : échapper à

escaparse de : s'échapper de

huir de : fuir de

LE TEMPS

A La préposition *de* précède le mois ou l'année dans une date.

El dos de mayo de 1808 es una fecha histórica. Le 2 mai 1808 est une date historique.

Hoy es el 15 de agosto de 1998. Aujourd'hui, c'est le 15 août 1998.

B De nombreuses locutions indiquent le moment de l'action. Elles sont équivalentes à une subordonnée de temps introduite par *cuando* (quand) (voir p. 321).

Trabaja de noche. Il travaille de nuit. [Il travaille quand il fait nuit].

De soltero yo vivía en Madrid. Quand j'étais célibataire, j'habitais à Madrid.

⚡ La préposition *de* peut être suivie de la préposition *a* ou *para* pour indiquer les deux points de la limite aussi bien dans l'espace que dans le temps.

De Roma a París, el viaje es corto. De Rome à Paris, le voyage est court.

Duerme de 8 a 7. Il dort de 8 heures du soir à 7 heures du matin.

Tienes que coger el tren que sale de Roma para París. Tu dois prendre le train qui part de Rome pour Paris.

He cambiado mucho de un día a otro. J'ai beaucoup changé (d'un jour à l'autre) en peu de temps.

LA POSSESSION

A La préposition *de* définit généralement une relation de nom à nom. Comme en français, elle introduit le complément de nom.

el libro de Pedro : le livre de Pierre

los hijos de Carmen : les enfants de Carmen

la Señora de Pérez : Madame Perez, la femme de Perez

⚡ La préposition *de* employée après un nom de sentiment peut aussi exprimer le sentiment porté à quelqu'un.

por amor de Dios : pour l'amour de Dieu

B Associée au verbe *ser*, elle marque la possession et correspond au français « à ».

Son de mi hermano. Ils sont (appartiennent) à mon frère.

C La préposition *de* peut s'employer après un nom de perception.

el olor de las rosas : l'odeur des roses [ce sont des roses]

un olor a rosas : une odeur de roses [ce ne sont pas forcément des roses]

LA CARACTÉRISATION

A La préposition *de* introduit une caractérisation exprimée par un nom ou un verbe (complément de nom). Cette caractérisation est essentielle : elle permet d'identifier la personne ou la chose.

una playa de arena fina : une plage de sable fin [matière]

una máquina de lavar : une machine à laver [fonction]

B La préposition *de* peut également relier un adjectif à un nom et introduire ainsi une caractérisation fondamentale.

*ancho **de** frente* : au front large
*negro **de** ojos* : aux yeux noirs

C Quand la caractérisation n'est pas constante ou essentielle, on emploie de préférence la préposition ***con*** (voir p. 261).

LA CAUSE

Parfois la cause (complément de verbe) est exprimée par un nom ou un adjectif précédé de la préposition ***de***.

*Los niños lloraban **de** miedo.* Les enfants pleuraient de peur.
*Se caían **de** cansados.* Ils tombaient de fatigue / tellement ils étaient fatigués.
*Se murieron **de** frío.* Ils moururent de froid.

LA MANIÈRE

A La préposition ***de*** permet d'introduire un complément de manière, qui décrit une attitude.

*Come **de** pie.* Il mange debout.

B La préposition ***de*** entre dans la construction de nombreuses locutions adverbiales exprimant la manière.

***de** antemano* : à l'avance	***de** paso* : de passage / en passant
***de** espaldas* : de dos	***de** bruces* : à plat ventre
***de** veras* : vraiment	***de** verdad* : pour de bon
***de** prisa* : vite	***de** repente* : soudain

LA CONDITION

La préposition ***de*** employée devant un infinitif équivaut à une proposition conditionnelle (***si*** + imparfait ou plus-que-parfait du subjonctif).

***De** saberlo (si lo hubiera sabido) antes, no lo hubiera hecho.*
Si je l'avais su avant, je ne l'aurais pas fait. [point de départ = condition]

EMPLOIS PARTICULIERS

A Associée à certains verbes comme ***estar*** (être), ***entrar*** (entrer), ***hacer*** (faire)…, la préposition ***de*** indique une occupation professionnelle provisoire et signifie « faire office de ».

*estar **de** secretaria* : travailler comme secrétaire [faire office de secrétaire]
≠ *ser secretaria* : être secrétaire

B Les tournures construites sur le modèle ***de*** + article indéfini (un = un seul) + nom permettent d'exprimer l'exécution rapide d'une action.

***de un** tirón* : d'un seul trait
***de un** trago* : d'une seule traite
***de una** vez* : d'un seul coup

C ***De*** + infinitif.

La préposition ***de*** employée après un adjectif comme *fácil* (facile), *difícil* (difficile), *duro* (dur), *complicado* (compliqué), *sencillo* (simple)… et avant un infinitif, permet d'exprimer un point de vue, une finalité. Elle correspond à la tournure française « à + infinitif ».

*Es algo difícil **de** explicar.* C'est une chose difficile à expliquer.

▷◁ En espagnol, on ne traduit pas la préposition « de » française placée devant un infinitif sujet ou attribut.

Es imposible venderlo. Il est impossible de le vendre.
Es difícil escucharla. Il est difficile de l'écouter.
Mi mayor deseo es verla. Mon plus grand désir est de la voir.

RÔLES SYNTAXIQUES

A ***De*** permet d'introduire un complément partitif (voir p. 59).

L'espagnol introduit directement les compléments qui expriment une idée de quantité partielle.

Quiero vino. Je veux du vin.

Mais quand le complément est déterminé ***de*** peut être employé.

*Uno **de** nosotros tiene que salir.* L'un d'entre nous doit sortir.
*El 20% **de** los alumnos trabajan.* 20 % des étudiants travaillent.
*Comió **del** pastel que hice.* Il/Elle mangea du gâteau que j'avais fait.

B ***De*** permet d'introduire un complément d'agent.

Au lieu de ***por***, on peut employer la préposition ***de*** pour introduire un complément d'agent.

Su competencia es aceptada de todos. Sa compétence est reconnue de tous.

5 La préposition *en*

L'ESPACE

A La préposition *en* désigne le mouvement de l'extérieur vers l'intérieur d'un lieu.

Entramos en el cine. Nous entrons dans le cinéma.
[mouvement de pénétration à l'intérieur d'un lieu]
Mete la mano en el bolsillo. Il met la main dans sa poche.

B La préposition *en* désigne l'absence de mouvement et la permanence dans un lieu délimité.

Está en el cine. Il est au (dans le) cinéma. [localisation à l'intérieur d'un espace]
Está en el bolsillo. Il est dans la poche. [espace limité]

> Quand la préposition *en* exprime la superposition physique de deux éléments qui sont en contact, elle peut être remplacée par **sobre**.
>
> *¿Los libros? Están en sobre la mesa.* Les livres? Ils sont sur la table
>
> Par ailleurs, **sobre** qui équivaut à *por encima de* (au-dessus de) n'implique pas nécessairement un contact physique entre les deux éléments rapprochés.
>
> *El sauce llorón se mece sobre el río.* Le saule pleureur se balance au-dessus de la rivière.

Certains verbes sont caractéristiques de cette notion de permanence dans un lieu :

> *estar* (être, se trouver), *quedarse* (rester), *vivir* (vivre, habiter, demeurer), *establecerse* (s'établir)…

C D'autres verbes comme *tenderse* (s'allonger), *tumbarse* (s'allonger), *removerse / agitarse* (s'agiter), *sentarse* (s'asseoir) se construisent avec la préposition *en* pour exprimer un mouvement très limité qui se fait sur place, sans grand déplacement.

Siéntate en el sillón. Assieds-toi dans le fauteuil.
Al llegar me tumbé en la cama. En arrivant, je me suis allongé(e) sur le lit.

LE TEMPS

La préposition *en* permet :
* de situer l'action dans le temps ;

En el siglo XVIII se llevaban pelucas. Au 18e siècle, on portait des perruques.

En verano, la gente está sonriente. En été, les gens sont souriants.

En 1991, nació mi hijo. C'est en 1991 qu'est né mon fils.

• d'exprimer le temps mis pour accomplir l'action.

*Lo haré **en** dos días.* Je le ferai en deux jours.

*Mi hermano tarda dos horas **en** llegar al trabajo.* Mon frère met deux heures pour arriver à son travail.

LA MANIÈRE / LE MOYEN DE LOCOMOTION

A La préposition **en** permet d'introduire des compléments qui expriment une activité intellectuelle ou physique.

*Habló **en** voz alta.* Il parla à haute voix.

*Participó **en** silencio en la ceremonia.* Il / Elle participa en silence à la cérémonie.

*He venido **en** tren.* Je suis venu(e) en train.

B Certains adjectifs ou participes passés sont accompagnés de la préposition **en** pour exprimer une manière d'être (défaut, qualité, compétence).

*exacto **en** lo que dice* : exact dans ce qu'il dit

*preciso **en** lo que hace* : précis dans ce qu'il fait

*desdichado **en** amor* : malheureux en amour

EMPLOIS PARTICULIERS

A Certains verbes comme *valorar* (évaluer), *evaluar* (évaluer), *comprar* (acheter), *vender* (vendre), *calcular* (calculer), *aumentar* (augmenter) se combinent avec la préposition **en** pour exprimer la quantité.

Un perito ha evaluado esta pulsera en 100 000 pesetas. Un expert a évalué ce bracelet à 100 000 pésètes.

B ***En** + gérondif.*

La préposition **en** permet d'introduire un gérondif qui exprime la succession immédiate.

***En** diciendo aquella cosa, se asustó.* Dès qu'il eut dit cela, il s'affola.

La préposition **en** employée avec les verbes *pensar* (penser) et *creer* (croire) signifie évoquer quelque chose, considérer globalement et attentivement quelque chose.

pensar en lo peor : envisager le pire

creer en Dios : croire en Dieu

Creo en su buena voluntad. Je crois à sa bonne volonté.

Le verbe ***fijarse en*** signifie « être attentif à un détail ».

Les prépositions ***por*** et ***para*** couvrent des emplois qui ne correspondent pas exactement à ceux des prépositions françaises correspondantes « par » et « pour ».

LA PRÉPOSITION *POR*

A L'espace.

• On emploie la préposition ***por*** quand il y a mouvement à l'intérieur d'un lieu, sur une surface ou dans un volume. La préposition ***por*** correspond au français « par », « à travers ».

*pasearse **por** el campo* : se promener à travers champs / dans la campagne
*Antes yo viajaba mucho **por** Europa.* Avant je voyageais beaucoup à travers l'Europe.
*Mi canica rueda **por** el suelo.* Ma bille roule par terre.
*Vamos a Grecia pasando **por** Italia.* Nous allons en Grèce en passant par l'Italie.

• Certains verbes de mouvement (*ir*, *venir*, *volver*,…) peuvent être associés à la préposition ***por*** pour signifier l'idée de passage.

*Esta tarde, pasaré **por** tu casa.* Je passerai chez toi, cette après-midi.

• On emploie la préposition ***por*** pour désigner une localisation imprécise.

*Su almacén está **por** el centro.* Son magasin est quelque part dans le centre ville.
*Vienen **por** aquí.* Ils / elles viennent par ici.

• La préposition ***por*** peut se combiner avec d'autres prépositions. Dans ce cas, elle leur apporte une nuance de mouvement.

***por** debajo de* : (par) dessous   ***por** entre* : à travers / entre
***por** encima de* : (par) dessus   ***por** delante de* : (par) devant
*Se metió **por debajo de** la mesa.* Il se glissa par dessous la table.
*Pasó **por delante de** su amigo.* Il passa devant son ami.

B Le temps.

• La préposition ***por*** permet de définir l'espace temporel dans lequel se situe l'action. Suivant le sens du verbe, l'action s'étire dans cet espace (durée) ou se situe simplement à l'intérieur de cet espace.

*Nos vamos de vacaciones **por** quince días.* Nous partons en vacances pour quinze jours. [durée prévue]
*Trabajo **por** la mañana.* Je travaille le matin. [simple situation dans le temps]

• La préposition **por** permet de maintenir une certaine imprécision dans le temps (voir p. 260).

*Vendremos **por** agosto.* Nous viendrons vers le mois d'août.

• **Por** indique la périodicité.

*Voy al cine una vez **por** semana.* Je vais au cinéma une fois par semaine.
*Cojo el autobús dos veces **por** día.* Je prends le bus deux fois par jour.

Dans ce cas, la préposition **por** équivaut à la préposition **a** + article défini.

por *semana* / **a la** *semana* : par semaine
por *día* / **al** *día* : par jour

• Elle permet de construire certaines locutions de temps.

por *la tarde* : l'après-midi
por *la noche* : le soir
por *el momento (de momento)* : pour le moment
por *la mañana* : le matin

por *ahora* : pour l'instant
por *hoy* : pour aujourd'hui
hoy **por** *hoy* : de nos jours

C La cause.

• La préposition **por** permet d'introduire une notion de cause (motif, raison) exprimée par un nom ou un adjectif.

*No quiere salir **por** el calor que hace.* Il ne veut pas sortir à cause de la chaleur qu'il fait.
*Lo multaron **por** exceso de velocidad.* On l'a verbalisé pour excès de vitesse.
*No lo compraron **por** falta de dinero.* Ils ne l'ont pas acheté faute d'argent.

> Le français ne peut employer la préposition « par » avec ce sens que dans certaines circonstances limitées.
>
> *Lo seguí en Grecia **por** amor.* Je l'ai suivi en Grèce par amour.
> *Lo hizo **por** torpeza.* Il l'a fait par maladresse.

• L'emploi le plus fréquent de la préposition **por** sert à introduire une cause exprimée par un verbe à l'infinitif.

*Lo multaron **por** haberse saltado un semáforo.* Ils l'ont verbalisé parce qu'il avait brûlé un feu rouge.
*Me constipé **por** haber corrido bajo la lluvia.* J'ai attrapé un rhume pour avoir couru sous la pluie.

• Dans certaines expressions, les verbes *ser* et *estar* peuvent être sous-entendus. La préposition **por** introduit directement un adjectif ou un participe indiquant la cause.

*Brindaron a su salud **por** (ser) titulado.* Ils lui ont porté un toast parce qu'il a obtenu son diplôme.

*Has fracasado **por** apurado*. Tu as échoué car tu es allé trop vite.

Dans ce cas, la préposition *por* peut être intégrée dans des locutions.

por *casualidad* : par hasard
por *culpa mía, tuya, suya...* : par ma, ta, sa... faute
por *equivocación* : par erreur

D Rôles syntaxiques.

• ***Por*** introduit un complément d'agent dans la phrase passive (voir p. 165).

*Méjico fue conquistado **por** Hernán Cortés*. Le Mexique a été conquis par Hernán Cortés.

On trouve aussi *por* après *estar* + participe passé.

*Estaba rodeado el pueblo **por** trigales*. Le village était entouré par des champs de blé.

• ***Por*** introduit un complément de moyen.

*Lo anunciaron **por** radio*. Ils l'ont dit à la radio.
*Lo mandaremos **por** avión*. On l'enverra par avion.

• ***Por*** introduit un complément de but. La préposition ***por*** exprime une notion de but immédiat quand le but et la cause sont liés.

*Lo hago **por** ganar tiempo*. Je le fais pour (afin de) gagner du temps.
[Et c'est pour cette raison que je le fais.]

E Emplois particuliers.

• La préposition ***por*** introduit l'idée de substitution, d'échange ; elle équivaut aux expressions françaises « à la place de », « en échange de », « pour », « contre ».

*Decida **por** ella*. Décidez pour elle.
*Firmé el recibo **por** mi mujer*. J'ai signé l'accusé de réception à la place de ma femme.
*Te doy mi balón **por** dos cochecitos*. Je te donne mon ballon contre deux petites voitures.

• La préposition ***por*** permet d'exprimer l'implication ou la non implication de quelqu'un dans quelque chose.

***Por** mí, que diga la verdad o no, no (me) importa*. Pour moi (en ce qui me concerne), qu'il dise la vérité ou non, cela n'a pas d'importance.

• La préposition ***por*** employée après un verbe de mouvement signifie « rechercher ».

*Quería que yo fuera **por** los medicamentos.* Il voulait que j'aille chercher les médicaments.

• La préposition ***por*** associée à *estar* et à *quedar* implique l'idée d'une chose à faire dans le futur.

*estar **por** + infinitif ► être à*   *quedar **por** + infinitif ► rester à*
*Esta casa está **por** vender.* Cette maison est à vendre.
*Quedan **por** rellenar dos formularios.* Il reste deux formulaires à remplir.

• La préposition ***por*** associée à ***que*** permet d'exprimer une idée de concession (voir p. 330).

***Por** muchos años que pasaste en Chile no hablas español.* Bien que tu aies passé de nombreuses années au Chili, tu ne parles pas espagnol.

• La préposition ***por*** associée à ***si*** permet d'exprimer une idée d'éventualité (voir p. 332).

***Por** si no lo sabes, es mi mejor amigo.* Au cas où tu ne le saurais pas, c'est mon meilleur ami.

• Un certain nombre d'expressions idiomatiques renferment la préposition ***por***.

por lo general : en général   *por lo demás* : cela dit, à part cela
*¡**Por** Dios!* Je vous en prie! Mon Dieu !   *por completo* : complètement

LA PRÉPOSITION *PARA*

A Le lieu.

La préposition ***para*** permet d'exprimer la destination d'un mouvement.
*El tren sale **para** Madrid.* Le train part pour Madrid.

B Le temps.

• La préposition ***para*** permet d'exprimer une **échéance précise** parfois renforcée par la présence de ***dentro***.

*Hay que hacer el trabajo **para** mañana.* Il faut faire le travail pour demain.
*Hay que hacer el trabajo **para** dentro de una semana.* Il faut faire le travail pour dans une semaine.

• Elle exprime également une approximation dans le temps (voir p. 260).

*Vendrán **para** el año que viene.* Ils viendront l'année prochaine.
*Va **para** tres años que está aquí.* Cela va faire bientôt trois ans qu'il est là.

C Le but.

La préposition ***para*** exprime le but d'une action, l'intention, le destinataire ou le bénéficiaire (l'attribution).

- **Para** + infinitif.

*Hay que comer **para** vivir.* Il faut manger pour vivre.

- **Para** + nom / pronom.

*Esta invitación es **para** ti.* Cette invitation est pour toi.

- **Para con** + nom / pronom (envers, vis-à-vis de).

*Es muy agresivo **para con** sus abuelos.* Il est très agressif envers ses grands-parents.

- **Estar para** + infinitif. Cette tournure signifie « être à », « être sur le point de », « avoir envie de », « être disposé à », « être apte à / doué pour », « être en état de ».

*La paella está **para** comer.* La paëlla est prête.

*Estoy **para** salir.* Je suis sur le point de sortir.

*No estaba **para** bromas cuando lo vi ayer.* Il n'était pas d'humeur à plaisanter quand je l'ai vu hier.

- **Para que** + subjonctif.

*Te lo enseño **para que** lo sepas.* Je te le montre pour que tu le saches.

Emplois particuliers.

- **Para** + nom / pronom permet d'exprimer un point de vue.

Para *mí no es verdad.* A mon avis, ce n'est pas vrai.

Para *su padre, este tema no es pertinente.* Pour son père, ce sujet n'est pas pertinent.

- **Ser** + **para** + infinitif signifie parfois « il y a de quoi ».

*Es **para** volverse loco.* Il y a de quoi devenir fou.

- La préposition **para** suppose parfois une évaluation.

*Es pequeño **para** su edad.* Il est petit pour son âge. [comparaison]

*La playa está demasiado lejos **para** ir a pie.* La plage est trop loin pour y aller à pied. [conséquence]

TRADUCTION DE LA PRÉPOSITION « PAR »

espace	à travers	por	*pasearse por el campo*
temps	périodicité	por	*Voy al cine una vez por semana.*
cause		por	*por culpa tuya* *por casualidad*
moyen	locomotion intermédiaire agent	por	*Lo mandaremos por avión.* *Lo anunciaron por radio.* *Méjico fue conquistado por Hernán Cortés.*

lieu	destination	*para*		El tren sale para Madrid.
temps	date imprécise		*por*	Vendremos por agosto.
	échéance	*para*		¡Prepárenlo para mañana!
but	action	*para*		Hay que comer para vivir.
		para que		Te lo enseño para que lo sepas.
			por	Lo hago por ganar tiempo.
	attribution	*para*		Esta invitación es para ti.
cause	+ nom		*por*	La multó por exceso de velocidad.
	+ infinitif		*por*	Brindaron a su salud por ser titulado.
	+ adjectif		*por*	Has fracasado por apurado.
autres valeurs	en échange de		*por*	Te doy mi balón por tu gorra.
	au lieu de		*por*	Decida por ella.
	implication		*por*	Por mí, ... no (me) importa.
	évaluation	*para*		Es pequeño para su edad.
				La playa está demasiado lejos para ir a pie.
	en faveur de		*por*	Morir por la patria.
	contraste	*para*		Para ser tan rico viste muy mal.
	concession		*por*	Por ser pobre no deja de ser hombre.
	en guise de		*por*	Por todo juguete sólo tenía un balón.

Remarques

• La préposition *por* peut exprimer aussi bien le but que la cause. Aussi pour l'expression du but, on trouve les deux prépositions, surtout suivies d'un infinitif.

Se viste de moda **por** / **para** *darse importancia*. Il / elle s'habille à la mode pour se faire remarquer.

• De même, « pour » peut exprimer selon le contexte la cause ou le but.
Il a été condamné pour excès de vitesse. [cause].
Il l'a fait pour ses employés. [but]

• « Pourquoi ? » peut se rendre de façons différentes selon qu'il exprime le but ou la cause.

– Quand il renvoie à **la cause** il se rend par *¿por qué?*

*¿**Por qué** no sales?* Pour quelle raison (pourquoi) ne sors-tu pas ?

– Quand il indique **le but**, il se rend par *¿para qué?*

*¿**Para qué** das una vuelta?* Dans quel but (pourquoi) fais-tu un tour ?

7 La préposition *con*

A Accompagnement.

La préposition *con* équivaut à la préposition « avec ».

► Pour *con* + pronom personnel, voir p. 129-130.

Vamos al cine con unos amigos. Nous allons au cinéma avec des amis.

B Caractérisation.

• La caractérisation peut être momentanée (aspect descriptif).

El hombre con gafas habla mucho. L'homme aux lunettes parle beaucoup.

• Cette caractérisation peut être fondamentale.

Cada mañana bebo café con leche. Chaque matin, je bois du café au lait.

C Contact.

• La préposition *con* peut exprimer l'idée de contact.

El coche chocó con un peatón. La voiture heurta un piéton.

• *Dar con* ajoute une idée de hasard.

Al salir del cine di con un amigo mío. En sortant du cinéma, je suis tombé sur un de mes amis.

El coche dio con un árbol. La voiture heurta un arbre.

D Rôles syntaxiques.

• Elle permet d'introduire un complément de manière.

Habla con voz ronca. Il parle d'une voix rauque.

Escuchaba lo que yo decía con interés. Il écoutait ce que je disais avec intérêt.

• Elle permet d'introduire un complément de moyen.

Corta el hilo con las tijeras. Coupe le fil avec les ciseaux.

• On trouve obligatoirement la préposition *con* après certains verbes et adjectifs exprimant la conformité et la comparaison.

No estaba contento con lo que yo le contaba. Il n'était pas content de ce que je lui racontais.

comparar con : comparer à	*contento con* : content de
compatible con : compatible avec	*dichoso con* : heureux en
conforme con : conforme à, d'accord avec	*igualarse con* : égaler à
conformarse con : se conformer à / se contenter de	*satisfecho con* : satisfait de

E **Con + infinitif.**

La préposition **con** exprime le contact. En fonction du contexte dans lequel elle est employée, elle peut exprimer :

• **la manière** (voir p. 336) ;

Con leerlo a menudo, lo sabrás de memoria.
En le lisant souvent (A force de le lire souvent), tu le connaîtras par coeur.

• **la concession** (voir p. 330). L'emploi de l'infinitif est possible quand la concession porte sur des faits réels.

Con limpiarlo a menudo, el pasillo está siempre sucio.
Bien qu'on le nettoie souvent, le couloir est toujours sale.

• Quand elle exprime la manière, la préposition **con** peut être renforcée par l'adverbe **sólo** qui permet d'exprimer une condition unique et nécessaire à la réalisation d'un fait.

Con sólo leerlo a menudo, lo sabrás de memoria.
Il te suffit de le lire souvent pour le connaître par cœur.

Con todo signifie « malgré tout ».

8 La traduction de « chez »

• La préposition « chez » n'existe pas en espagnol. Généralement, elle se rend par le substantif **casa** précédé des prépositions **a**, **en** ou **de**.

*Vamos **a casa** de Pedro.* Nous allons chez Pierre.
*Está **en casa** de su prima.* Elle est chez sa cousine.
*Vuelvo **de casa** de mi abuela.* Je reviens de chez ma grand-mère.

• Elle peut également se rendre par la préposition **a** suivie du nom du lieu où s'exerce la profession (ce lieu peut ne pas être mentionné).

*¿Voy **a** la carnicería, **al** dentista o **al** médico?* Je vais chez le boucher, chez le dentiste ou chez le médecin?

• La préposition **en** employée seule permet de préciser la caractéristique d'une personne.

*Nada **en aquel hombre** me parecía sincero.* Rien chez cet homme ne me semblait sincère.

2 Les conjonctions : la coordination

Pour commencer

 Les conjonctions de coordination peuvent se présenter sous deux formes : des mots simples et des groupes de mots (locutions conjonctives).

• Conjonctions de coordination simples

> **y / e** (et), **o / u** (ou), **pero / mas** (mais), **ni** (ni), **sino** (mais), **pues** (car, donc), **antes** (mais plutôt), **luego** (donc)…

• Locutions conjonctives

> **antes bien** (mais plutôt), **ahora bien** (or), **sea… sea, ya… ya,**
> **ora… ora, bien… bien** (ou… ou / soit… soit / ou bien… ou bien),
> **por (lo) tanto** (donc), **de un lado… de otro** (d'une part… d'autre part),
> **pero sí** (en revanche)…

 A la différence des prépositions, les conjonctions de coordination unissent des mots ou des groupes de mots ayant la même fonction grammaticale (deux sujets, deux attributs, deux compléments…) dans une même proposition.

*La madre **y** su hija salieron de compras.*
La mère et sa fille sortirent faire des courses.

*El dentista **y** el viejo miraban pasar el río sentados sobre bombonas de gas.* (L. Sepúlveda) Le dentiste et le vieil homme regardaient couler la rivière assis sur des bombonnes de gaz.

Elles servent à mettre en relation deux propositions (unités syntaxiques) ayant le même rôle, indépendantes l'une de l'autre.

*¿Lloras **o** te ríes ?* Tu pleures ou tu ris ?
*El alcalde no respondió ni una palabra **y** se marchó.* (L. Sepúlveda)
Le maire ne dit pas un mot et s'en alla.

Suivant leur sens, ces conjonctions nuancent les relations qu'elles établissent entre les éléments.

Pour commencer

1 Les conjonctions copulatives

Les conjonctions *y* et *ni* relient deux éléments et leur(s) contenu(s). On les appelle conjonctions de coordination copulatives car l'émetteur les utilise pour **associer plusieurs éléments**.

Ces éléments peuvent être deux mots de même nature (substantifs, adjectifs, adverbes, verbes…) ou deux propositions reliées par la conjonction *y* (quand les propositions sont affirmatives) ou par la conjonction *ni* (quand elles sont négatives).

LA CONJONCTION *Y*

A La conjonction *y* permet de réunir deux ou plusieurs unités. Si une phrase possède plus de deux éléments coordonnés, la conjonction *y* n'apparaît qu'entre les deux derniers.

*Se encaminó hasta la región de los loros, cotorras *y* tucanes.* Il se mit en route vers le territoire des perroquets, des perruches et des toucans.

B Comme en français, pour des raisons de mise en valeur ou d'insistance, la conjonction *y* peut être répétée et figurer entre tous les éléments.

*Habla inglés *y* alemán *y* ruso.* Il parle anglais, allemand et russe.
*Los hinchas cantaban, *y* aplaudían, *y* animaban a los jugadores *y* formaban olas impresionantes.* Les supporters chantaient, et applaudissaient, et encourageaient les joueurs et faisaient des *olas* (vagues) impressionnantes.

Cet effet peut être renforcé par la présence en fin d'énumération de la locution *y todo*.

*El acusado terminó por confesar donde había escondido el botín, quien le había ayudado *y todo*.* L'accusé finit par avouer où il avait caché le butin, qui l'avait aidé et tout le reste.

C La conjonction *y* peut se trouver en début de phrase et servir de lien avec ce qui vient d'être dit. Quand la conjonction *y* est placée en début de phrase, il s'agit généralement de phrases interrogatives ou exclamatives.

*Vamos al cine. ¿*Y* no quieres venir?* Nous allons au cinéma.
Et tu ne veux pas venir ?

D En coordonnant deux verbes, elle peut exprimer la succession temporelle, avec parfois une nuance de conséquence.

Aquel día, fueron al cine y se tomaron una copa en el café de la Plaza Mayor.
Ce jour-là, ils sont allés au cinéma et ont pris un verre au café de la Grand(e) Place.

Se quedó una hora en los atascos y perdió el avión. Il est resté une heure dans les embouteillages et il a raté son avion.

• Pour des raisons d'euphonie, la conjonction **y** se transforme en **e** devant tout mot non étranger commençant par **i** ou **hi**.

Habla francés e inglés sin acento español. Il parle français et anglais sans accent espagnol.

Los Pérez, padre e hijo, trabajan en la misma empresa. Les Perez, père et fils, travaillent dans la même entreprise.

• Cependant **y** ne se transforme pas :

– si le mot commence par une diphtongue ;

Esta escultura es de madera y hierro. Cette sculpture est en bois et en fer.

– si la conjonction est placée au début d'une phrase, dans les interrogatives et les exclamatives.

–Estudio varias lenguas: francesa, italiana... – ¿Y inglesa también?
– J'apprends plusieurs langues : le français, l'italien... – Et l'anglais aussi ?
Son las doce ¡y Irene no está! Il est midi et Irène n'est pas là !

| LA CONJONCTION *NI*

A La conjonction *ni* marque la forme négative quand, dans une phrase, il y a deux négations.

Dans ce cas, on fait précéder le verbe de la négation *no* et on emploie *ni* avant le deuxième élément.

El chico no hablaba de la escuela ni de sus compañeros.
Le garçon ne parlait ni de l'école ni de ses camarades.
Hoy no he comido carne ni postre.
Aujourd'hui je n'ai mangé ni viande ni dessert.
Esta actitud no es inteligente ni sana para las relaciones profesionales.
Cette attitude n'est ni intelligente ni saine pour les relations professionnelles.

Quand la négation porte sur plusieurs éléments placés après le verbe, la conjonction *ni* n'apparaît pas devant le premier élément, à la différence du « ni » français.

No quiero pan, ni agua, ni vino. Je ne veux ni pain, ni eau, ni vin.

B Si la négation porte sur deux éléments placés avant le verbe, on emploie ***ni... ni...***

Ni tus padres ni tus abuelos pudieron venir. Ni tes parents ni tes grands-parents n'ont pu venir.

C Quand la négation porte sur une énumération de verbes, la conjonction ***ni*** peut être répétée avant chaque verbe. Elle se traduit par « ne (verbe) pas » ou par « ni... ne ».

Los muchachos ni comían, ni bebían, ni hablaban.
Les jeunes gens ne mangeaient pas, ne buvaient pas et ne parlaient pas.

Cependant, il peut y avoir des éléments entre ***ni*** et le verbe.
Ni *nunca la vi.* Et je ne l'ai même jamais vue.

D La conjonction ***ni*** peut être renforcée par la présence de ***nada***. La tournure ainsi constituée se place en fin d'énumération.

No le daba mareo, ni dolor de cabeza, ni nada. Il n'avait ni mal au cœur, ni mal à la tête, ni rien.

La tournure elliptique ***ni que*** (comme si, on dirait que...) placée en tête d'une phrase exclamative marque l'étonnement ou l'indignation. Cette tournure est caractéristique du langage familier.

*¿Ir yo en moto contigo? ¡****Ni que**** (fuera) loca!*
Aller à moto avec toi ? Comme si j'étais folle !

2 Les conjonctions disjonctives et distributives

Les conjonctions de coordination ***o*** et ***o bien*** s'appellent conjonctions disjonctives car elles permettent de faire un choix entre deux ou plusieurs éléments mis en relation.

LA CONJONCTION *O*

Plusieurs sens sont possibles.

A Les éléments coordonnés s'excluent.

¡Te callas o te vas! Tu te tais ou tu t'en vas !

Répétée en début de phrase, la conjonction ***o*** renforce l'exclusion.

¡O te vas o te quedas! Ou tu t'en vas ou tu restes !

O te casas ahora o te quedas soltero toda la vida. Ou tu te maries maintenant ou tu restes célibataire toute ta vie.

B Les éléments coordonnés ne s'excluent pas. Ils s'ajoutent.

Puedo citarte unos grandes autores : Lope de Vega, Machado o Rulfo. Je peux te citer de grands auteurs : Lope de Vega, Machado ou Rulfo.

Pour marquer l'alternative, on peut répéter devant chaque élément la conjonction *o*.

C La conjonction *o* peut également avoir une valeur explicative (voir p. 268).

D Pour différencier la conjonction *o* du chiffre zéro (0), on écrit la conjonction *o* avec un accent (*ó*) quand elle est placée entre deux chiffres.

Se encuentra en un pueblo con 200 ó 300 parados. Il est aujourd'hui dans un village qui compte 200 ou 300 chômeurs.

La conjonction *o* peut se modifier pour des raisons d'euphonie. Elle devient *u* devant un mot commençant par **o** ou **ho**.

¿Quieres agua u otra bebida? Tu veux de l'eau ou une autre boisson ?

O BIEN / BIEN... (O) BIEN

Ces conjonctions renforcent le choix entre deux (ou plusieurs) éléments s'excluant les uns les autres.

*Puedes quedarte en tu habitación **o bien** estar con los invitados.* Tu peux rester dans ta chambre ou bien être avec les invités.

*Una de dos : **o** te vienes **o bien** te quedas.* De deux choses l'une, ou tu viens ou bien tu ne viens pas.

***Bien** te tranquilizas **o bien** me voy.* Ou bien tu te calmes ou bien je m'en vais.

LES AUTRES CONJONCTIONS DISJONCTIVES ET DISTRIBUTIVES

> *bien... bien, ya... ya, ora... ora, sea... sea*

***Ya** cantando **ya** refunfuñando tienes que seguir andando.*
Soit en chantant, soit en grommelant, tu dois continuer à marcher.

*Con la misma indiferencia recibía **bien** las alegrías, **bien** las desgracias.*
Avec la même indifférence, il acceptait ou les joies ou les malheurs.

Quand la disjonction porte sur des éléments envisagés dans le futur sur lesquels pèse un doute, on emploie : **ya sea... ya sea...**

De todas maneras, ya sea en tren, ya sea en avión, tendrás que venir. De toute façon, que ce soit en train ou en avion, il faudra que tu viennes.

Certaines locutions expriment cette idée de distribution sans pour autant être des conjonctions.

Unas veces *es muy cariñoso,* **otras** *no.*
Tantôt il est très affectueux, tantôt non.

Unos *venían,* **otros** *se iban.*
Les uns venaient, les autres partaient.

3 Les conjonctions explicatives

Elles permettent d'apporter une **explication** et introduisent un mot ou un groupe de mots qui fournit un **développement**. Ce sont le plus souvent des locutions conjonctives.

> **esto es, o sea, es decir** : c'est-à-dire

La Lola, **es decir** *mi prima, fue la que me dio el regalo.*
C'est Lola, c'est-à-dire ma cousine, qui m'a donné le cadeau.

La conjonction **o** peut aussi avoir cette valeur.
Es especialista de lenguas románicas **o** *neolatinas.* Il est spécialiste en langues romanes ou néolatines.

4 Les conjonctions adversatives

Ces conjonctions permettent d'introduire un mot ou une proposition qui vient rompre ou **contredire** ce qui a été dit précédemment. Elles expriment la coexistence de deux actions tout en les opposant.

> **pero / mas** (mais), **sino** (mais), **sino que** (mais), **antes (bien)** (mais plutôt), **sin embargo** (cependant), **por lo demás, con todo** (pourtant)…

*Compré muchas cosas, **pero** no fue suficiente.*
J'ai acheté beaucoup de choses mais cela n'a pas suffi.

*Habla mucho, **mas** no dice nada interesante.*
Il / Elle parle beaucoup mais ne dit rien d'intéressant.

LA CONJONCTION *PERO*

A La conjonction ***pero*** permet d'apporter à la fois une précision et une restriction, voire une opposition, au contenu de ce qui précède.

*Sabe leer **pero** no quiere.*
Il / Elle sait lire mais ne veut pas.

*Es joven **pero** determinada.*
Elle est jeune mais déterminée.

La conjonction ***pero*** peut être remplacée par ***mas***, plus littéraire et donc moins fréquente. Les conjonctions ***pero*** et ***mas*** se placent en tête des propositions qu'elles introduisent.

> *Pero* est souvent utilisé avec la valeur de « donc » dans les phrases interrogatives et exclamatives.
>
> ***Pero** ¿qué quieres?* Que veux-tu donc ? Mais qu'est-ce que tu veux au juste ?
>
> *¡**Pero** ven!* Viens donc !

B La conjonction *pero* peut se combiner avec d'autres mots avec une valeur d'insistance.

• ***Pero si*** introduit une information contraire à celle qui vient d'être énoncée. Elle permet de renforcer une protestation.

***Pero** si no quiero irme.* Mais c'est que je ne veux pas partir.

*– Este cuadro es demasiado caro. – ¡Caro! ¡**Pero si** cuesta menos de mil pesetas!* – Ce tableau est trop cher. – Cher ! Mais il coûte moins de mille pésètes !

• ***Pero que***, surtout employée à l'oral, n'a pas de valeur restrictive mais contribue à mettre en relief le mot qui la suit.

*Este tren es largo. **Pero que muy** largo.* Ce train est long. Mais vraiment très long.

• ***Pero sí*** (mais / en revanche) permet d'insister sur l'opposition et d'accentuer une protestation. Notez que *sí* est accentué.

*El niño no come pasteles, **pero sí** chocolate.*
L'enfant ne mange pas de pâtisseries mais beaucoup de chocolat.

A La conjonction *sino* marque l'opposition entre deux éléments. Elle introduit une rectification et non plus une restriction. Elle est donc toujours précédée d'un mot négatif (*no, nunca, jamás...*), voir p. 284.

*Puede ser que **no** venga hoy **sino** mañana.*
Peut-être ne viendra-t-il pas aujourd'hui mais demain.
***No** habrá comprado una maleta **sino** diez.*
Il / Elle n'a pas dû acheter une valise mais dix.
***No** parecía aquello un traje de noche **sino** un trapo.*
Cela ne ressemblait pas à une robe du soir, mais plutôt à un chiffon.

B La conjonction *sino* peut se combiner avec d'autres mots.

• ***Sino que*** exprime une opposition entre deux propositions. La première proposition est toujours négative.

*No fuimos al teatro **sino que** nos quedamos en casa.*
Nous ne sommes pas allé(e)s au théâtre mais nous sommes resté(e)s à la maison.
*No fui al cine **sino que** visité la última exposición de pintura.*
Je ne suis pas allé(e) au cinéma mais j'ai visité la dernière exposition de peinture.

• Précédée de ***no sólo*** (ou de toute expression négative équivalente : *no basta que...*), elle a une valeur d'ajout et s'emploie sous la forme *sino (que)*. Elle est suivie ou non de ***también*** ou ***además***.

***No sólo** compró pasteles para sus hijos **sino** (también) para sus amigos.*
Il/Elle acheta des gâteaux non seulement pour ses enfants mais aussi pour leurs amis.
***No sólo** venden cosas feas **sino que** además las venden caras.*
Non seulement ils vendent des choses laides mais en plus ils les vendent cher.

• Précédée de ***no tanto***, la conjonction *sino* met un élément en évidence.

*Lo dijo **no tanto** para informarle **sino** para informarnos.* Il l'a dit non pas tant pour l'informer que pour nous informer.

5 La conjonction *pues*

A La conjonction ***pues*** est caractéristique des dialogues. Placée en début de phrase, elle donne au locuteur le temps de la réflexion. Elle assure ainsi la liaison entre une question et une réponse. Elle correspond dans ce cas à « eh bien », « bien ».

***Pues**, bien te lo había dicho.*
Eh bien, je te l'avais bien dit.

Pues, *escucha lo que te voy a decir.*
Bon, écoute ce que je vais te dire.

B ***Pues*** permet d'exprimer une relation de cause rendue en français par
« car ». Dans ce cas, elle n'est pas placée en première position.

*(Bien) lo entiendo, **pues** me lo explicaron.*
Je le comprends (bien) car on me l'a expliqué.

 A l'oral, cette valeur peut être rendue par ***que*** après un impératif.
*No mires tanto la tele **que** luego no duermes.*
Ne regarde pas autant la télé car après tu ne dors pas.
*Duérmete, **que** es tarde.* Dors, car il est tard.

C ***Pues***, placée plutôt après le sujet ou le verbe ou entre deux virgules,
exprime une relation de conséquence (donc).

*Se comprometió **pues** el alcalde a hacer obras en la ciudad.*
Le maire s'est donc engagé à faire des travaux dans la ville.

*Tenías que trabajar, **pues**, con motivación. / Pues tenías que trabajar con motivación.* Tu devais donc travailler avec motivation.

*Nadie, **pues**, se levantó para saludarle. / Pues nadie se levantó para saludarle.*
Personne, donc, ne se leva pour le saluer.

 Les conjonctions *luego* (surtout employée dans le style littéraire),
por lo tanto, ***por tanto***, ***por consiguiente***, ***por eso (ello)*** permettent également d'introduire une déduction, une conséquence,
une conclusion en insistant sur le lien logique.
*Pienso **luego** soy.* Je pense, donc je suis.

6 La locution *ahora bien*

Cette conjonction permet d'introduire le second terme d'un raisonnement,
qui tend vers une conclusion à valeur adversative. Elle équivaut à « or »
ou à « cela dit » ou à « maintenant ».

*He decidido no ir, **ahora bien** tenemos que encontrar otra solución.*
J'ai décidé de ne pas y aller ; cela dit, il faut que nous trouvions une autre solution.

*Me dices esto, **ahora bien** ayer me aseguraste lo contrario.*
Tu me dis ça, or hier tu m'as soutenu le contraire.

Ahora bien, *si hay que aceptarlo todo, no estoy de acuerdo.*
Cela dit, s'il faut tout accepter, je ne suis pas d'accord.

La phrase

La phrase est souvent définie comme un **énoncé** dont les constituants doivent assumer une fonction qui, à l'oral, est accompagnée d'une intonation. De plus, elle énonce quelque chose (prédicat) à propos de quelqu'un ou de quelque chose (thème).

La phrase est donc une **séquence de groupes de mots** organisés selon une certaine structure. La syntaxe est la partie de la grammaire qui s'intéresse à la structure de la phrase et en présente les règles de construction.

Ces groupes de mots appelés **constituants** se différencient par certaines caractéristiques ou propriétés syntaxiques. Ils sont obligatoires (on ne peut pas les supprimer) ou facultatifs (on peut les supprimer), permutables (on peut les déplacer sans changer le sens de la phrase) ou non permutables, remplaçables par un pronom ou non remplaçables.

Pour analyser la structure de la phrase, il faut rappeler au préalable ce qui distingue les catégories non fonctionnelles des catégories fonctionnelles :

• **les catégories non fonctionnelles** définissent les catégories grammaticales du nom, du déterminant (article, démonstratif, possessif, numéral, indéfini, interrogatif, exclamatif), de l'adjectif, du verbe, de l'adverbe…

• **les catégories fonctionnelles** définissent les positions syntaxiques qu'occupent les mots ou groupes de mots au sein de la phrase : sujet, complément, attribut…

C'est à ce dernier type de catégories que l'on s'intéresse quand on analyse une phrase.

Les groupes fonctionnels

• **Le groupe fonctionnel sujet** présente la structure d'un groupe nominal composé d'un nom (noyau) complété par un déterminant (actualisateur) et éventuellement par d'un adjectif ou par un groupe de mots équivalent.

Le groupe sujet répond à la question : « Qui fait ou subit l'action exprimée par le verbe ? » ou « Qui possède la qualité particulière de ? », c'est-à-dire de façon plus générale : « Qui (fait/est) ? ». Il permet d'indiquer quelle est la personne, quel est l'animal ou quel est l'objet dont on va dire quelque chose : de qui ou de quoi l'on parle.

• **Le groupe fonctionnel complément d'objet** (direct ou indirect) est souvent un groupe nominal (GN).

– Le groupe fonctionnel complément « essentiel » d'objet direct est généralement marqué par sa position après le verbe. Il représente l'être ou la chose sur lesquels porte l'action exprimée par le verbe. Dans ce cas, le verbe est transitif (voir p. 159, 277).

> **Les groupes fonctionnels sujet et complément d'objet direct** sont reliés directement au verbe sans l'aide d'une préposition sauf le complément d'objet direct de personne déterminée (voir p. 246). Ces deux groupes ne sont pas permutables sauf dans certaines constructions syntaxiques. En effet les déplacer modifie le sens de la phrase.

– Le groupe fonctionnel complément « essentiel » d'objet indirect est souvent un GN. Il se construit avec une préposition. Il permet de désigner une personne ou un animal à qui l'on pense, à qui l'on parle, ou une chose, ce dont on parle.

• **Le groupe fonctionnel complément circonstanciel** est souvent un GN. Il est en général relié au verbe par une préposition et permet de désigner les circonstances d'un événement (lieu, temps, cause…).

 Structure de base de la phrase

La phrase minimale correspond à une structure fondamentale, c'est-à-dire à un ensemble ordonné définissant :

– les règles relatives au nombre de groupes la constituant et à la position de ces groupes ;

– les règles définissant les relations des groupes entre eux.
La phrase simple n'est qu'une extension de la phrase minimale.

• **La phrase minimale** est généralement formée de deux groupes : un groupe nominal qui a pour fonction syntaxique la fonction sujet et un groupe verbal appelé prédicat. La relation de ces deux groupes est marquée par l'accord.

PHRASE MINIMALE	
GN	GV
Sujet	Prédicat
Pablo	*duerme.*
Paul	dort.

A cette structure correspondent les phrases suivantes :

Nuestro vecino duerme. Notre voisin dort.

Dos velas iluminaban la mesa. Deux bougies éclairaient la table.

Este mueble es antiguo. Ce meuble est ancien.

► Pour les différents constituants du GN, voir p. 30.
► Pour les différents constituants du GV, voir p. 150.

• **La phrase simple** est une phrase minimale à laquelle s'ajoutent un ou plusieurs groupes facultatifs et permutables, appelés **compléments de phrase**. Ces compléments servent à apporter de l'information. Le modèle syntaxique de base de la phrase simple est donc :

PHRASE SIMPLE		
GN	GV	Complément de phrase
Pablo	*duerme*	*a las ocho.*
Paul	dort	à huit heures.

A cette structure correspondent les phrases suivantes :

Dos velas iluminan la mesa para la ceremonia. Deux bougies illuminent la table pour la cérémonie.

Dos velas iluminan la mesa para la ceremonia desde las siete. Deux bougies illuminent la table pour la cérémonie depuis sept heures.

Dos velas iluminan la mesa desde las siete para la ceremonia. Deux bougies illuminent la table depuis sept heures pour la cérémonie.

Desde las siete, dos velas iluminan la mesa para la ceremonia. Depuis sept heures, deux bougies illuminent la table pour la cérémonie.

Para la ceremonia, dos velas iluminan la mesa desde las siete. Pour la cérémonie, deux bougies illuminent la table depuis sept heures.

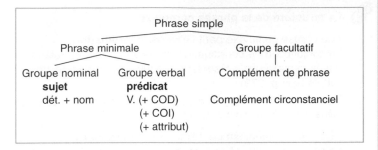

```
                           Phrase simple
              ┌──────────────────┴──────────────────┐
       Phrase minimale                        Groupe facultatif
     ┌────────┴────────┐                             │
Groupe nominal    Groupe verbal          Complément de phrase
   sujet            prédicat
 dét. + nom        V. (+ COD)            Complément circonstanciel
                    (+ COI)
                    (+ attribut)
```

Autour du verbe, on peut trouver le complément d'objet direct (COD), le complément d'objet indirect (COI) ou l'attribut. Comme groupe facultatif, on trouve les compléments circonstanciels.

• Un verbe est dit **transitif** quand il admet un COD et/ou un COI.

Pablo posee un coche nuevo. Paul a une nouvelle voiture.

Isabel piensa en su próximo viaje. Isabelle pense à son prochain voyage.

Miguel ofrece un regalo a su sobrino. Michel offre un cadeau à son neveu.

Parfois le COD est facultatif et n'est pas exprimé mais seulement sous-entendu. On dit alors que le verbe transitif suit une construction intransitive.

Pedro come. Pierre mange.

Pedro come un bocadillo. Pierre mange un sandwich.

Pedro lee. Pierre lit.

Pedro lee el periódico. Pierre lit le journal.

• Un verbe est dit **intransitif** quand il n'admet pas de COD comme : **morir** (mourir), **nacer** (naître)…

• On peut donc dire que le verbe transitif a besoin d'un groupe nominal complément pour former le groupe verbal prédicat, alors que le verbe intransitif peut former à lui tout seul le groupe verbal prédicat.

Certains verbes comme **ser** (être) peuvent être suivis d'un élément qui qualifie le sujet et qu'on appelle attribut (voir verbes copulatifs p. 155). La structure de la phrase est dans ce cas :

Luis	*es rubio.*
GN	GV
	V ser + attribut

La structure de la phrase complexe

• La phrase complexe peut l'être par **coordination**.
La conjonction de coordination (ou relateur) met en relation deux unités syntaxiques présentant chacune une structure de phrase simple (voir p. 279).

Elena estudia medicina y Pedro es mecánico. Hélène fait des études de médecine et Pierre est mécanicien.

• La phrase complexe peut l'être par **subordination.**
La conjonction de subordination permet d'introduire un groupe de mots organisés en phrase (GN + GV) à l'intérieur d'une phrase.

Pedro pregunta si los niños van al cine.

Le constituant : *si los niños van al cine* est un groupe d'éléments qui forme une proposition dont la structure peut se décomposer en une phrase simple précédée d'un relateur.

PHRASE COMPLEXE

phrase simple 1+ relateur + phrase simple 2
Pedro pregunta + si + los niños van al cine.
Pierre demande si les enfants vont au cinéma.

On distingue ainsi la structure de la phrase minimale ou simple (voir p. 279) et celle de la phrase complexe (voir p. 306).

La phrase simple

Pour commencer

A l'oral comme à l'écrit, on enchaîne les mots les uns derrière les autres pour communiquer. Cette linéarité obéit à une organisation complexe où les groupes de mots s'assemblent comme dans un jeu de construction en respectant un certain nombre de règles.

Les mots peuvent s'assembler pour former des groupes. A leur tour, ces différents groupes peuvent s'organiser pour constituer des phrases, unités de base de la syntaxe.

L'ordre des mots dans un groupe ou des groupes de mots dans la phrase n'est pas libre. Il obéit à des règles de construction bien spécifiques. Ces différentes règles permettent de rendre compte de la diversité propre à une langue.

On peut observer la phrase selon différents critères :
- sa structure ;
- l'ordre de ses constituants ;
- sa fonction dans l'acte de communication.

 Structure de la phrase

D'une façon générale, les phrases simples sont formées de deux groupes obligatoires définis par les catégories de mots qui les forment : le groupe nominal (GN) et le groupe verbal (GV). Ces deux groupes occupent dans la structure de la phrase deux positions distinctes : le GN joue le rôle de sujet et le GV le rôle de prédicat (voir p. 9).

 Ordre des constituants

Les phrases simples ne comportent qu'une seule proposition et présentent l'organisation syntaxique suivante :

Pablo duerme mucho. [*Pablo* = GN sujet / *duerme mucho* = GV prédicat]
Paul dort beaucoup.

Il existe des phrases qui ne présentent pas ce type de structure de base (sujet / prédicat) et qui cependant transmettent un message (une information) de l'émetteur au récepteur, et donc établissent un acte de communication. C'est le cas des **interjections**, des titres de presse, des légendes de documentation, des annonces publicitaires ou des répliques d'un dialogue où le contexte, voire la situation, permettent de remplacer les éléments omis (énoncés elliptiques, exclamations). C'est pourquoi la phrase simple ne comporte parfois qu'un seul élément.

Vendrán a cenar el martes. Ils viendront dîner mardi. [sujet elliptique]
Juana la Loca. Jeanne la Folle. [verbe elliptique]
¡Estupendo! Formidable ! [exclamative]
¡Ah! ¡Eh! ¡Oh! ¡Ay! ¡Huy! [interjections]

Le sujet grammatical est souvent placé avant le verbe comme en français. Il n'est pas nécessairement exprimé dans la mesure où il est présent dans la désinence verbale. Mais, pour des raisons stylistiques, l'ordre verbe / sujet est très fréquent. Aussi l'inversion du sujet n'est pas en espagnol caractéristique de la phrase interrogative.

Se celebró la conferencia en el Salón de Actos. La conférence a eu lieu dans la Salle des actes.

 Fonction dans l'acte de communication

Du point de vue sémantique, nous construisons des phrases pour parler de quelqu'un ou de quelque chose et pour en dire quelque chose. La phrase s'organise autour de deux parties :
- de qui ou de quoi on parle, qui correspond au GN ;
- ce qu'on en dit, qui correspond au GV.

Ainsi, la phrase peut être considérée comme un énoncé, c'est-à-dire un acte de communication qui s'organise autour des trois éléments fondamentaux :
– **l'émetteur** : celui qui émet le message, personne qui parle ou écrit ;
– **le message** : contenu de l'information que l'on veut transmettre ;
– **le récepteur** : celui qui reçoit l'information, personne qui écoute ou qui lit.

 Les différents types de phrases simples

• Aux constituants obligatoires de la phrase simple peuvent s'ajouter des éléments facultatifs, appelés compléments de phrase.

Quand ils sont présents, la phrase contient, du point de vue du sens, plus d'informations. Ces compléments sont facultatifs, permutables et cumulables.

Los turistas saborean cócteles en la piscina.
Les touristes dégustent des cocktails dans la piscine.
En la piscina los turistas saborean cócteles.
Dans la piscine, les touristes dégustent des cocktails.
Los niños bajaron la escalera anoche. Les enfants ont descendu l'escalier hier soir.
Anoche los niños bajaron la escalera. Hier soir, les enfants ont descendu l'escalier.

• Selon la volonté de l'émetteur, l'énoncé peut s'ordonner de différentes manières. On distinguera quatre possibilités principales : énoncé **déclaratif** (affirmatif ou négatif), **interrogatif**, **exclamatif** ou **impératif**.

Pour commencer

1 La phrase déclarative

Dans la phrase déclarative, le locuteur fait savoir quelque chose au destinataire qui doit croire ce qui est dit. Avec une phrase déclarative, l'émetteur présente son énoncé comme un renseignement ou un jugement auquel l'interlocuteur peut réagir en disant : « c'est vrai » ou « c'est faux ». L'assertion du locuteur peut être affirmative ou négative.

España exporta mucho. L'Espagne exporte beaucoup.
[*España* = sujet / *exporta mucho* = ce qui est dit à propos de ce sujet]
Pablo no come carne. Paul ne mange pas de viande.

L'AFFIRMATION

A Souvent, dans la phrase déclarative, l'ordre des éléments est : sujet, verbe, attribut, complément d'objet direct ou indirect.

El niño limpia su bici. L'enfant nettoie son vélo.
Mi tío Pablo es médico. Mon oncle Paul est médecin.

B Une phrase déclarative affirmative peut être renforcée par l'emploi des adverbes *bien, ya,* de la conjonction *si* ou de l'expression *sí que*.

• L'adverbe *bien* placé en tête de phrase permet d'insister sur l'élément de l'affirmation. Il peut se traduire par « réellement », « bel et bien », « volontiers ».

Bien comías de todo en casa de la abuela. Tu mangeais bien de tout chez grand-mère.

• L'adverbe *ya* se place en tête de phrase ou devant le verbe. Son emploi est fréquent et permet au locuteur de renforcer l'assertion avec parfois une nuance d'assentiment, de décision, de réalisation.

Ya ves que no está con nosotros. Tu vois bien qu'il n'est pas avec nous.

Ya, dans les dialogues, permet d'exprimer son accord avec l'opinion de l'interlocuteur.

– *Mejor vengas otro día, hoy tengo que hacer.* – *Ya. Vale.*
– Il vaudrait mieux que tu viennes un autre jour, aujourd'hui j'ai du travail. – Oui. D'accord.

• L'emploi de la conjonction *si* est fréquent à l'oral. Placée en tête de phrase, elle atténue une opposition.

– *No hay café.* – *¡Parece imposible! ¡Si compré yo dos paquetes ayer!*
Il n'y a pas de café. Mais c'est impossible ! J'en ai acheté deux paquets hier !
– *¿De qué trata este libro?* – *¡Cómo me lo preguntas! ¡Si me lo prestaste tú!*
– De quoi parle ce livre ? – Mais comment peux-tu me le demander ! C'est toi qui me l'as prêté !

A son tour, la conjonction *si* peut être renforcée par la présence de *pero*.

Pero si te lo digo. Está alquilado. Mais voyons, je te le dis. C'est loué.

• L'expression *sí que* (*sí* accentué) précède le verbe avec une valeur proche de l'exclamation (= il est inutile d'insister).

Este restaurante sí que es bueno. Ce restaurant est rudement (vraiment) bon.
Voy a llamar al hotel, a lo mejor sí que podremos quedarnos otra semana. Je vais appeler l'hôtel, peut-être bien que nous pourrons rester une semaine de plus.

• L'expression *pero sí* (en revanche) marque l'opposition à une phrase négative.

No importamos pescado pero sí verduras.
Nous n'importons pas de poisson, en revanche nous importons des légumes.

LA NÉGATION

La phrase déclarative est dite négative lorsqu'elle contient une négation. Il s'agit généralement de l'adverbe *no*.

La négation *no*.

• La négation ***no*** (ne … pas) se place le plus souvent juste devant le verbe.

Felipe no quiere comer. Philippe ne veut pas manger.

• Seule la présence de pronoms personnels compléments d'objet direct ou indirect peut séparer la négation du verbe.

*Felipe ve a María. Pero no **le** quiere hablar.* Philippe voit Marie. Mais il ne veut pas lui parler.

• On peut placer la négation ***no*** devant ***todos*** (indéfini) et ***siempre*** (adverbe) lorsque la négation porte sur chacun de ces deux éléments.

No *todos comen lo mismo.* Tous ne mangent pas la même chose, ils ne mangent pas tous la même chose.

No *siempre vienen tantos turistas.* Il ne vient pas toujours autant de touristes.

• La négation ***no*** peut se placer devant une forme non conjuguée du verbe (infinitif, participe passé, gérondif).

No *comer es imposible.* Ne pas manger est impossible.

*Los pueblos **no** iluminados son peligrosos.* Les villages sans éclairage sont dangereux.

No *diciendo la verdad, no vas a ganar el proceso.* Ce n'est pas en ne disant pas la vérité que tu vas gagner le procès.

• Parfois dans certains types de textes (journalistiques, théoriques, de vulgarisation), on trouve la négation ***no*** devant un adjectif ou un nom.

*Las lenguas **no** románicas son numerosas.* Les langues non romanes sont nombreuses.

*Ayer se firmó un pacto de **no** intervención.* Hier a été signé un pacte de non-intervention.

Le renforcement de la négation.

Certains mots à valeur négative renforcent la négation.

> ***jamás*** (jamais), ***nunca*** (jamais), ***nada*** (pas du tout), ***ni siquiera*** (ne … même pas), ***tampoco*** (non plus), ***de ninguna manera*** (pas le moins du monde, d'aucune façon)

• La négation peut être renforcée par la présence de ***de ninguna manera*** et ***nada***.

No trabaja nada. Il ne travaille pas du tout.

Dans la phrase *No hace nada.* (Il ne fait rien.), ***nada*** est un indéfini complément d'objet direct et ne vient pas renforcer la négation.

• La négation peut être renforcée par la présence de **nunca** ou **jamás** placés en tête de la phrase. Ces mots permettent d'insister sur l'idée de « jamais » plus que sur la négation qui, dans ce cas, est supprimée. Comparez.

No te hablé de este problema. Je ne t'ai pas parlé de ce problème.

Nunca te hablé de este problema. Je ne t'ai jamais parlé de ce problème.

Certaines expressions qui peuvent prendre une valeur négative implicite comme **en mi, tu, su... vida** (de ma, ta, sa... vie), **en el mundo** (dans le monde), **en absoluto** (absolument pas, pas du tout), suivent les mêmes constructions.

*No volveré a comer eso **en mi vida**.* De ma vie, je ne mangerai plus de cela.

***En mi vida** vi cosa parecida.* De ma vie, je n'ai vu une chose pareille.

• La présence de deux négations (ou plus) renforce la valeur négative.

No nos escribe nadie nunca nada desde ningún lugar. Personne ne nous écrit jamais rien de nulle part.

Quand **no** se combine avec **sin**, l'ensemble **no sin** a une valeur positive. *No sin amor* (non sans amour) a un sens voisin de *con amor* (avec amour).

L'expression de la restriction.

Pour exprimer les tournures « ne... que », « ne plus... que / de », « ne... pas même », l'espagnol possède diverses expressions.

• « ne... que » ► **no ... más que** si la restriction porte sur une quantité ou une qualité.

***No** he comido serpiente **más que** una vez.* Je n'ai mangé du serpent qu'une fois.

*Este actor **no** es **más que** regular.* Cet acteur n'est que moyen.

• « ne... que » ► **no ... sino** si la restriction porte sur la manière.

***No** saldrás bien **sino** trabajando.* Tu ne réussiras qu'en travaillant.

• « ne... que » ► **no ... hasta** ou **no ... antes de** si la restriction s'applique au temps (verbe au futur).

***No** volverá **hasta** el sábado.* Il / Elle ne reviendra que samedi. / Elle ne reviendra pas avant samedi.

***No** lo veré **antes del** domingo.* Je ne le verrai que dimanche.

Ces tournures peuvent être renforcées à l'aide de **ya** placé devant **no**.

*Este actor **ya** no es más que regular.* Cet acteur n'est plus que moyen.

***Ya** no volverá hasta el sábado.* Il / Elle ne reviendra plus que samedi.

***Ya** no cerrarán más que los lunes.* Ils ne fermeront plus que le lundi.

• « ne... plus » ► *no* + **verbe** + *ya / ya no* + **verbe** pour exprimer la cessation d'une action.

Ya no participa en la Vuelta a España. Il ne participe plus au Tour d'Espagne.
Ella no participa ya en las Olimpiadas. Elle ne participe plus aux Jeux Olympiques.

• « ne ... pas même » ► *no* + **verbe** + *siquiera.*

No he terminado de leer mi libro siquiera. Je n'ai pas même fini de lire mon livre.

Cette tournure équivaut à *ni siquiera* ou *ni* placés devant le verbe.

Ni siquiera he terminado de leer mi libro. Ni he terminado de leer mi libro. Je n'ai pas même fini de lire mon livre.

• L'adverbe *sólo* (avec accent) placé généralement devant le verbe ou devant le mot sur lequel porte la restriction exprime une nuance restrictive.

Sólo la he invitado una vez. La he invitado sólo una vez.
Je ne l'ai invitée qu'une fois.
Estas tortugas sólo comen carne. Estas tortugas comen sólo carne.
Ces tortues ne mangent que de la viande.

D Reprise de la négation.

• Plusieurs propositions ou groupes de mots négatifs peuvent se succéder. Dans ce cas, on utilise l'expression *ni... ni* .

– Si *ni... ni* est placé avant le verbe, *no* ne peut être utilisé dans la phrase.

Ni Pedro ni Pablo me ayudaron. Ni Pierre ni Paul ne m'ont aidé(e).

– Si *ni... ni* est placé après le verbe, *no* est placé avant le verbe. *Ni* devant le premier élément est alors facultatif.

No queda (ni) pan ni leche. Il ne reste ni pain ni lait.

• Plusieurs verbes à la forme négative peuvent se succéder. Dans ce cas, on emploie *no... ni* ou *ni... ni* (voir phrase complexe, p.306).

No le miré ni le escuché. Ni le miré ni le escuché. Je ne l'ai ni regardé ni écouté.

E L'opposition négative.

La tournure « non seulement... mais aussi (encore) » est rendue en espagnol par diverses expressions.

No sólo... sino también s'emploie quand le second terme de l'opposition n'est pas un verbe.

No sólo ha trabajado por obligación sino también por placer. Il n'a pas seulement travaillé par obligation mais aussi par plaisir.

- **No sólo... sino que** s'emploie quand le second terme de l'opposition est un verbe conjugué. Dans ce cas, on a une phrase complexe (voir p. 306).

No sólo trabaja toda la semana sino que hace de camarero los domingos. Non seulement il travaille toute la semaine, mais encore il fait le garçon de café le dimanche.

- De même, **pero sí** permet d'introduire une réserve ou une restriction après une première phrase négative.

Este coche no consume mucha gasolina pero sí consume más aceite de lo debido. Cette voiture ne consomme pas beaucoup d'essence mais plus d'huile que la normale.

2 La phrase interrogative

La phrase interrogative permet d'exprimer une demande d'information formulée par le locuteur qui attend une réponse du destinataire.

CARACTÉRISTIQUES

A **On distingue deux types d'interrogations** :

– celles dont la réponse est affirmative : « oui » (*sí*) ou négative : « non » (*no*) ; le locuteur demande alors de confirmer ou d'infirmer une hypothèse ;

– celles qui sollicitent un complément d'information ; le locuteur se renseigne au sujet de quelque chose d'inconnu et l'interlocuteur peut lui fournir une information.

B A l'écrit, c'est la **ponctuation** qui marque la forme interrogative : point d'interrogation renversé (¿) là où commence l'interrogation, point d'interrogation (?) en fin de phrase.

A l'oral, c'est souvent l'**intonation** qui marque la forme interrogative mais elle peut ne pas être le seul signe (ordre des mots, présence de mots interrogatifs).

C Dans la structure interrogative, le sujet peut être placé **derrière** le verbe mais cette inversion n'est pas systématique.

¿Ha descansado Vd bien este fin de semana? Vous êtes-vous bien reposé(e) cette fin de semaine ?

¿Tu novio te ha traído un regalo? Ton fiancé t'a apporté un cadeau ?

⚡ L'interrogation peut être renforcée, dans la langue familière, par la présence de la conjonction *si* qui est le seul mot interrogatif sans accent. Il est placé en début d'interrogation.

¿Si será verdad? Est-ce que c'est vrai ?

D L'interrogation peut s'exprimer à l'aide de **mots interrogatifs** toujours placés en début de phrase. Ces mots interrogatifs (adjectifs, pronoms, adverbes) portent un accent écrit sur la voyelle de la syllabe tonique.

¿Cómo es el tiempo hoy? Comment est le temps aujourd'hui ?

E Dans le style direct, le locuteur pose directement des questions au destinataire. Dans le style indirect, les questions du locuteur ne sont plus posées directement par lui mais consignées dans une subordonnée introduite par une conjonction (*que, si...*). Le verbe de la principale est un verbe déclaratif comme *preguntar* (demander)...

Interrogation directe

Dice : "¿Quieres ir al teatro?" Il dit : « Veux-tu aller au théâtre ? »

Interrogation indirecte

Pregunta si quieres ir al teatro. Il demande si tu veux aller au théâtre.

‖L'INTERROGATION DIRECTE

Les questions posées directement d'un interlocuteur à l'autre sont marquées à l'oral par l'intonation et à l'écrit par les deux points d'interrogation.

¿Juan sabe conducir? Jean sait-il conduire ?

Pour interroger sur un élément particulier qui lui fait défaut, le locuteur utilise un mot interrogatif (toujours accentué) en tête de phrase.

¿Quién viene? Qui vient ?   *¿Cuándo llegan?* Quand arrivent-ils ?

¿Cómo se llama Vd ? Comment vous appelez-vous ?

PRINCIPAUX MOTS INTERROGATIFS
¿quién(es)? qui ?
¿cómo? comment ?
¿dónde? où ? et ses composés
¿qué? que ? quoi ? quels / quelle(s)?
¿cuándo? quand ?
¿cuánto (a, os, as)? combien ?
¿cuál(es)? quel(s) / quelle(s) ? lequel ? lesquels ? laquelle ? lesquelles ?
¿por qué? pourquoi ? pour quel motif ?
¿a qué? ¿para qué?... pourquoi ? dans quelle intention ?...

A Quand on interroge sur une personne, on emploie le pronom ***quién / quiénes*** qui permet d'identifier quelqu'un. Il s'accorde en nombre avec le nom qu'il remplace (voir p. 143).

*¿**Quién** es tu profesor de música?* Qui est ton professeur de musique?

B Quand on interroge sur un objet concret ou une chose abstraite, on emploie ***qué*** (invariable). Il se traduit par « que » quand il est placé devant un verbe et par « quel(s, le, les) » quand il est placé devant un nom (voir p. 142).

*¿**Qué** quieres?* Que veux-tu?

*¿**Qué** cuadro has comprado?* Quel tableau as-tu acheté ?

*¿**Qué** libros has comprado?* Quels livres as-tu achetés ?

C L'interrogatif ***cuál(es)*** permet d'identifier quelqu'un ou quelque chose ou de sélectionner une unité dans un groupe ou un ensemble (voir p. 143).

*¿**Cuál** es su medida?* Quelle est votre/sa taille (pointure) ?

*¿**Cuál** de las películas de Almodóvar prefieres?* Lequel des films d'Almodovar préfères-tu ?

*¿**A cuáles** de estos novelistas estudiaste?* Lesquels de ces romanciers as-tu étudiés ?

D Quand on interroge sur une quantité, on utilise ***cuánto*** qui est déterminant ou substitut.

• ***Cuánto / -a / -os / -as*** s'accorde en genre et en nombre quand il se rapporte à un substantif. Il est alors déterminant ou pronom (substitut d'un nom).

*¿**Cuántos** libros tienes?* Combien de livres as-tu ? [déterminant de *libros*]

*¿**Cuántos** tienes?* Combien en as-tu ? [substitut de *libros*]

Il peut être précédé d'une préposition.

*¿**De cuánto tiempo** disponemos para resolver el problema?* De combien de temps disposons-nous pour résoudre le problème ?

• Il est invariable quand il dépend d'un verbe (voir p. 142). Il a alors la valeur d'un adverbe.

*¿**Cuánto** vale este mueble, por favor?* Combien coûte ce meuble s'il vous plaît ?

Il peut exprimer une certaine quantité de temps, une durée.

*¿**Cuánto** tardas de Madrid a Barcelona?* Combien de temps mets-tu pour aller de Madrid à Barcelone ?

E Quand on interroge sur un lieu, on utilise ***dónde*** (voir p. 147).

*¿**Dónde** está tu hermano?* Où est ton frère ?

Le mot interrogatif ***dónde*** peut être précédé d'une préposition qui en précise le sens.

¿**A dónde** vas? / ¿*Adónde vas?* Où vas-tu ?

¿**De dónde** vienes? D'où viens-tu ?

¿**Hasta dónde** tenemos que andar? Jusqu'où devons-nous marcher ?

F Quand on interroge sur la manière, la qualité, on utilise **cómo** mais aussi **de qué manera, de qué modo** (voir p. 148) :

¿**Cómo** es tu casa? Comment est ta maison ?

¿**Cómo** vino de París? Comment est-il venu de Paris ?

¿**De qué modo** escapó? Comment s'est-il échappé ?

G Quand on interroge sur la cause ou le but, on utilise **por qué** et **para qué**.

– ¿**Por qué** compras tantas postales? – *Porque me gusta escribir.* [cause]
– Pourquoi achètes-tu tant de cartes postales ? – Parce que j'aime écrire.

– ¿**Para qué** las compras ? – *Para que mis amigos vean donde estaba.* [but]
– Pourquoi les achètes-tu ? – Pour que mes amis voient où j'étais.

Quand le but est immédiat, on emploie ¿*A qué?*

– ¿*A qué me llamas?* – *Para invitarte a cenar.*
Pourquoi m'appelles-tu ? – Pour t'inviter à dîner.

H Quand on interroge sur le temps, on utilise **¿cuándo?** (voir p. 147).

¿**Cuándo** llegan tus padres? Quand tes parents arrivent-ils ?

Le mot interrogatif **cuándo** peut être précédé d'une préposition qui en précise le sens.

¿**Para cuándo** lo quieres? Pour quand le veux-tu ?

¿**Desde cuándo** lo tiene Vd? Depuis quand l'avez-vous ?

¿**Hasta cuándo** se queda Vd aquí? Jusqu'à quand restez-vous ici ?

I Quand le locuteur veut montrer que l'interrogation porte sur le verbe, la seule construction possible est l'**inversion verbe-sujet**.

¿Vendrá **Felipe** con nosotros? Philippe viendra-t-il avec nous ?

J Quand le locuteur veut montrer que l'interrogation porte sur le sujet, l'inversion verbe-sujet n'est pas obligatoire. Deux constructions sont donc possibles.

¿Duerme mucho Pablo? = ¿Pablo duerme mucho? Paul dort-il beaucoup ?

L'INTERROGATION INDIRECTE

L'interrogation indirecte, qui relève de la phrase complexe, dépend d'un verbe principal déclaratif du type **preguntar, saber, ver, entender…**

Quand elle est introduite par un mot interrogatif (adjectif, pronom ou adverbe) ou encore par la conjonction **si** (sans accent), elle joue le rôle d'un complément d'objet direct.

A Quand on interroge sur un élément particulier, la construction est la même que dans l'interrogation directe mais sans point d'interrogation. Les mots interrogatifs portent également un accent écrit. Le verbe de l'interrogative est généralement à l'indicatif.

No sé quién vendrá con nosotros. Je ne sais pas qui viendra avec nous.
Pregunta quién viene con nosotros. Il demande qui vient avec nous.

> • L'interrogatif **¿por qué** (pourquoi ?) s'écrit en deux mots que l'interrogation soit directe ou indirecte. Il ne faut pas le confondre avec **porque** (parce que) qui introduit l'explication dans la réponse.
>
> – *¿Por qué no paras de reír? –* **Porque** *me acuerdo de un chiste.*
> – Pourquoi est-ce que tu ris tout le temps ? – Parce que je me rappelle une blague.
>
> • **El porqué** est un nom. Il signifie « le pourquoi », « la raison ».
>
> *No quiero decirte* **el porqué** *de mi enfado.* Je ne veux pas te dire la raison de ma colère.

B Quand la question porte sur l'ensemble de l'énoncé, la subordonnée est introduite par *si* (sans accent).

Me pregunto **si** *viene mañana o no.* Je me demande s'il vient ou pas demain.
Quiero saber **si** *Pablo duerme mucho. Quiero saber* **si** *duerme mucho Pablo.* Je veux savoir si Paul dort beaucoup.

C Quand le sujet est le même dans la principale et la subordonnée interrogative, le mot interrogatif peut être suivi de l'infinitif.

No sé qué **escoger** *como vestido.* Je ne sais quelle robe choisir.
Nos preguntamos si **acompañarte** *o no.* [registre familier]
Nous nous demandons si nous allons t'accompagner ou non.

► Pour la comparaison entre style direct et style indirect, voir p. 286.
► Pour la concordance des temps, voir p. 225.

L'INTERROGATION PARTIELLE

Quand l'interrogation porte sur une partie seulement de la phrase, les points d'interrogation peuvent indiquer à l'intérieur de la phrase le début et la fin de l'interrogation, que celle-ci soit ou non introduite par un mot interrogatif.

Entre tantas cosas ¿cómo podía Vd escoger? Parmi tant de choses, comment pouviez-vous choisir ?

Les phrases exclamatives permettent au locuteur d'exprimer un sentiment (joie, tristesse, colère, surprise…) : il y implique sa **subjectivité**. Ces phrases invitent l'interlocuteur à agir en accord avec ce que dit ou exprime le locuteur de façon plus spontanée qu'avec une affirmation.

CARACTÉRISTIQUES

A A l'écrit, la phrase exclamative est précédée d'un point d'exclamation inversé (¡) et suivie d'un point d'exclamation (!).

A l'oral, l'exclamation est caractérisée par l'intonation.

B Les phrases exclamatives peuvent être introduites par des **mots exclamatifs** (adjectif, pronom, adverbe). Ces mots doivent porter l'accent écrit sur la voyelle de la syllabe tonique comme les mots interrogatifs (voir p. 84).

PRINCIPAUX MOTS EXCLAMATIFS
¡cómo! ce que ! comme !
¡cuánto (-a,-os, -as)! / ¡cuán! comme ! combien ! que de !
¡qué! / ¡qué de! que ! quel / quelle(s) ! comme ! combien ! que de !
¡quién (quiénes)! qui !
¡cuál! comme !
¡cuándo! quand !
¡dónde! où !
¡lo que! qu'est-ce-que !

L'EXCLAMATION DIRECTE

A Le mot interrogatif *qué* est le plus usité pour introduire une exclamation portant sur un nom, un adjectif, un participe ou un adverbe.

Il précède immédiatement le mot sur lequel porte l'exclamation et marque une intensité.

¡Qué triste estás hoy! Comme tu es triste aujourd'hui !
¡Qué dormilón! Quel dormeur !
¡Qué lentamente trabaja! Comme il travaille lentement !

Toute exclamation introduite en français par un article défini se rend en espagnol par *qué*.

¡Qué buena idea! ¡Qué idea más buena! La bonne idée !

B Quand l'exclamation porte sur un verbe, elle est introduite par ***cuánto*** ou ***cómo***. ***Cuánto*** est utilisé le plus souvent pour quantifier, alors que ***cómo*** est plutôt employé pour qualifier ; ***lo que*** peut exprimer l'une ou l'autre nuance.

*¡**Cómo** come! ¡**Cuánto** come! ¡**Lo que** come!* Comme il mange ! / Ce qu'il mange !

Dans la langue littéraire, ***cuál*** peut remplacer ***cómo***.

C Pour exprimer une quantité, l'exclamation peut porter sur un nom (comptable ou non) ou sur un verbe. ***Cuánto*** s'accorde en genre et en nombre quand il précède le nom ; il est alors déterminant. Il peut également fonctionner comme un pronom (substitut du nom).

*¡**Cuántos libros** compras!* Que (Combien) de livres tu achètes !
*¡**Cuántos** compras!* Combien tu en achètes !

Il est invariable quand il est employé devant le verbe.

*¡**Cuánto** duerme Pablo!* Ce qu'il dort, Paul !

> *Cuanto* s'apocope en ***cuán*** lorsqu'il s'applique à un adjectif (emploi littéraire).
> *¡**Cuán** raras son!* Comme elles sont étranges !

La quantité (ou l'intensité) peut également s'exprimer avec ***qué*** suivi d'un nom au singulier ou ***qué de*** toujours suivi d'un nom au pluriel parce qu'il implique une notion de nombre.

*¡**Qué de** libros compras!* Que de livres tu achètes !
*¡**Qué** susto!* Quelle peur !

Quand la phrase exclamative ne comporte pas de verbe et se compose d'un nom et d'un adjectif, elle peut se rendre par les constructions suivantes.

*¡**Qué** extraña pintura!* [*qué* + adjectif + nom] Quelle étrange peinture !
*¡**Qué** pintura **más (tan)** extraña!* [*qué* + nom + *más* (*tan*) + adjectif] Quelle peinture étrange!

D Quand l'exclamation porte sur l'action même exprimée par le verbe, elle permet d'insister sur la manière dont se réalise quelque chose. On utilise dans ce cas la construction ***¡cómo! + verbe***.

¡Cómo corre! Comme il court !

Pour exprimer une exclamation relative à un élément de l'espace, on emploie la construction ***¡dónde! + verbe***.

*¡**Dónde** vives!* Mais où tu habites !

E Certaines tournures sont spécifiques de la langue familière.

• ¡*Vaya!*
Les constructions ***¡vaya! + nom*** et ***¡vaya un / una! + nom*** (l'emploi de

l'indéfini est facultatif) permettent également de construire une exclamation avec certaines nuances comme le désagrément, la protestation, la surprise, l'admiration.

¡Vaya coche! Tu parles d'une voiture ! Quelle voiture ! En voilà une voiture !

¡Vaya (una) sorpresa! En voilà une surprise ! Quelle surprise !

¡Vaya! employé seul exprime la surprise, l'approbation, l'indignation…

Hacerme eso a mí, ¡vaya! Ça alors, me faire ça à moi !

• Les adjectifs *maldito, menudo, valiente* fonctionnent comme *vaya* (voir p. 103).

¡Menuda contaminación! Tu parles d'une pollution !

• *Cada* permet de donner toute son expression au nom qui le suit (voir p. 82) et correspond au français « un / e de ces… ».

¡Me dices cada cosa! Tu me dis de ces choses !

> La tournure *ni que* (même si, quand bien même, comme si, on dirait que) suivie d'un verbe au subjonctif exprime la concession et l'incrédulité.
>
> *¡Ni que viniera!* Quand bien même elle viendrait !

• L'expression *lo… que* (voir p. 143) peut remplacer, dans une exclamation avec verbe, *qué* placé devant un adjectif accordé ou un adverbe. Toute l'exclamation porte sur l'adjectif ou l'adverbe encadré par l'expression.

¡Mire usted lo bonita que es! Voyez comme elle est belle !

L'EXCLAMATION INDIRECTE

• L'exclamation, posée indirectement, relève de la phrase complexe . Elle dépend d'un verbe principal déclaratif.

¡Vea usted qué precio tiene este coche! Voyez combien coûte cette voiture !

¡Sabes lo que me ha costado! Tu sais ce que ça m'a coûté !

• Au style indirect, le mot exclamatif *qué* de l'exclamation directe, quand il porte sur un verbe, est remplacé par *lo que*.

¡Sabe Vd lo que me cuesta este coche!
Vous savez combien me coûte cette voiture !

• Les mots exclamatifs qui portent un accent écrit au style direct le conservent dans le style indirect.

• Les phrases impératives permettent au locuteur de donner un ordre à l'interlocuteur pour lui demander de faire quelque chose. Elles se caractérisent essentiellement par l'absence de sujet lexical et l'emploi du verbe au mode impératif.

Abra (usted) la puerta. Ouvrez la porte.

Dame el libro. Donne-moi le livre.

Duerme. Dors.

> **A** + infinitif peut aussi avoir la valeur d'un impératif.
> *A dormir.* Au lit.

• A la forme négative, le verbe impératif se conjugue au présent du subjonctif. Il en présente donc les irrégularités éventuelles.

*No **duermas**.* Ne dors pas.

*No **digas** tantas tonterías.* Ne dis pas autant de sottises.

5 Les valeurs liées à la situation de communication

En fonction de la situation de communication, chaque type de phrase simple (déclarative, interrogative, impérative, exclamative) peut revêtir une valeur différente.

Ainsi, par exemple, une phrase à syntaxe déclarative peut avoir une valeur impérative dans une situation de communication donnée.

Comes la sopa, por favor. Tu manges ta soupe, s'il te plaît.

De même, une phrase à syntaxe interrogative peut avoir une valeur exclamative dans la communication.

¿Has visto a qué hora llegas? Tu as vu à quelle heure tu rentres ?

D'autres valeurs, appelées modalités, permettent au locuteur d'expliciter son point de vue et ses intentions.

Les phrases dubitatives expriment un certain degré d'incertitude grâce aux adverbes *tal vez, quizá(s), acaso* (peut-être).

A **Placés devant le verbe**, ils sont suivis de l'indicatif, du subjonctif ou du conditionnel.

• Le présent de l'indicatif atténue l'incertitude.

*Tal vez no **quiere** verme.* Il ne veut peut- être pas (sans doute pas) me voir.

• Le présent du subjonctif et le conditionnel renforcent l'incertitude.

*Tal vez no **quiera** verme.* Il se peut qu'il ne veuille pas me voir.

*¿Quizá(s) **pueda** yo hacerlo?* Peut-être pourrai-je le faire ?

*¿Quizás se **podría** visitar el museo?* Peut-être pourrait-on visiter le musée ?

> On peut employer l'indicatif ou le subjonctif après ces expressions. Il existe toutefois une préférence pour le mode subjonctif considéré comme plus apte à rendre l'incertitude, l'indicatif marquant dans ce cas la probabilité.

B **Placés après le verbe**, on emploie l'indicatif ou le conditionnel, jamais le subjonctif.

C Les adverbes *probablemente* et *posiblemente* peuvent se substituer à *acaso, quizá(s), tal vez*.

Está probablemente enfadado. Il est probablement fâché.

D **Autres tournures exprimant le doute.**

• *Deber de* + infinitif.

Debe de estar contento. Il doit être content.

• *Puede (ser) que* + subjonctif.

Puede ser que Manuel venga mañana. Il se peut que Manuel vienne demain.

• *Es posible / probable que* + subjonctif.

Es posible que no esté. Il est possible qu'il ne soit pas là.

• *A lo mejor* + indicatif.

A lo mejor me llamará hoy. Il m'appellera peut-être aujourd'hui.

|LE SOUHAIT

Les phrases désidératives permettent d'exprimer un désir, un souhait, une volonté, une exigence. Elles peuvent présenter l'une des quatre structures principales mais elles sont le plus souvent exclamatives ou déclaratives.

A *Ojalá.*

• Quand le locuteur pense que les désirs qu'il exprime sont réalisables dans le futur, il utilise ***ojalá* + présent du subjonctif**.

¡Ojalá llueva! Pourvu qu'il pleuve ! [cela reste possible]

• Quand il pense qu'ils sont difficilement réalisables, il utilise ***ojalá* + imparfait du subjonctif** qui donne au souhait un caractère plus improbable.

¡Ojalá pudiera llover! Si seulement il pouvait pleuvoir ! [cela semble peu probable]

B **Autres tournures exprimant le souhait.**

• ***Esperar que*** + futur ou subjonctif présent.

Espero que llamará pronto. J'espère bien qu'il appellera bientôt.

Espero que llame pronto. J'espère qu'il appellera bientôt.

• ***Esperar*** + conditionnel ou subjonctif imparfait.

Esperaba que llamaría pronto. J'espérais bien qu'il appelerait bientôt.

Esperaba que llamara / llamase pronto. J'espérais qu'il appelerait bientôt.

• ***Gustar*** au conditionnel.

Me gustaría tanto viajar. J'aimerais tant voyager.

• ***Que*** + subjonctif (espérer que).

¡Que vuelvas! Que tu reviennes !

• ***Quién*** + imparfait du subjonctif (si seulement je...).

¡Quién pudiera viajar! Ah ! si seulement je pouvais voyager !

> ***Quién*** + imparfait du subjonctif équivaut à ***ojalá*** + imparfait du subjonctif. Il est utilisé pour exprimer un souhait difficilement réalisable et personnel : le verbe en français est toujours à la 1re personne du singulier.
>
> *¡Quién pudiera ir a Lisboa!* Si seulement **je** pouvais aller à Lisbonne.

• ***Así*** + subjonctif.

¡Así sea! Qu'il en soit ainsi !

• ***¡Dios quiera que...! / ¡Dios permita que...!*** + subjonctif présent / ***¡Pluguiera a Dios que...!*** + subjonctif imparfait (Dieu veuille que... !).

La forme emphatique s'exprime en espagnol avec d'autres outils qu'en français. En espagnol, en effet, on place en tête de phrase les mots sur lesquels on veut attirer l'attention. A plus forte raison si le mot fait l'objet d'une interrogation ou d'une exclamation directe ou indirecte (voir p. 289, 293). En français, on a fréquemment recours à la tournure « c'est... que », « c'est... qui » dont il faut analyser les valeurs pour trouver leurs équivalents en espagnol.

LA TRADUCTION DE « C'EST »

A En français, l'expression « c'est » reste à la 3e personne du singulier ou du pluriel (ce sont). En espagnol, on emploie toujours le verbe **ser** qui s'accorde avec le sujet réel.

– Le sujet « ce » (ou « c' ») ne se traduit pas en général.

Es la vida. C'est la vie.   *Es aquí.* C'est ici.

– Toutefois, en cas d'insistance, « ce (c') » se traduit par un démonstratif qui s'accorde avec l'attribut.

Ésta *es opinión suya.* Ça, c'est son avis. Voilà son avis.

⚡ Quand « c'est » est suivi d'un pronom personnel (moi, toi...) ou d'un nom, le verbe **ser** s'accorde avec ce pronom (on utilise alors le pronom sujet) ou ce nom.

Soy *yo.* C'est moi.   **Es** *él.* C'est lui.
Somos *nosotros.* C'est nous.   **Son** *mis zapatos.* Ce sont mes chaussures.

B Le temps du verbe **ser** peut varier comme « être » en français.

Eran *ellos.* C'étaient eux.
Será *mañana la inauguración.* C'est demain l'inauguration.

LA TRADUCTION DE « C'EST... QUE » ET DE « C'EST... QUI »

En espagnol, la traduction de « c'est... que », « c'est... qui » dépend de la fonction de l'élément mis en relief, de sa nature (personne ou chose), de son genre et de son nombre.

• S'il désigne une ou plusieurs personnes, il se rend par ***quien /
quienes*** ou par ***el que / la que / los que / las que*** qui s'accordent en
genre et nombre avec l'élément mis en relief.

A mí es a quien habla. = A mí es al que / a la que habla. C'est à moi qu'il parle.

> Quand il est COD, ***quien / quienes*** ou ***el que / la que / los que /
> las que*** représentant une/des personne(s) est précédé de la pré-
> position ***a***.
>
> *A estos novelistas es a quienes (a los que) quisiera leer.* Ce sont ces
> romanciers que je voudrais lire.
>
> Devant le COI, il est précédé de la préposition qui convient.
>
> *Es a este amigo a quien (al que) escribo.* C'est à cet ami que j'écris.
> *Fue de su padre de quien (del que) te hablé.* C'est de son père que je t'ai
> parlé.

• S'il désigne une ou plusieurs choses, il se rend par ***el que / los que /
la que / las que*** qui s'accorde en genre et en nombre avec l'élément
mis en relief et est précédé de la préposition qui convient dans le cas
du COI.

Este barco es el que acabamos de comprar. C'est ce bateau que nous venons
d'acheter.

*Fue aquel edificio el que se derrumbó anteayer. / Aquel edificio fue el que se
derrumbó anteayer.* C'est ce bâtiment qui s'est effondré avant-hier.

Es de nuestra casa de la que se trata. / De nuestra casa es de la que se trata.
C'est de notre maison qu'il s'agit.

> On emploie ***lo que*** pour désigner quelque chose de neutre
> précédé de la préposition qui convient dans le cas du COI.
>
> *De eso era de lo que te hablaba ayer.* C'est de ça que je te parlais hier.

B « Que » reprend un complément circonstanciel. Dans ce cas, il
peut se traduire par :

• ***cuando*** pour exprimer le temps dans la tournure ***... ser cuando /
ser... cuando*** ;

Ayer fue cuando ella me lo compró. C'est hier qu'elle me l'a acheté.
Fue al subir cuando lo vi. C'est en montant que je l'ai vu.
Fue entonces cuando lo vio. C'est alors qu'il l'a vu.

Cuando peut être précédé de ***hasta*** ou ***desde***.

¿Es hasta mañana hasta cuando te quedarás aquí? C'est jusqu'à demain que
tu resteras ici ?

• **donde** (sans mouvement) pour exprimer le lieu ;

*En Madrid fue **donde** trabajé por primera vez.* C'est à Madrid que j'ai travaillé pour la première fois.

> ⚡
>
> **Donde** est précédé de la préposition adéquate en cas de mouvement. En particulier, **adonde** exprime l'idée de mouvement et **por donde** l'idée de passage.
>
> *A Madrid es **adonde** voy.* C'est à Madrid que je vais.
>
> *Del cine es **de donde** vengo.* C'est du cinéma que je viens.
>
> *Por Francia, fue **por donde** pasamos.* C'est par la France que nous sommes passé(e)s.

• **como** pour exprimer la manière ;

*Así es **como** me gustan las cosas.* C'est ainsi que j'aime les choses.

*Bailando fue **como** me torcí el pie.* C'est en dansant que je me suis tordu le pied.

• **por lo que** pour exprimer la cause dans les tournures *es... por lo que (/ por lo cual), ... es por lo que (/ por lo cual)* ;

*Fue por amistad **por lo que (/ por lo cual)** te hice venir.* C'est par amitié que je t'ai fait venir.

*Fue **por lo que (/ por lo cual)** no los invité.* C'est pour cela que je ne les ai pas invités.

• **para lo que** pour exprimer la finalité dans les expressions *es... para lo que (/ para lo cual), ... es para lo que (/ para lo cual)* ;

*Es para protegerte **para lo que** te prohíbe nadar tan lejos.*
C'est pour te protéger qu'il t'interdit de nager aussi loin.

▪ C « Qui » reprend un sujet.

• S'il désigne une personne, il se rend par **quien / quienes, el que / la que / los que / las que**. Ici **quien** est un relatif qui s'accorde en nombre avec son antécédent, c'est-à-dire l'élément mis en relief.

*Fue Pedro **quien (el que)** me compró este libro.* C'est Pierre qui m'a acheté ce livre.

*Fueron los alemanes **los que (quienes)** perdieron la segunda guerra mundial.* Ce sont les Allemands qui ont perdu la seconde guerre mondiale.

*Nosotros somos **los que** trabajamos aquí.* C'est nous qui travaillons ici.

*Soy yo **quien** decido.* C'est moi qui décide.

• S'il désigne des choses concrètes, il se rend par **el que / la que / los que / las que** et s'accorde en genre et en nombre avec l'élément mis en relief.

*Fue esta vuelta **la que** le resultó más provechosa al ciclista alemán.*
C'est ce tour qui a le plus réussi au cycliste allemand.

• S'il désigne des choses abstraites, il se rend par **lo que**.

*Su gentileza es **lo que** más me gusta en esta persona.*
C'est sa gentillesse qui me plaît le plus chez cette personne.

 D Accord de *ser*.

• Dans la traduction de « c'est... qui », « c'est... que », l'accord du verbe **ser** tient compte de l'élément mis en valeur. Il s'accorde avec celui-ci.

***Soy** yo (eres tú) quien lo digo (dices).*
C'est moi (toi) qui le dis.
***Fuiste** tú quien me lo dijiste (dijo) ayer.*
C'est toi qui me l'as dit hier.
***Son** estos libros los que leo.* Ce sont ces livres que je lis.

> Si l'élément mis en valeur est complément d'objet et représente une ou des personne(s), le verbe **ser** reste à la 3ᵉ personne du singulier.
>
> ***Es** a los niños a los que espero.* Ce sont les enfants que j'attends.

• Le temps du verbe **ser** coïncide avec celui du verbe qui suit le relatif.

*Aquí **es** donde **trabaja**.* C'est ici qu'il travaille.
*Aquí **fue** donde **trabajó**.* C'est ici qu'il travailla.

> Contrairement au français, le temps du verbe **ser** correspond toujours à celui de la relative.
>
> *Aquí es (fue) donde vivo (viví).* C'est ici que j'habite (j'habitai).
> *Entonces es (fue) cuando me da (dio) la mano.* C'est alors qu'il me donne (m'a donné) la main.
> *Así era como vivía.* C'est ainsi qu'il vivait.
> *Por eso es (fue) por lo que te convoco (convoqué).* C'est pour cela que je te convoque (t'ai convoqué).

7 La forme passive

Cette tournure permet au locuteur de mettre en avant l'objet sur lequel porte l'action (fonction sujet) aux dépens du sujet acteur de l'action (fonction agent) (voir p. 165).

Observons les deux phrases suivantes :

Vázquez Montalbán escribió la novela Los Mares del Sur *en 1979.*
La novela Los Mares del Sur *fue escrita por Vázquez Montalbán en 1979.*

Ces deux phrases expriment la même idée, mais de deux façons différentes (les constructions ne sont pas identiques).

Dans la première phrase, le sujet grammatical *Vázquez Montalbán* est l'agent de l'action. Dans la deuxième phrase, le sujet *La novela* Los Mares del Sur **subit l'action** exprimée par le verbe et réalisée par l'agent *Vázquez Montalbán*.

Le verbe est à la forme active dans le premier cas et à la forme passive dans le second cas : c'est une construction passive.

La structure syntaxique de base de la phrase passive correspond à celle de toutes les phrases simples (sujet / prédicat).

A Structure de base : verbe ***ser*** + participe passé du verbe conjugué (+ ***por*** + nom ou pronom agent). Le participe s'accorde en genre et en nombre avec le sujet patient.

Max y Mafalda fueron convocados por el director. Max et Mafalda ont été convoqués par le directeur.

B Le complément d'agent est généralement introduit par la préposition ***por***, plus rarement par la préposition ***de***. L'agent peut être exprimé ou non.

*El perro fue maltratado **por los niños**. El perro fue maltratado.* Le chien a été maltraité (par les enfants).

*La nueva película era ya conocida **por / de todos**.* Le nouveau film était déjà connu de tous.

*Salimos sin ser vistos **por / de nadie**.* On est sorti sans être vus de personne.

*El artista era admirado **por / de todos los técnicos**.* L'artiste était admiré de tous les techniciens.

C La forme passive est peu utilisée en espagnol. Elle est caractéristique du style journalistique, du documentaire historique ou artistique. On lui préfère une construction active si le complément d'agent est exprimé et une construction pronominale ou impersonnelle si le complément d'agent n'est pas exprimé. Ces constructions correspondent en français à la forme passive ou au pronom indéfini « on » (voir p. 119-122).

Il faut signaler une certaine ressemblance entre ces contructions pronominales ou impersonnelles et la forme passive. En effet, elles permettent la mise en relief de l'objet de l'action.

Los libros son vendidos por los niños del barrio. Les livres sont vendus par les enfants du quartier. [forme passive]

► *Los libros son vendidos en la feria.* [suppression du complément d'agent]

► *Se venden libros.* [forme pronominale]

Il ne faut pas confondre la construction du (vrai) passif avec une autre qui exprime le résultat d'une action antérieure. Cette tournure est souvent désignée comme étant un faux passif. Elle est rendue par *estar* + participe passé.

Todas las calles estaban iluminadas. Tous les rues étaient éclairées.

Ser renvoie à l'action subie, donc à l'acte, alors que *estar* renvoie au résultat. Par conséquent, *ser* implique l'action et la participation d'un agent exprimé ou non alors que *estar* implique la description d'une situation sans tenir compte de l'agent.

La présence de la préposition *por* après *estar* n'implique pas nécessairement la présence d'un complément d'agent. Le complément introduit par *por* est souvent un complément de moyen.

Las calles estaban iluminadas por muchas luces. Les rues étaient éclairées par de nombreuses lumières.

8 La forme impersonnelle

Dans les phrases impersonnelles, le sujet réel n'est ni exprimé ni sous-entendu par le contexte ou la situation.

LES VERBES RELATIFS À LA MÉTÉOROLOGIE

Le cas le plus fréquent de forme impersonnelle est celui des verbes relatifs à la météorologie : *helar* (geler), *nevar* (neiger), *granizar* (grêler)… Ce sont des verbes impersonnels par nature : ils sont toujours conjugués à la troisième personne du singulier (comme en français).

On trouve également des tournures impersonnelles construites avec *ser* + un élément relatif au temps :

ser temprano (tôt) / *tarde* (tard) / *de día* (de jour) / *de noche* (de nuit)

Es temprano para ir al mercado. Il est tôt pour aller au marché.
Era de noche cuando llegamos al pueblo. Il faisait nuit quand nous sommes arrivés au village.

Les verbes *amanecer* (se lever [jour], faire jour), *atardecer* (tomber [jour]) *anochecer* (tomber [nuit], faire nuit), peuvent être employés à la forme personnelle ou impersonnelle.

Luis amaneció borracho en la carretera. Louis apparut (au petit matin) ivre sur la route.
Amanece a las seis en verano. Il commence à faire jour à six heures en été.

LA TRADUCTION DE « IL Y A »

En espagnol, le locuteur dispose de plusieurs moyens pour présenter une information sans en indiquer le sujet. Ils correspondent à la tournure impersonnelle française « il y a ».

A Le verbe *haber*.

Dans cet emploi, le verbe ***haber***, toujours à la 3e personne du singulier, précède un nom déterminé ou non, ou précédé d'un indéfini (article, adjectif) ou d'un numéral.

– *Haber* (3e pers. du sing.) + nom indéterminé.

***Hay** pan en casa.* Il y a du pain à la maison.

– *Haber* (3e pers. du sing.) + nom (+ complément du nom) (+ adjectif qualificatif).

*En esta casa **hubo** pinturas modernas.* Dans cette maison, il y a eu des peintures modernes.

– *Haber* (3e pers. du sing.) + indéfini + nom.

***Hay** unas chicas en la clase.* Il y a des filles dans la classe.
***Habrá** una exposición de sus obras.* Il y aura une exposition de ses œuvres.
*No **hay** ninguna solución a este problema.* Il n'y a aucune solution à ce problème.

– *Haber* (3e pers. du sing.) + numéral + nom.
***Había** doce vacas y un perro en el campo.* Il y avait douze vaches et un chien dans le champ.

– *Haber* (3e pers. du sing.) + pronom indéfini.

***Habrá** alguien en el patio.* Il y aura / Il doit y avoir quelqu'un dans la cour.

La tournure « il y a » (être au nombre de) suivie d'un numéral peut se rendre par ***ser*** + numéral. Cette tournure permet d'insister.

***Son** tres los proyectos para edificar esta casa.* Il y a trois projets de construction pour cette maison. [Les projets... sont au nombre de trois.]

On peut trouver le verbe *haber* (3e pers. du sing.) dans une subordonnée avec la même valeur impersonnelle.

*Puse el único vestido que **había** en el armario.* J'ai mis l'unique robe qu'il y avait dans l'armoire.

B **Les verbes *estar, ser para, existir* :**

La construction « il y a » suivie d'un nom défini (précédé d'un déterminant) ou d'un nom propre se rend par le verbe ***estar.***

En Madrid está el Prado y otros muchos museos. A Madrid, il y a le Prado et
beaucoup d'autres musées.

Ser* + *para signifie « il y a de quoi ».

Es para *cambiar de identidad.* Il y a de quoi changer d'identité.

D'autres verbes comme *existir* peuvent être utilisés à la troisième
personne comme équivalents de « il y a ».

*Hoy, todavía **existe** miseria.* De nos jours, il y a encore de la misère.

C **Autres tournures à valeur indéfinie.**

• ***Hay quien*** correspond à « il y en a qui ».

Hay quien *dice que no es verdad.* Il y en a qui disent que ce n'est pas vrai.

▷◁
La construction espagnole est *quien* + verbe au **singulier**, la
construction française « qui » + verbe au **pluriel**.

« Il y en a qui » peut également se rendre par ***los (las) hay que***. Le
verbe est toujours au pluriel puisqu'il s'accorde avec le pronom ***los (las)***.

Los hay *que dicen la verdad.* Il y en a qui disent la vérité.

• ***Hacer*** à la 3ᵉ personne du singulier + nom a une valeur impersonnelle :

– pour exprimer une durée écoulée ;

Hace *dos días que no la he visto.* Il y a deux jours que je ne l'ai pas vue.

– pour parler du temps atmosphérique.

Hacía *demasiado sol para quedar en la terraza.* Il y avait trop de soleil pour rester sur la terrasse.

Hace *viento.* Il fait du vent.

• Le verbe à la 3ᵉ personne du pluriel.

La construction impersonnelle peut être rendue par un verbe conjugué
à la 3ᵉ personne du pluriel (voir p. 119). Dans cette construction,
l'agent de l'action n'est pas précisé (soit volontairement, soit involon-
tairement par simple méconnaissance).

*En mi pueblo, me **llaman** "el filósofo".* Dans mon village, on m'appelle « le phi-
losophe ».

• Les verbes **quedar, suceder, ocurrir, pasar, faltar**.

En espagnol, ces verbes, employés avec une valeur impersonnelle, s'accordent avec leur sujet réel. Au contraire, dans les constructions françaises équivalentes, le verbe est toujours à la 3e personne du singulier précédée de « il ».

*¿Qué **pasa** / **sucede** / **ocurre**?* Que se passe-t-il ?

***Quedan** dos meses antes del verano.* Il reste deux mois avant l'été.

[accord de *quedan* avec *dos meses*]

***Faltan** dos pesetas.* Il manque deux pésètes.

[accord de *faltan* avec *dos pesetas*]

• ***Hay motivo para, cabe** ou **conviene** + infinitif correspondent à « il y a lieu de ».

***Hay motivo para** alegrarse.* Il y a lieu de se réjouir.

*No **cabe** inquietarse.* Il n'y a pas lieu de s'inquiéter.

*No **cabe** duda.* Il n'y a pas de doute.

*Frente a esta situación, **conviene** actuar.* Face à cette situation, il convient d'agir.

• ***No hay más que, no hay más remedio que** ou **basta con** + infinitif correspondent à « il n'y a qu'à », « il suffit de », « il n'y a pas d'autre solution que de »...

***No hay más que** abrir la sombrilla.* Il n'y a qu'à ouvrir le parasol.

***No hay más remedio que** cambiar las entradas.* Il n'y a pas d'autre solution que de changer les billets.

***Basta con** ponerse de acuerdo.* Il n'y a qu'à (Il suffit de) se mettre d'accord.

• ***Hay... que, no hay... que** correspondent à « il y a... à » ou « il n'y a pas... à ».

***Hay** problemas **que** solucionar.* Il y a des problèmes à régler.

***No hay** obstáculos **que** evitar.* Il n'y a pas d'obstacles à éviter.

2 La phrase complexe

Contrairement à la phrase simple, qui ne possède qu'un sujet et un prédicat, la phrase complexe possède au moins deux prédicats. Elle se décompose en effet en deux ou plusieurs propositions, qui présentent chacune la structure d'une phrase simple.

Pour mettre en relation ces différentes propositions, on utilise des mots grammaticaux appelés **relateurs** (conjonctions de coordination ou de subordination).

Les différentes propositions formant une phrase complexe peuvent aussi être tout simplement juxtaposées.

La coordination

Dans ce cas, chacune des différentes propositions constituant la phrase complexe fonctionne syntaxiquement de manière indépendante.

*Aquí se vende seda **y** se realizan trajes en una noche.*
Ici on vend de la soie et on confectionne des costumes en une nuit.

Chacune des parties formant cette phrase a un comportement syntaxique **indépendant** : aucune des deux n'implique l'autre.

Aquí se vende seda.
Se realizan trajes en una noche.

La subordination

Dans ce cas, une ou plusieurs propositions subordonnées qui n'ont pas d'autonomie en elles-mêmes **dépendent** d'une proposition principale.

*La niña llora mucho **porque ha perdido su muñeca**.* La petite fille pleure beaucoup parce qu'elle a perdu sa poupée.

La conjonction *porque* permet d'introduire un fait considéré comme la cause de l'action exprimée dans la principale.

3 La juxtaposition

Dans ce cas, les différentes propositions entrant dans la composition d'une phrase complexe sont placées l'une derrière l'autre et reliées entre elles par un signe de ponctuation. Cette juxtaposition peut être l'équivalent d'une coordination ou d'une subordination. Comparez :

• *Come más ; no tendrás hambre.* [juxtaposition]
Mange plus ; tu n'auras pas faim.
*Come más **y** no tendrás hambre.* [coordination]
Mange plus et tu n'auras pas faim.

• *Compra pan ; tengo hambre.* [juxtaposition]
Achète du pain ; j'ai faim.
*Compra pan **porque** tengo hambre.* [subordination]
Achète du pain parce que j'ai faim.

 L'espagnol emploie plus facilement que le français des relateurs entre les propositions. Le français préfère l'emploi de la juxtaposition pour indiquer les relations entre les propositions.

Ne parlez plus, j'entends quelqu'un venir.
*No hable más **que** oigo a alguien que se acerca.*
Ecris-moi, je te répondrai.
*Escríbeme **y** te contestaré.*

Pour commencer

1 La coordination

La phrase est dite complexe par coordination si les propositions qui la composent ont chacune un sens propre et sont indépendantes syntaxiquement.

*Te juro que nos pagan un buen precio por hacerlo, **y** tú eres el único capaz de conseguirlo.* (L. Sepúlveda)
Je te jure qu'ils nous paient un bon prix pour le faire, et toi tu es le seul capable d'y arriver.

LES COORDONNÉES ASSOCIATIVES OU COPULATIVES

Les propositions complexes sont dites associatives ou copulatives quand elles sont reliées par des conjonctions copulatives (voir p. 264).

Dans une phrase complexe copulative, les différentes propositions s'ajoutent.

*Cargaba los frutos en el morral **y** caminaba buscando los claros de la selva.*
(L. Sepúlveda)
Il mettait les fruits dans sa musette et cheminait en cherchant les clairières.

*Llamo a un taxi **y** tú buscas la dirección del restaurante.*
J'appelle un taxi et toi, tu cherches l'adresse du restaurant.

Dans le cas où les propositions qui se succèdent sont affirmatives, la conjonction de coordination est **y**. Dans le cas où elles sont négatives, on emploie **ni.**

*Él encontró a la vecina **y** habló un momento con ella.*
Il rencontra la voisine et parla un moment avec elle.

***No** canta **ni** baila.* Il ne chante ni ne danse.

*Carmen **no** quiere ir al museo **ni** visitar monumentos.* Carmen ne veut ni aller au musée ni visiter des monuments.

La conjonction **y** devient **e** quand le mot qui suit la conjonction commence par un **i-** ou **hi-**.

*Ella fue a Italia **e** hizo unas acuarelas maravillosas.*
Elle est allée en Italie et a fait des aquarelles magnifiques.

|LES COORDONNÉES DISJONCTIVES

Elles permettent d'exprimer des possibilités, **des choix qui s'ex-cluent** entre eux. Les conjonctions de coordination les plus employées sont ***o/ u**, **o bien*** (voir p. 266).

*¿Vienes a la piscina con nosotros **o** vas al cine?*
Tu viens à la piscine avec nous ou tu vas au cinéma ?

*Este año sólo tengo una asignatura optativa, tengo que escoger ruso **o** griego.*
Cette année, je n'ai qu'une option, je dois choisir russe ou grec.

On ne peut choisir que l'une des solutions proposées dans chaque proposition.

La conjonction de coordination **o** se transforme en **u** devant un mot commençant par **o-** ou **ho-** (voir p. 266).

*Te vas a vivir lejos **u** olvidas su existencia.*
Tu vas habiter loin d'ici ou tu oublies son existence.

Parfois la valeur de la conjonction **o** n'est pas disjonctive mais explicative. Elle correspond dans ce cas à ***esto es**, **es decir*** (c'est-à-dire) (voir p. 309).

LES COORDONNÉES ADVERSATIVES

Quand une proposition permet de corriger, voire de nier ce qui est affirmé dans une proposition précédente, elle lui est reliée par les conjonctions de coordination adversatives qui équivalent à **pero** (mais).

*Es viejo **pero** no lo parece.*
Il est âgé, mais il ne le paraît pas.

*No es amable, **por lo demás** es una buena persona.*
Il n'est pas aimable, mais à part ça c'est un brave homme.

*Tal vez alguna cara le suena, **pero** no es capaz de adjudicarle ningún nombre.* (Q. Monzó)
Un visage lui dit peut-être quelque chose mais il est incapable d'y mettre un nom.

LES COORDONNÉES DISTRIBUTIVES

Les propositions distributives permettent d'exprimer plusieurs possibilités qui ne s'excluent pas.

***Tan pronto** coge el coche **como** va andando.*
Tantôt il prend la voiture, tantôt il va à pied.

Lees bien periódicos bien revistas.
Tu lis tantôt des journaux tantôt des revues.

Parfois les propositions peuvent s'unir grâce à des éléments qui ne sont pas des conjonctions. Ces éléments peuvent être des pronoms ou des groupes nominaux :

uno... otro ; **éste... aquél** ; **unas veces... otras** ; **en primer lugar.../en segundo lugar**.

Unos *lloran,* **otros** *ríen.* Les uns pleurent, les autres rient.

En primer lugar *hay que pelar las patatas ;* **en segundo lugar** *hay que freírlas.* Tout d'abord il faut éplucher les pommes de terre ; ensuite il faut les faire frire.

Ces éléments peuvent être des adverbes : ***aquí... allí*** ; ***cerca... lejos*** (voir p. 146).

***Aquí** se come,* ***allí** se bebe.* Ici on mange, là-bas on boit.

LES COORDONNÉES EXPLICATIVES

• Avec les coordonnées explicatives, la deuxième proposition permet d'expliciter le sens de la première. Les éléments relateurs qui permettent d'introduire les explications sont ***esto es, es decir...***

*El mono no es un animal doméstico, **es decir** que no se acostumbra nunca en un piso.*
Le singe n'est pas un animal domestique, c'est-à-dire qu'il ne s'adapte jamais en appartement.

• La conjonction *o* peut avoir cette valeur explicative et non disjonctive. Elle introduit alors une équivalence et non un choix entre les propositions (voir p. 268).

*Las tortugas son anfibias **o** viven en el agua y sobre la tierra*
Les tortues sont amphibies ou vivent dans l'eau et sur terre.

2 La subordination

FONCTIONS DES PROPOSITIONS SUBORDONNÉES

Au sein d'une phrase complexe par subordination, il faut distinguer la proposition principale et la (les) proposition(s) subordonnée(s). Les propositions subordonnées jouent un rôle spécifique dans la syntaxe, qui peut être caractéristique du nom, de l'adjectif ou de l'adverbe.

A Fonction du nom ► subordonnées substantives ou complétives (voir p. 313). Elles sont introduites par la conjonction *que*.

*Me ilusiona **que** vengas mañana. = Me ilusiona **tu venida**.*
Je suis content(e) que tu viennes demain.

Comme ces propositions substantives possèdent les mêmes propriétés syntaxiques que le nom, elles peuvent occuper les mêmes fonctions que le nom (voir p. 31).

• **sujet**

***Que vengas mañana** no le interesa.* Que tu viennes demain ne l'intéresse pas.

• **complément de nom**

*Yo tenía la convicción **de que venía mañana**.* J'étais persuadé(e) qu'il venait demain.

• **complément d'adjectif**

*No estoy contenta **de que venga mañana**.* Je ne suis pas contente qu'il vienne demain.

• **complément d'objet direct**

*No pienso **que venga mañana**.* Je ne pense pas qu'il vienne demain.

• **complément d'objet indirect**

*Sueño **con que vengas mañana**.* Je rêve que tu viennes demain.

Fonction de l'adjectif ► **subordonnées adjectives ou relatives** (voir p. 340) quand elles sont introduites par un pronom relatif (voir p. 144). Elles présentent les propriétés de l'adjectif et permettent de caractériser le nom.

*Este chico **que ganó el premio** es de mi pueblo.*
*Este chico **afortunado** es de mi pueblo.*
Ce garçon qui a gagné le prix (/Ce garçon chanceux) est de mon village.

 Fonction de l'adverbe ► **subordonnées adverbiales ou circonstancielles** (voir p. 317). Elles sont reliées à la principale par une conjonction de subordination (voir p. 312).

*Se fue **cuando amanecía**.* Il s'en alla quand le jour se levait.
*Se fue **temprano**.*Il s'en alla tôt.

> Certains adverbes peuvent être des équivalents de compléments circonstanciels. Par conséquent les propositions circonstancielles (de lieu, de temps…) peuvent être remplacées par les adverbes correspondants.

CONJONCTIONS DE SUBORDINATION

Les conjonctions de subordination établissent **une relation de dépendance** entre deux propositions qui ne sont pas de même nature. La présence de la conjonction indique le début d'une **proposition** dite **subordonnée** qui est dans un rapport de hiérarchie avec une **proposition** dite **principale**. La hiérarchie des propositions est illustrée dans la phrase suivante.

*No te lo daré **aunque me lo pidas**.*
Je ne te le donnerai pas même si tu me le demandes.

Dans cet exemple, la deuxième proposition *aunque me lo pidas* n'a pas d'autonomie ; elle dépend entièrement de la proposition **principale** (*No te lo daré*) : c'est la proposition **subordonnée.**

> « Subordonné » signifie « soumis » et, en l'occurrence, dépendant d'une autre proposition (la principale).

> A l'intérieur de la proposition subordonnée, la conjonction n'a aucun rôle particulier.

Conjonctions de subordination simples

que : que *como* : comme *cuando* : quand *si* : si
aunque : bien que, même si *conforme* : à mesure que
porque : parce que *mientras* : pendant que / tandis que.

Conjonctions de subordination composées (locutions conjonctives)

a medida que : à mesure que
antes (de) que : avant que
desde que : depuis que
después de que : après que
en tanto que / así que / tan pronto... como : dès que
mientras que : tandis que
para que : pour que
puesto que : puisque
siempre que : à chaque fois que, pourvu que
sin que : sans que
ya que : puisque

Les composés de *que* constituent de nombreuses conjonctions / locutions conjonctives.

LE MODE DE LA PROPOSITION SUBORDONNÉE

A **Le choix du mode** du verbe de la subordonnée dépend de plusieurs facteurs :

– du sens du verbe de la principale ;
– du temps du verbe de la principale ;
– de la façon dont le locuteur considère le fait : comme réel ou comme hypothétique ;
– du type de conjonction qui introduit la subordonnée.

B **Le mode indicatif** est le mode du réel et de l'actualisation de l'action. Il est caractéristique des phrases déclaratives, exclamatives et interrogatives.

C **Le mode subjonctif** est le mode du fait considéré par le locuteur comme éventuel, donc le mode du probable ou du prévisible. Il est beaucoup plus employé en espagnol qu'en français.

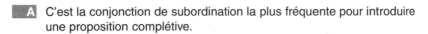

3 Les subordonnées complétives

Les subordonnées complétives peuvent occuper les mêmes fonctions que le nom (voir p. 31). Elles peuvent être à l'indicatif, au conditionnel, au subjonctif ou à l'infinitif.

LA CONJONCTION *QUE*

 A C'est la conjonction de subordination la plus fréquente pour introduire une proposition complétive.

> ⚡ Il ne faut pas confondre **que** conjonction de subordination et **que** pronom relatif. Ce dernier a toujours un antécédent exprimé. Il est employé aussi bien pour les personnes que pour les choses. Il correspond en français à « qui » pour la fonction sujet et à « que » pour la fonction COD (voir p. 144).

B La complétive introduite par **que** peut avoir différentes fonctions.

• **Fonction sujet.**
La complétive sujet est toujours au subjonctif comme en français.
*Que **vengas** mañana me ilusiona.* Je suis contente que tu viennes demain.

On peut remplacer la complétive sujet par un nom ou par un pronom neutre comme **eso**.
Tu venida me ilusiona. Ta venue m'enchante.
***Eso** me ilusiona.* Cela m'enchante.

• **Fonction complément d'objet direct.**
La complétive peut être à l'indicatif, au conditionnel ou au subjonctif (voir p. 315).
*Carmen dice que **vienes** mañana.* Carmen dit que tu viens demain.
*Carmen quiere que **vengas** mañana.* Carmen veut que tu viennes demain.
*Dijo que Pedro **vendría** a verla.* Il a dit que Pierre viendrait la voir.

Dans le cas où la complétive est complément d'objet direct, elle peut être remplacée par le pronom neutre **lo**.
*Carmen **lo** dice.* Carmen le dit.
*Carmen **lo** quiere.* Carmen le veut.
***Lo** dijo.* Il/Elle l'a dit.

• **Fonction complément d'objet indirect, complément de nom** ou **complément d'adjectif.**

Ces fonctions sont marquées par la présence d'une préposition placée devant *que* ou *quien/quienes*.

En este almacén hacen facilidades de pago a quienes/a los que pagan con tarjeta Visa. [complément d'objet indirect]
Dans ce magasin, on fait des facilités de paiement à ceux qui paient avec la carte Visa.

Tengo la impresión de que no va a venir. [complément de nom]
J'ai l'impression qu'il ne va pas venir.

Estoy contenta de que vengas. [complément d'adjectif] Je suis contente que tu viennes.

> Les propositions complétives complément d'objet indirect correspondent en fait à des propositions relatives sans antécédent explicite, c'est-à-dire à des relatives à valeur et fonctions de groupe nominal.

Dans le cas où la complétive est complément d'objet indirect, elle peut parfois être substituée par le pronom personnel *le* (*les*).

Les hacen facilidades de pago. On leur fait des facilités de paiement.

Quand elle est complément de nom ou d'adjectif, elle peut être remplacée par *a/ de / con eso.*

Sintió ella temor a eso. Elle avait peur de ça.

Estaba contenta con eso. Elle était contente de ça.

> Contrairement au français, quand la complétive remplace un nom complément d'objet indirect introduit par une préposition, l'espagnol conserve devant *que* la préposition qui précédait le nom.
>
> *Me acuerdo de su sonrisa.*
> *Me acuerdo de que sonreía a menudo.*
> Je me souviens **de** son sourire. Je me souviens **qu**'il/elle souriait souvent.
> *Cuento con tu presencia en la reunión. Cuento con que estés presente en la reunión.*
> Je compte **sur** ta présence à la réunion. Je compte **que** tu sois présent à la réunion.

C *El que.*

La proposition complétive peut être nominalisée. Dans ce cas, *que* est précédé de l'article défini masculin *el*. La complétive espagnole correspond à une complétive française introduite par « le fait que ».

El que haya perdido mi cinta me enojó. Le fait qu'il ait perdu ma cassette m'a mis(e) en colère.

Le verbe **esperar** a deux constructions possibles.

A Construit directement avec une complétive, il a le sens d'« espérer ». Si le locuteur estime que ce qu'il espère est réalisable, la complétive est à l'indicatif. Sinon, la complétive est au subjonctif pour exprimer le doute ou l'incertitude.

*Espero que **volverá** a escribirme.* J'espère qu'il m'écrira de nouveau. [réalisable]

*Espero que **vuelva** a escribirme.* Je souhaite qu'il m'écrive de nouveau. [peu probable]

B Construit avec une complétive précédée de **a**, il signifie « attendre ». Dans ce cas, il est toujours suivi du subjonctif.

*Espera **a que se vayan** todos para trabajar.* Il attend que tout le monde soit parti pour travailler.

Les phrases françaises du type « attendre que » sont le plus souvent rendues en espagnol par un nom.

J'attendrai que tu reviennes pour sortir.
Esperaré tu vuelta para salir.

Certains verbes comme **creer** (croire), **juzgar** (juger), **estimar** (estimer) peuvent être suivis d'une complétive comportant un attribut. Dans ce cas, le verbe de la complétive peut être sous-entendu ainsi que la conjonction.

Creo que el problema es fácil. ► *Creo el problema fácil.*
Je crois que le problème est simple.

LE MODE DES SUBORDONNÉES COMPLÉTIVES

A **Le verbe de la subordonnée est à l'indicatif** quand le verbe de la principale **permet au locuteur d'affirmer ou de nier un fait : verbe de connaissance ou d'opinion** comme *saber* (savoir), *ignorar* (ignorer), *advertir* (remarquer), *darse cuenta de* (se rendre compte), *decir* (dire), *creer* (croire)...

*Los turistas dicen / creen que el avión **llegará** con retraso.* Les touristes disent / croient que l'avion arrivera en retard.

*No advirtió / supo que **llegaste** tarde ayer.* Il n'a pas remarqué / su que tu es arrivé(e) en retard hier.

Le verbe de la subordonnée peut également être au **conditionnel** quand le locuteur affirme ou nie l'existence d'un **fait à venir** en référence à un passé (futur dans le passé).

*Los turistas (no) decían que el avión **llegaría** con retraso.* Les touristes disaient (ne disaient pas) que l'avion arriverait en retard.

On peut trouver dans les subordonnées l'imparfait de l'indicatif à la place du conditionnel.

*Le dije que Raúl **venía** (=vendría).* Je lui ai dit que Raoul venait (viendrait).

B **Le verbe de la subordonnée est au subjonctif** quand le verbe de la principale **permet au locuteur d'exprimer que, d'après lui, la réalisation du fait n'est pas constatée** : verbes exprimant une volonté, un ordre, une défense, une obligation, un conseil, un souhait, une prière, une crainte, un doute, une possibilité, un sentiment, un jugement de valeur.

*Carmen (no) quiere que los niños **salgan** del coche.* Carmen veut (ne veut pas) que les enfants sortent de la voiture.

*Manuel (no) teme que los invitados **lleguen** tarde.* Manuel craint (ne craint pas) que les invités arrivent en retard.

Dans ce cas, la conjonction *que* peut être omise à l'oral après un verbe d'ordre, d'obligation ou de prière.

Le pidió (que) volviese a casa. Il lui demanda de revenir à la maison.

Quand certains verbes de la principale sont à l'impératif négatif (formes empruntées au subjonctif), le verbe de la subordonnée est à l'indicatif ou au subjonctif, selon que le locuteur exprime un fait constaté ou non constaté.

*No creas que **tenía** mucho tiempo para divertirme.* Ne crois pas que j'avais beaucoup de temps pour m'amuser.

*No penséis que le **guste** mucho.* Ne pensez pas que cela lui fasse très plaisir.

C **Le verbe de la subordonnée est à l'infinitif** quand le sujet de la principale est identique à celui de la complétive.

*Pienso **leer** este libro durante las vacaciones.* Je pense lire ce livre pendant les vacances.

Dans ce cas, et par souci de clarté ou pour insister, il est toujours possible de construire une complétive introduite par *que* suivi d'un verbe conjugué.

*Pienso **que leeré** este libro durante las vacaciones.* Je pense que je lirai ce livre pendant les vacances.

Les subordonnées circonstancielles indiquent les circonstances (lieu, temps, manière, etc.) dans lesquelles a lieu un événement, une action.

Les conjonctions de subordination se répartissent le plus fréquemment en conjonctions de temps, de cause, de conséquence, de but, de concession, de condition et de comparaison et de manière.
Elles permettent également d'exprimer le lieu, l'addition, la restriction ou l'opposition.

LES SUBORDONNÉES DE TEMPS

Les subordonnées de temps sont introduites par des conjonctions de subordination qui précisent si l'action de la subordonnée est postérieure, antérieure ou simultanée à celle de la principale.

Je dormirai **avant que** tu (ne) sois parti(e).
► antériorité de la principale ou **postériorité** de la subordonnée

Après que tu seras parti, je dormirai.
► **antériorité** de la subordonnée ou postériorité de la principale

Quand tu partiras, je dormirai.
► **simultanéité** des deux actions

A **L'action de la subordonnée est postérieure à celle de la principale**.

Quand la subordonnée marque la postériorité, elle est au **subjonctif** car le verbe exprime une action non encore réalisée par rapport à celle de la principale.

*Dámelo **antes que** me enfade.*
Donne-le-moi avant que je me fâche.
*Me esperará **hasta que** se haya acabado la reunión.*
Il/Elle m'attendra jusqu'à ce que la réunion soit terminée.

PRINCIPALES CONJONCTIONS DE SUBORDINATION
antes (de) que**, **primero que : avant que
apenas... cuando /no bien... cuando : à peine... que
así que**, **en cuanto, tan pronto como, luego que : dès que
hasta que : jusqu'à ce que, en attendant que, tant que
mientras : en attendant que

• **Antes de que** est toujours suivi de subjonctif.

*Dímelo **antes de que** sea demasiado tarde.*
Dis-le moi avant qu'il ne soit trop tard.

> • **Antes de** (préposition) suivi d'un nom ou d'un infinitif exprime la postériorité par rapport à l'action exprimée par le verbe.
>
> *Escribe **antes de** tu salida para París.*
> Ecris avant ton départ pour Paris. [« départ » postérieur à « écris »]
> *Escribe **antes de** salir para París.*
> Ecris avant de partir pour Paris. [« partir » postérieur à « écris »]
>
> • La conjonction **hasta** peut être suivie de l'infinitif. Elle équivaut à **hasta que** + verbe conjugué.
>
> *Viajaré **hasta visitar/haber visitado** todos los continentes.* Je voyagerai jusqu'à ce que j'aie visité tous les continents.
>
> • **Primero que** signifie « avant que » alors que *primero... que* signifie « plutôt... que ». Comparez.
>
> *Primero que vendas este cuadro, llámame.*
> Avant que tu aies vendu / Avant de vendre ce tableau, appelle-moi.
> *Primero cantar que llorar.*
> Plutôt chanter que pleurer.
>
> • **Así que** signifie « dès que ».

• La conjonction **hasta que** peut être suivie de l'indicatif pour exprimer que l'action de la subordonnée est réalisée ou en cours de réalisation.

*Se quedó al lado del niño **hasta que** se durmió.*
Il/Elle resta à côté de l'enfant jusqu'à ce qu'il se soit endormi.

> En français, la conjonction « jusqu'à ce que » est toujours suivie du subjonctif.

> Dans tous les cas, la concordance des temps est respectée (voir p. 225).

B **L'action de la subordonnée est simultanée ou presque à l'action de la principale**. Le verbe de la subordonnée est à l'indicatif ou au subjonctif (voir p. 319).

• **La simultanéité peut être ponctuelle**. Dans ce cas, les conjonctions sont suivies du mode indicatif ou subjonctif.

> **cada vez que** : chaque fois que
> **cuando** : quand, alors que, lorsque
> **en el momento en que** : au moment où
> **al tiempo que, a tiempo que** : en même temps que, tandis que

Cuando *llegó, empezó a llover.* Quand il arriva, il se mit à pleuvoir.
En el momento en que *la madre abrió la puerta, el niño se escondió.* Au moment où la mère a ouvert la porte, l'enfant s'est caché.

L'espagnol emploie le présent du subjonctif là où le français emploie un futur.

Cuando vengas *me traerás libros de arte.* Quand tu viendras, tu m'apporteras des livres d'art.

L'espagnol emploie l'imparfait du subjonctif là où le français emploie un conditionnel d'éventualité.

*Le prometía visitarle **en cuanto se repusiese**.* Il lui promettait de lui rendre visite dès qu'il irait mieux.

• **La simultanéité se réalise dans la durée.** Dans ce cas, les conjonctions sont suivies du mode indicatif ou subjonctif.

> **mientras** : pendant que, tandis que
> **todo el tiempo que** : tant que
> **cuando** : quand
> **cada vez que , siempre que** : chaque fois que + idée de répétition
> **como** : comme, tandis que

*Se duerme/Se dormirá **mientras** le cuento / le cuente una historia.* Il s'endort/s'endormira pendant que je lui raconte/raconterai une histoire.
Cada vez que *Carmen la veía, pensaba en su madre.* Chaque fois que Carmen la voyait, elle pensait à sa mère.

Mientras que + **indicatif** marque une opposition.
Tú sólo vienes de vacaciones mientras que yo vivo aquí.
Toi, tu viens seulement pour les vacances tandis que moi je vis ici.

Como + **subjonctif** exprime une condition (voir p. 215).

• **La simultanéité exprime le déroulement progressif** de deux actions étroitement liées. Dans ce cas, les conjonctions sont suivies du mode indicatif ou subjonctif.

> *conforme, según (que)* : selon que
> *al mismo tiempo que, a medida que* : au fur et à mesure que, à mesure que

*Se duerme **al mismo tiempo que** le cuento una historia.* Il s'endort à mesure que je lui raconte une histoire.

*Se dormirá al mismo tiempo que le **cuente** una historia.* Il s'endormira à mesure que je lui raconterai une histoire

*Se apasiona por la mitología **a medida que** descubre la serie televisiva.* Il se passionne pour la mythologie à mesure qu'il découvre la série télévisée.

C **L'action de la subordonnée est antérieure à l'action de la principale**. Dans ce cas, les conjonctions sont suivies du mode indicatif ou subjonctif.

> *cuando* : quand, lorsque
> *después (de) que* : après que
> *desde que* : depuis que
> *así que (como), en cuanto, tan pronto como, luego que (como)* : dès que, aussitôt que.

*Compró libros **luego que** recibió dinero.* Il s'acheta des livres aussitôt qu'il reçut de l'argent.

*Comprará libros **luego que** haya recibido dinero.* Il achètera des livres aussitôt qu'il aura reçu de l'argent.

• Pour exprimer une antériorité immédiate, on emploie les conjonctions *apenas, apenas... (cuando), no bien (... cuando)* (à peine... que / quand / lorsque) qui permettent d'être plus précis et d'exprimer une antériorité immédiate. Ces conjonctions sont suivies du mode indicatif ou subjonctif (voir p. 217).

***No bien** compró aquel libro **cuando** empezó a leerlo.*
A peine eut-il acheté ce livre qu'il se mit à le lire.

***No bien** comprará aquel libro **cuando** empiece a leerlo.*
A peine aura-t-il acheté ce livre qu'il se mettra à le lire.

 Ne confondez pas *cuando* conjonction et *cuándo* interrogatif (voir p. 147).

L'antériorité peut également s'exprimer par *después de*, *luego de*, *tras* (après) + nom / infinitif.

Después de (luego de, tras) *la investigación, dimitió.*
Après l'enquête, il démissionna.

Después de presentar *su programa, se declaró candidato.*
Après avoir présenté son programme, il s'est déclaré candidat.

Notez que l'espagnol utilise plus fréquemment l'infinitif présent que l'infinitif passé après *después de*. En français, « après que » est toujours suivi de l'infinitif passé.

D **Emploi des modes dans les subordonnées de temps.**

• D'une façon générale, le verbe de la subordonnée de temps est à l'**indicatif** si l'action qu'il exprime est réalisée ou sur le point de l'être. Le locuteur considère qu'il rapporte des faits réels (présents ou passés), une expérience vécue.

Cuando *Antonio **llegó**, ya no quedaba ni un invitado.* Quand Antoine arriva, il n'y avait plus un seul invité.

• Il est au **subjonctif** si l'action exprimée dans la subordonnée n'est pas réalisée, mais éventuelle par rapport à l'action de la principale. Dans la proposition principale, le verbe est au futur simple ou antérieur ou au mode impératif.

***En cuanto se vaya**, me pondré a trabajar.* Dès qu'il partira, je me mettrai au travail.

On emploie en français le futur là où on a un subjonctif présent en espagnol.

• Certaines conjonctions peuvent donc introduire une subordonnée exprimée **soit à l'indicatif** (passé simple, imparfait ou temps composé) pour introduire des faits réels, constatables, **soit au subjonctif** pour introduire des actions futures :

cuando, mientras, en cuanto, apenas, hasta que, después de que.

***Cuando venga**, se lo diré.* Quand il viendra, je le lui dirai.

***Cuando se fue**, alquilé este piso.* Quand il / elle est parti(e), j'ai loué cet appartement.

Cuando joven *yo salía a bailar por las noches e iba a trabajar de día.* Quand j'étais jeune, j'allais danser le soir et je travaillais le jour.

***Cuando salga**, pasará por tu casa.* Quand il sortira, il passera te voir.

*Gesticula **mientras habla**.* Il gesticule pendant qu'il parle.

***Mientras coma**, le contaré mis historias.* Tant qu'il mangera, je lui raconterai mes histoires.

Mientras haya peligros de rabia, seguiremos vacunando a los animales. Tant qu'il y aura des risques de rage, nous continuerons à vacciner les animaux.

Certaines conjonctions sont très souvent employées pour exprimer une action réalisée ; dans ce cas seulement, le mode de la subordonnée est l'indicatif.

cuando : quand, lorsque
cada vez que : chaque fois que
mientras que : pendant que

D'autres conjonctions sont le plus souvent utilisées pour introduire une subordonnée au subjonctif exprimant une action non réalisée.

antes (de) que : avant que
hasta que : jusqu'à ce que, tant que
primero que : avant que

E **Les substituts des circonstancielles de temps.**

Un gérondif, un infinitif ou un participe passé peuvent remplacer une subordonnée circonstancielle de temps.

• **Le gérondif** peut se substituer à une subordonnée de temps. Il est utilisé pour exprimer l'antériorité immédiate ou la simultanéité des actions.

Habiendo escrito rápidamente su correo, se sintió más libre.
Ayant écrit rapidement son courrier, il/elle se sentit plus libre.

Hablando de su hermano, recordó una canción de su infancia.
Tout en parlant de son frère, il se rappela une chanson de son enfance.

En saliendo del aeropuerto, verán Vdes el autobús. Dès que vous sortirez de l'aéroport, vous verrez l'autobus.

La tournure *en + gérondif* est peu employée actuellement et plutôt littéraire.

• **L'infinitif** est très fréquent à la différence du français.

– Il permet d'indiquer une **simultanéité brève**. Il est dans ce cas précédé de *al* et il équivaut à « quand ».

Al llegar, encontró la casa vacía.
Quand il est arrivé, il a trouvé la maison vide.

Le sujet de l'infinitif peut être différent de celui de la principale.

Al marcharnos, limpió la casa. Quand nous sommes parti(e)s, il/elle nettoya la maison.

– Il peut exprimer une **simultanéité dans la durée**. Dans ce cas il est précédé de *sin dejar de.*

*Hablaba **sin dejar de mirar** a su hija.*
Il parlait sans cesser de regarder sa fille.

– Il peut exprimer **la postériorité**. Dans ce cas, il est précédé de **antes de**.

***Antes de salir** no se te olvide de llevar las llaves.*
Avant de sortir, n'oublie pas de prendre les clefs.

– Pour exprimer l'**antériorité** de l'action de la subordonnée par rapport à celle de la principale, l'infinitif est précédé de **después de, luego de, tras (de)**.

***Después de haber leído** un cuento, el niño se fue a la cama.*
Après avoir lu une histoire, l'enfant alla se coucher.

L'antériorité peut être immédiate. Dans ce cas, elle est rendue à l'oral par **nada más** ou **no más**.

Nada más llegar llámame por teléfono. Dès que tu arriveras, téléphone-moi.

• **Le participe passé** peut également remplacer une subordonnée de temps. Il sert à marquer l'antériorité et équivaut à « une fois ». La proposition ainsi constituée est appelée proposition participe.

***Sabida la lección,** el niño se fue a jugar.*
(Une fois) La leçon apprise, l'enfant s'en alla jouer.

Le français a tendance à privilégier les tournures nominales alors que l'espagnol privilégie les expressions verbales, notamment dans le cas des subordonnées circonstancielles.

Desde que volvió, no nos habla de su trabajo.
Depuis son retour, il ne nous parle pas de son travail.

Al finalizar el año, cada empresa hace el balance.
A la fin de l'année, chaque entreprise fait son bilan.

LES SUBORDONNÉES DE CAUSE

Les conjonctions de cause introduisent des subordonnées qui indiquent les raisons (causes ou motifs) pour lesquelles se déroule ou non l'action de la principale.

que, porque : parce que
como : comme, étant donné que, vu que
ya que, puesto que : puisque, du moment que, étant donné que
por lo mismo que : du fait que, par le fait même que
con el pretexto de que, so pretexto de que : sous prétexte que
si : puisque
dado que, visto que, en vista de que : vu que, étant donné que, attendu que

A Le verbe de la subordonnée de cause est le plus souvent à l'**indicatif** : il exprime un fait réel, une action accomplie.

*Se puso a reír **porque** la película **era** muy divertida.*
Il se mit à rire parce que le film était très amusant.

***Como** no **venía** empecé a comer.*
Comme il / elle n'arrivait pas, je me mis à manger.

Dans le cas d'un fait réel, on peut, comme en français, trouver le verbe employé au conditionnel, ce qui permet d'exprimer une restriction.

*No puedo decirle la verdad porque se **enfadaría**.* Je ne peux pas lui dire la vérité parce qu'il se fâcherait.

B Quand le verbe de la subordonnée est au **subjonctif**, il exprime le refus, le rejet de la cause et permet d'exprimer un désaccord. Dans ce cas, soit la proposition subordonnée est introduite par *porque* et dépend d'une principale à la forme négative, soit elle est introduite par la locution *no porque* ou *no es porque* (non que, non parce que).

***No** creas que te lo digo **porque quiera** líos.*
Ne crois pas que je te le dis parce que je cherche les histoires.

*Lo logra todo **no porque sea** inteligente sino porque tiene mucha suerte.*
Il / Elle obtient tout non pas parce qu'il / elle est intelligent(e), mais parce qu'il / elle a beaucoup de chance.

La subordonnée introduite par la conjonction *porque* + subjonctif, peu fréquente, n'a plus une valeur de cause mais de but.

*No quiso marcharse el primero **porque no pensaran** que estaba mal educado.*
Il ne voulut pas partir le premier pour qu'on ne pense pas qu'il était mal élevé.

A l'oral, on utilise souvent la conjonction *que* à la place de *porque* ou de *ya que*.

Dímelo, Pedro, que ahora no estoy de bromas.
Dis–le-moi, Pierre, parce que je ne plaisante plus.

Dans tous les cas il faut respecter la concordance des temps (voir p. 225).

C La conjonction *como*.

• Les subordonnées causales précèdent toujours la principale quand elles sont introduites par *como*.

*Como **tenía prisa** salió sin peinarse.*
Comme il/elle était pressé(e), il/elle est parti(e) sans se coiffer.

• Quand *como* introduit une subordonnée causale à l'imparfait du sub-jonctif en *-ra* , celui-ci équivaut à un imparfait de l'indicatif en français. Cette construction est peu fréquente.

*Como le **doliera** la mano, sus padres le prohibieron subir las maletas.*
Comme il avait mal à la main, ses parents lui interdirent de porter les valises.

D Les substituts des subordonnées de cause.

Les subordonnées de cause sont fréquemment remplacées en espa-gnol par l'infinitif et le gérondif.

• **L'infinitif** est précédé de *por*. Dans ce cas, il équivaut à *porque +* verbe conjugué.

***Por ser** buena bailarina le propusieron participar en el festival.* C'est parce qu'elle danse très bien qu'on lui a proposé de participer au festival.

• *De (tanto)/ a fuerza de* + infinitif signifie « à force de » + infinitif.

***De (tanto)/a fuerza de reír**, le dolían los cigomáticos.* A force de rire, il/elle en avait mal aux zygomatiques.

• **Le gérondif** remplace une subordonnée causale quand l'action qu'il exprime est antérieure à celle de la principale.

***Deseando** comprarse un coche, ahorra dinero.*
Parce qu'il veut s'acheter une voiture, il fait des économies.

LES SUBORDONNÉES DE CONSÉQUENCE

Les subordonnées de conséquence indiquent les conséquences qu'entraîne la réalisation de l'action de la principale. La principale en exprime donc la cause.

En fait, cette relation logique cause - conséquence ou cause - effet dépend de ce que le locuteur veut privilégier dans la subordonnée : soit la cause, soit l'effet qui résulte de la cause.

S'il privilégie la cause :

No acabaré a tiempo porque no he trabajado suficiente.
[principale = conséquence + subordonnée de cause]
Je ne terminerai pas à temps parce que je n'ai pas assez travaillé.

S'il privilégie la conséquence :

No he trabajado suficiente, luego no acabaré a tiempo.
[principale = cause + subordonnée de conséquence]
Je n'ai pas assez travaillé si bien que je ne terminerai pas à temps.

PRINCIPALES CONJONCTIONS DE SUBORDINATION
(como) para que : (trop)… pour que / (suffisamment)… pour que *así (es) que* : si bien que, de (telle) sorte que *con lo que, con lo cual* : si bien que *de manera que, de tal manera que* : de telle manière que *de modo que, de (tal) modo (forma) que* : de telle sorte que *de suerte que, de tal suerte que* : de telle manière que *hasta tal punto que* : à tel point que *tal (tales)… que…* : tel (telle, tels, telles) … que *tanto (a, os, as) …que…* : tant …que, tellement …que

A Les subordonnées introduites par une conjonction de conséquence sont le plus souvent **à l'indicatif ou au conditionnel**. Elles traduisent une volonté d'informer sur la conséquence de l'action exprimée par le verbe de la proposition principale.

*Tiene mucha suerte **así que** siempre le sale todo bien.*
Il a beaucoup de chance si bien qu'il réussit tout.

*Ha cambiado tanto **con lo cual** seguro no le reconocerás.*
Il a tellement changé que tu ne le reconnaîtras sûrement pas.

*No habían hecho lo necesario **con lo que** no podían / podrían ir al teatro.*
Ils n'avaient pas fait le nécessaire si bien qu'ils ne pouvaient / pourraient pas aller au théâtre.

⚡ La conjonction **que** peut introduire une subordonnée de conséquence.

Come que es un placer mirarlo. Il mange que c'est un vrai plaisir de le regarder.

⚡ La conjonction **que** employée avec **estar** introduit une conséquence avec le sens de « être dans un tel état que », « être au point de ».

Estoy que *no puedo dormir.* Je suis dans un tel état que je ne peux dormir.

B Le verbe de la subordonnée peut être **au subjonctif** :

• pour exprimer un **résultat à obtenir** ; la conséquence est alors envisagée comme un objectif à atteindre ;

*Había decidido decirle la verdad **de modo que** no **buscara** por otra parte.*
J'avais décidé de lui dire la vérité de telle sorte qu'il ne cherche pas ailleurs.

• après les conjonctions **de ahí que** et **de aquí que** ;

*No pude viajar con él **de ahí que devolviera** mi billete de avión.*
Je n'ai pas pu voyager avec lui de sorte que j'ai rendu mon billet d'avion.

• après les conjonctions **para que** et **como para que** précédées de **demasiado**, **bastante**, **mucho**, **suficiente** (surtout si la principale est négative).

*Ha llovido **demasiado como para que resulte** buena la cosecha.*
Il a trop plu pour que la récolte soit bonne.

*Esos días de vacaciones no son suficientes **para que descanse** del todo.* Ces quelques jours de vacances ne sont pas suffisants pour qu'il/elle se repose complètement.

C Le verbe de la proposition subordonnée peut être à **l'infinitif** :

• après les locutions **lo bastante (suficiente)... como para** ou **demasiado... como para,** si les sujets sont identiques dans la principale et dans la subordonnée ;

*Podría reñirle **lo bastante como para asustarle**.*
Je pourrais le gronder assez pour lui faire peur.

*Los alumnos producen suficientes **tareas como para poder** obtener buenos resultados.*
Les élèves fournissent assez de devoirs pour pouvoir obtenir de bons résultats.

• après la préposition *hasta (el punto de)*.

*Su emoción era fuerte **hasta desvanecerse***.
Son émotion était forte au point qu'il/elle s'est évanoui/e.
*Se gastó toda la fortuna en viajes **hasta el punto de arruinarse***.
Il dépensa toute sa fortune en voyages au point de se ruiner.

D Certaines subordonnées de conséquence sont le résultat d'une intensification de la principale. Cette intensification porte soit sur le verbe,
soit sur le nom, soit sur un adjectif ou un adverbe, et correspond en
français à «tellement (de)», «tant(de)», «si». Dans ce cas, la
conjonction *que* peut se combiner avec d'autres éléments pour former
les constructions suivantes :

• *tal(es)* + substantif + *que* ;

*Compra **tales cosas** en los baratillos **que** ya no tiene sitio en casa.*
Il/Elle achète de telles choses dans les brocantes qu'il/elle n'a plus de place
chez lui/elle.

• *tan* + adjectif + *que* ;

*Salió **tan enfadado** de la reunión **que** no me vio.*
Il est sorti si fâché de la réunion qu'il ne m'a pas vu(e).

• *tan* + adverbe + *que* ;

*Llegamos **tan temprano que** tuvimos que esperar más de una hora.*
Nous sommes arrivé(e)s si tôt que nous avons dû attendre plus d'une heure.

• *tanto (a, os, as)* + substantif + *que* ;

*Tiene **tanto tiempo** libre **que** no sabe qué hacer con él.*
Il a tant de temps libre qu'il ne sait pas quoi en faire.

• *tanto* + verbe + *que*.

*Tanto hablaste que** te quedaste sin voz.*
Tu as tellement parlé que tu n'as plus de voix.

E **Les substituts de la subordonnée de conséquence.**

Les formes suivantes permettent d'exprimer une conséquence par une
proposition coordonnée ou indépendante. Les deux propositions (coordonnées ou indépendantes) expriment un rapport de cause à effet.

---

así (es) : ainsi, si bien que
así pues : donc
con que : aussi, ainsi donc
luego, por (lo) tanto, por consiguiente : par conséquent
por eso : c'est pourquoi

---

*El motor de mi barco no funciona **con que** debo repararlo antes de salir a pescar.* Le moteur de mon bateau est en panne, aussi je dois le réparer avant de partir à la pêche.

Appartiennent à cette catégorie les formes ***total, resultado, así que*** caractéristiques de l'oral.

*Le he prestado mi coche. **Total**, no puedo salir este fin de semana.*
Je lui ai prêté ma voiture. Résultat, je ne peux pas partir cette fin de semaine.

LES SUBORDONNÉES DE BUT

Les subordonnées de but expriment la finalité de l'action de la principale, son objectif.

para que : pour que
a fin de que, a que, con (el) objeto de que, con el propósito de que, con la intención de, con el fin de que, con vistas a que : afin que
de (tal) manera que, de (tal) modo que : de façon que, de manière que
por miedo a que, por temor de (a) que : de crainte que

On retrouve certaines des conjonctions de conséquence dans la catégorie du but : en effet le but visé est la conséquence voulue d'un acte.
C'est le mode de la subordonnée qui indique si le locuteur parle d'un but à atteindre ou d'une conséquence. Par exemple, les locutions ***de tal manera que / de tal modo que*** expriment la conséquence quand elles sont suivies de l'indicatif mais le but quand elles sont suivies du subjonctif qui insiste sur le caractère virtuel de l'acte voulu.

 Le verbe des propositions subordonnées introduites par une conjonction de but **est toujours au mode subjonctif** (comme en français) puisqu'elles expriment un projet, une action à venir.

*Se lo propuse **para que** no **dijera** nada.*
Je le lui ai proposé pour qu'il/elle ne dise rien.

*Vino **a que** se le **diera** la solución.*
Il/elle est venu(e) pour qu'on lui donne la solution.

*Hizo un discurso electoral muy demagógico **con vistas a que** lo **eligieran** los presentes.*
Il prononça un discours électoral très démagogique afin que les présents votent pour lui.

Attention à la concordance des temps (voir p. 225).

> **Porque** suivi du subjonctif exprime un but (voir p. 323).

A que s'emploie après des verbes de mouvement.

*Vinieron a la hora de comer **a que** les invitáramos.*
Ils sont venus à l'heure du repas pour que nous les invitions.

B Quand le sujet de la principale est le même que celui de la subordon-née, le verbe de la proposition subordonnée est à **l'infinitif** (comme en français). La subordonnée de but est introduite dans ce cas par des prépositions ou locutions prépositives **para**, **por**, **a**, **a fin de**, **con el objeto de**, **por miedo a** équivalentes à « pour » + infinitif en français.

*Vino **a fin de divertirse**.*
Il est venu pour s'amuser.

LES SUBORDONNÉES DE CONCESSION

PRINCIPALES CONJONCTIONS DE SUBORDINATION

aunque, aun, aun cuando, a pesar de que, pese a que, si bien, aun bien que, por más (mucho)... que : quoique, bien que, même si, quand bien même
así : même si

Les propositions subordonnées introduites par une conjonction de **concession** permettent d'exprimer **une difficulté** au déroulement de l'action de la principale, une objection, une opposition entre deux faits dont l'un devrait entraîner l'autre et ne l'entraîne pas. Toutefois, cet obstacle n'arrive pas à empêcher sa réalisation. C'est pourquoi on les appelle parfois **subordonnées d'opposition**.

Par le choix du mode de la subordonnée, le locuteur marque l'appré-ciation qu'il porte sur ce qui s'oppose à la réalisation de l'action expri-mée dans la principale.

A Le verbe de la subordonnée de concession est au mode **indicatif** si la concession porte sur **un fait réalisé ou considéré** comme tel par le locuteur. Autrement dit, il existe un réel obstacle à la réalisation de l'ac-tion exprimée dans la principale. Le locuteur donne une information.

Aunque llueve, saldré. Bien qu'il pleuve, je sortirai.
[Il pleut et la pluie est un obstacle mais n'empêche pas la réalisation de la principale.]
Aunque sabe hablar español, no se decide a practicarlo.
Bien qu'il sache l'espagnol, il ne se décide pas à le parler.
[*Sabe hablar español* est une information.]

Les subordonnées concessives introduites par *si bien*, *eso que* et *con lo que* sont toujours à l'indicatif.

Si bien me lo **has prometido**, *no lo has hecho.* Quoique tu me l'aies promis, tu ne l'as pas fait.

B Le verbe de la subordonnée de concession est au mode **subjonctif** si la concession porte sur un fait qui n'est pas ou pas encore réalisé ou considéré comme tel par le locuteur. L'obstacle à la réalisation de l'action exprimée dans la principale est considéré comme probable.

Aunque llueva, saldré. Même s'il pleut, je sortirai.
[On ne sait pas s'il pleut, c'est une possibilité qui n'empêchera pas la réalisation de la principale.]
No le diré nada **aun cuando** me lo **pida**. Je ne lui dirai rien même s'il me le demande.

On applique la concordance des temps (voir p. 225).
Aunque **venga**, *no lo* **veré**. Même s'il vient, je ne le verrai pas.
Aunque **viniera**, *no lo* **vería**. Même s'il venait, je ne le verrais pas.

C La conjonction de concession la plus employée est *aunque*. Les propositions qu'elle introduit peuvent se construire soit à l'indicatif si l'action exprimée dans la subordonnée est considérée comme réelle, soit au subjonctif pour signifier que l'action exprimée dans la subordonnée ne peut pas être considérée comme réelle (on ne sait pas).

• *aunque* + indicatif = « bien que » + subjonctif
Aunque está *muy cansado, trabaja cada día.*
Bien qu'il soit très fatigué, il travaille tous les jours.

• *aunque* + subjonctif = « même si » + indicatif
Aunque esté *contento, no lo dice.*
Même s'il est content, il ne le dit pas.

▷◁ En français, les modes sont inversés.

La conjonction *así* est toujours suivie du subjonctif puisqu'elle introduit une opposition portant sur un fait non réalisé, une supposition. Elle équivaut à *aunque* **+ subjonctif** avec le sens de « même si ».
No le digas nada **así** *(aunque) te lo pida.*
Ne lui dis rien même s'il te le demande.

• Infinitif après *a pesar de*, *pese a*, *con* et *no obstante*.
L'emploi de l'infinitif n'est possible que lorsque la concession porte sur des faits réels.

Con saber *tu papel de memoria, no se te puede creer.* Bien que tu saches ton rôle par cœur, tu n'es pas crédible.
A pesar de ser *rico, es muy generoso.* Quoiqu'il soit riche, il est très généreux.

• Gérondif après *aun*.

Aun suplicándolo, *no renunciará.* Même si on le supplie, il ne renoncera pas.
Aun suplicándolo, *no quiso.* Bien qu'on l'ait supplié, il n'a pas voulu.

LES SUBORDONNÉES DE CONDITION

Les propositions subordonnées introduites par des conjonctions de condition expriment les conditions nécessaires à la réalisation de l'action principale.

PRINCIPALES CONJONCTIONS DE SUBORDINATION
si : si
como : si par hasard
por si, caso (de) que, en (el) caso de que : au cas où
suponiendo que, a suponer que : en supposant que, à supposer que
a poco que, por poco que : pour peu que
con que, con tal (de) que, siempre que, siempre y cuando : pourvu que
a no ser que, a menos que, como no sea que : à moins que
salvo que, a condición de que, sólo con que : sauf que, si ce n'est que, à moins que

A Avec la conjonction *si*, le verbe de la subordonnée peut s'employer à l'indicatif ou au subjonctif.

• Il est à l'indicatif pour signifier que la condition est réalisée ou réalisable. La condition est au présent de l'indicatif. La conclusion est au présent de l'indicatif, au futur ou à l'impératif.

Si es *así, tienes razón al actuar de tal manera.* Si c'est le cas, tu as raison d'agir de la sorte.
Si vienes *mañana, bajaremos el mueble al sótano.* Si tu viens demain, nous descendrons le meuble à la cave.

• Il est au subjonctif imparfait ou plus-que-parfait pour exprimer une condition irréalisée ou irréalisable.

– Dans le cas où la condition est irréalisable, c'est-à-dire qu'elle se rapporte au présent ou au futur, l'espagnol exprime la condition à l'**imparfait du subjonctif** et la conclusion au conditionnel présent.

Si yo tuviera/tuviese dinero, compraría una casa de campo. Si j'avais de l'argent, j'achèterais une maison de campagne.

 En français, la condition est généralement à l'imparfait de l'indicatif et la conclusion au conditionnel présent.

– Dans le cas où la condition est irréalisée, c'est-à-dire qu'elle se rapporte au passé, l'espagnol exprime la condition au **plus-que-parfait du subjonctif** et la conclusion au conditionnel passé.

Si hubieras estado más tiempo aquí, hubieras (habrías) visitado las afueras. Si tu étais resté(e) plus longtemps ici, tu aurais visité les environs.

 Très souvent, *habría* est remplacé par *hubiera.* La conclusion est alors au plus-que-parfait du subjonctif.

 En français, la condition est généralement au plus-que-parfait de l'indicatif et la conclusion au conditionnel passé.

• Dans le cas d'une subordonnée de condition introduite par *si,* la concordance des temps est la suivante :

– *Si* + **présent de l'indicatif,** présent, futur, impératif dans la principale.

Si haces esto, nadie te lo perdonará. Si tu fais cela, personne ne te le pardonnera.
Si haces esto, no lo digas a nadie. Si tu fais cela, ne le dis à personne.

– *Si* + **imparfait du subjonctif,** conditionnel présent dans la principale.

Si tuviera dinero, viajaría mucho. Si j'avais de l'argent, je voyagerais beaucoup.

– *Si* + **plus-que-parfait du subjonctif,** conditionnel passé ou plus-que-parfait du subjonctif dans la principale.

Si te lo hubiera dicho, nunca me habrías/hubieras creído. Si je te l'avais dit, jamais tu ne m'aurais cru(e).

B La locution *por si* (au cas où) peut être suivie du mode **indicatif** (présent, imparfait ou passé composé) ou subjonctif.

Dejo estas plantas por si (por si acaso) alguien las quiere. Je laisse ces plantes au cas où quelqu'un les voudrait.
Te lo dije por si vinieras. Je te l'ai dit au cas où tu viendrais.

 En français, avec « au cas où » on emploie toujours le conditionnel.

C Les autres conjonctions de condition introduisent toujours des subordonnées au mode **subjonctif.** Le temps du verbe est toujours l'imparfait ou le plus-que-parfait, la principale étant au mode conditionnel.

*En el caso de que **vinieras** con nosotros, te enseñaríamos a navegar.* Dans le cas où tu viendrais avec nous, nous t'apprendrions à naviguer.

D **Les substituts des subordonnées de condition.**

• **Infinitif** après la préposition *de* ou les locutions *caso de*, *con tal de*, *a condición de*.

*Te lo garantizan **a condición de instalarlo** ellos.* Ils te le garantissent à condition de l'installer eux-mêmes.

> La construction *a* + infinitif, fréquente en espagnol ancien, ne subsiste aujourd'hui que dans certaines expressions comme :
>
> – *a juzgar por* : à en juger par ;
> *A juzgar por lo que me cuentas, lo pasaste bien.* A en juger par ce que tu me racontes, tu t'es bien amusé(e).
> – *a decir verdad* : pour dire la vérité, à vrai dire.
> *A decir verdad, no te creo.* A vrai dire, je ne te crois pas.
> Si la condition est négative, on emploie aujourd'hui *de no* + **infinitif** au lieu *a no* + **infinitif** moins courant.
> *De no nevar, cerrarán las pistas.* S'il ne neige pas, ils fermeront les pistes.

• **Gérondif.**
L'emploi du gérondif permet d'apporter une valeur temporelle à la condition.
Saliendo temprano, llegaremos sobre las doce. Si nous partons tôt, nous arriverons vers midi.

LES SUBORDONNÉES DE COMPARAISON

Les conjonctions de comparaison permettent d'établir une relation d'égalité ou d'inégalité (supériorité ou infériorité). La comparaison se fait à l'aide de deux éléments dont l'un se trouve dans la principale et l'autre dans la subordonnée. Le mot qui introduit la subordonnée dépend de celui qui se trouve dans la principale.
La comparaison porte sur la qualité, sur la quantité ou sur l'action. Les conjonctions de comparaison accompagnent un adjectif, un nom, un verbe, un adverbe, un pronom, voire une proposition.

A **La relation d'égalité.**

La relation d'égalité est exprimée à l'aide de tournures (voit p. 94) :

> *tal cual, tal... tal, tal... como* : aussi... que
> *tan(to)... como, tanto... cuanto* : autant... que
> *igual que* : semblable à, pareil à
> *como si* : comme si

José es inteligente tal como lo suponíamos.
Joseph est aussi intelligent qu'on le supposait.

> **Tanto** et **cuanto** sont adjectifs devant des noms. **Como**, lui, est invariable.
>
> *Hace **tantas** tonterías **como** (hace) Pablo.* Il fait autant de bêtises que Paul.

• *Tanto... como...*

– **Tanto** s'apocope en **tan** devant un participe passé, un adjectif ou un adverbe.

*No pienso que esté **tan** alegre **como** (lo) dice.* Je ne crois pas qu'il soit aussi joyeux qu'il le dit.

– **Tanto** s'accorde en genre et en nombre avec le nom s'il est placé devant et prend les formes **tanto /-a /-os /-as**.

*Había **tantas** maravillas **como** (lo) deseábamos.* Il y avait autant de merveilles que nous le désirions.

• **Tanto** est un adverbe, donc invariable, quand le premier élément de la comparaison est un verbe. Dans ce cas, il n'est pas séparé de **como**.

*Comieron **tanto como** pudieron.* Ils ont mangé autant qu'ils ont pu.

> **Cuantos/-as** peut remplacer **tantos/-as... como** ou **tantos/-as ... cuantos/-as** (adjectifs) ; **cuanto** peut remplacer **tanto como** ou **tanto cuanto** (adverbes).
>
> *Dame **cuantas** revistas puedas.* Donne-moi autant de revues que tu pourras.
> *Sueño **cuanto** puedo.* Je rêve autant que je peux.

B La relation d'inégalité.

La relation d'inégalité permet d'attribuer une valeur de supériorité ou d'infériorité à l'un des éléments de la comparaison. Elle peut s'appliquer à plusieurs catégories grammaticales : adjectifs, noms, propositions. Tant pour l'expression de la supériorité que pour celle de l'infériorité, la catégorie grammaticale du premier élément de comparaison peut modifier la traduction du « que » français (voir p. 93-94).

• **L'expression de la supériorité :** *más... que*, *más... de lo que* (plus... que)

– Quand le premier élément de la comparaison est **un adjectif ou un participe passé**, on emploie la tournure *más... de lo* et **devant une proposition** *más de lo que*.

*Es **más** rico **de lo** sabido*. Il est plus riche que l'on ne sait.

*Es **más** largo **de lo que** conviene*. C'est plus long qu'il ne convient.

La construction *más de lo que* + verbe conjugué est donc simplifiée en *de lo* + adjectif ou participe passé correspondant au verbe.

*Habla **más de lo** debido. / Habla **más de lo que** debe.*

On peut également employer les comparatifs de supériorité ***mayor*** et ***mejor*** suivis de la préposition ***de***.

*Es **mayor** problema **de lo que** parece*. C'est un problème plus important qu'il n'y paraît.

*Es **mayor / mejor de lo que** parece*. Il est plus âgé / meilleur qu'il ne le semble.

– Quand le premier élément de la comparaison est **un nom**, on emploie la tournure *más... **del que** / **de la que** / **de los que** / **de las que***.

*Hay **más** candidatos **de los que** habíamos convocado*. Il y a plus de candidats que nous n'en avions convoqués.

L'article défini s'accorde avec le nom. La négation n'apparaît pas en espagnol. Le « ne » français ne se traduit pas en espagnol.

– Quand le **verbe de la subordonnée est identique à celui de la principale**, il n'est pas exprimé mais seulement sous-entendu pour éviter une répétition. On emploie, pour exprimer la supériorité, l'adverbe ***más*** dans la principale et la conjonction ***que*** dans la subordonnée.

*Tiene **más** hermanas **que** Pedro*. Il a plus de sœurs que Pierre. [*Tiene más hermanas de las que tiene Pedro.*]

*Es **más** alto **que** su padre*. Il est plus grand que son père.

• **L'expression de l'infériorité :** *menos... que, menos... de lo que* (moins... que)

– Quand le premier élément de la comparaison est **un adjectif ou un participe passé**, on emploie la tournure ***menos... de lo*** et **devant une proposition** la tournure ***menos... de lo que***.

*Es **menos** divertido **de lo** imaginado*. Il est moins amusant qu'on ne l'imaginait.

*Estos niños son **menos** distraídos **de lo que** yo pensaba*. Ces enfants sont moins distraits que je ne le pensais.

La construction *menos... de lo que* + verbe conjugué est donc simplifiée en *menos de lo* + adjectif ou participe passé correspondant au verbe.

Es menos difícil de lo que pensabas. / Es menos difícil de lo pensado. C'est moins difficile que tu ne le pensais.

On peut également employer les comparatifs d'infériorité **menor** et **peor** suivis de *de*.

*Es **menor** / **peor** la corrupción **de lo que** pensábamos.* La corruption est moindre / pire que nous ne le pensions.

– Quand le premier élément de la comparaison est **un nom**, on emploie la tournure **menos... del que** (**de la que**/ **de los que**/ **de las que**). Cette tournure permet de donner de l'emphase à l'opposition des deux éléments.

*Había **menos** errores **de los que** habíamos pensado.* Il y avait moins d'erreurs qu'on ne l'avait cru.

*Acepta **menos** cargos **de los que** puede soportar.* Il accepte moins de responsabilités qu'il ne peut en supporter.

– Quand **le verbe de la subordonnée est identique à celui de la principale**, il n'est pas exprimé mais seulement sous-entendu pour éviter une répétition. On emploie, pour exprimer l'infériorité, l'adverbe **menos** dans la principale et la conjonction **que** dans la subordonnée.

*En esta pastelería hay **menos** pasteles **que** en la de la esquina.* Dans cette pâtisserie, il y a moins de gâteaux que dans celle qui se trouve au coin de la rue.

*Habla **menos que** su amigo.* Il parle moins que son ami.

Quand le verbe de la subordonnée complète un superlatif relatif de l'adjectif ou de l'adverbe, le verbe de la subordonnée est à l'indicatif, contrairement au français, puisqu'il s'agit d'une réalité.

*Es la chica menos elegante que **conozco**.* C'est la fille la moins élégante que je connaisse.

Le verbe de la subordonnée peut s'employer au subjonctif quand il s'agit d'un fait futur.

Es lo peor que te pueda ocurrir. C'est le pire qui puisse t'arriver.

LES SUBORDONNÉES DE MANIÈRE

Les conjonctions de manière précisent de quelle façon se déroule l'action de la principale. Elles sont le plus souvent introduites par *como*, *tal y como*, *según* et *sin que*.

A Les conjonctions de manière sont suivies de **l'indicatif** quand le verbe de la principale est au présent ou au passé.

*Hago **según** me **has dicho**.* Je fais comme tu me l'as dit. *Hice **según** me **dijiste**.*

B Le verbe de la subordonnée est au **subjonctif** en espagnol :

• si le verbe de la principale est un verbe de volonté (en français il est au futur) ;

*Haré **según** me **digas**.* Je ferai comme tu me diras de faire.

• si le verbe de la principale exprime un futur ou un conditionnel ;

*Se lo diré **como pueda**.* Je le lui dirai comme je pourrai.

• après *sin que* puisque l'action qu'il introduit est toujours irréelle.

*Lo diré **sin que** nadie lo **sepa**.* Je le dirai sans que personne le sache.

C Après *como*, le verbe de la subordonnée est au conditionnel si l'action introduite n'est pas considérée comme réelle.

*No podremos felicitarla **como** nos **gustaría**.* Nous ne pourrons pas la féliciter comme nous aimerions.

D **Les équivalents de la subordonnée de manière.**

• **Infinitif après** les prépositions *con* et *sin*.

Con trabajar mucho, se llega a algo. C'est en travaillant beaucoup qu'on parvient à quelque chose.

*Hablé **sin mirar** a nadie.* J'ai parlé sans regarder personne.

> La préposition *con* peut être renforcée par la présence de l'adverbe *sólo* employé dans les expressions *con sólo* ou *sólo con*.
>
> *Sólo con pensar en él se puso alegre.* Rien qu'en pensant à lui, elle devint gaie.

• **Gérondif**.

Le gérondif sert également à exprimer la manière.

Trabajaba aprendiéndolo todo de memoria. Il travaillait en apprenant tout par cœur.

A L'expression du lieu.

Les conjonctions de lieu permettent d'indiquer le lieu où se déroule l'action exprimée dans la principale. La conjonction de subordination la plus employée est *donde* accompagnée ou non de prépositions (*de*, *por*, *en*, *a*) qui en précisent la valeur.

Quedamos en vernos en donde nos vimos por primera vez. On a décidé de se retrouver là où on s'est vus la première fois.

Fuimos adonde nos aconsejaste. Nous sommes allé(e)s où tu nous as conseillé d'aller.

La calle por donde caminaban era muy ruidosa.
La rue dans laquelle ils marchaient était très bruyante.

B L'expression de l'addition.

Certaines conjonctions et locutions permettent d'exprimer une addition.

• Avec les locutions *sin contar con que*, *aparte de que* (outre que, sans compter que, en plus du fait que, en dehors du fait que), la subordonnée est **à l'indicatif** puisqu'il s'agit d'actions considérées comme réelles.

Este restaurante no es bueno sin contar con que es caro. Ce restaurant n'est pas bon, outre qu'il est cher.

• Après les locutions *además de*, *tras*, *tras de*, *sobre*, *aparte de* (en plus de, non seulement) et avec des sujets identiques dans les deux propositions, la subordonnée est **à l'infinitif**.

Además de ser tacaño, es malévolo. En plus d'être radin, il est malveillant.

C L'expression de la restriction.

Certaines conjonctions et locutions expriment une restriction, une soustraction.

• Après les locutions *excepto que*, *salvo que*, *si no es que* (hormis que, excepté que, si ce n'est que), la subordonnée est à l'**indicatif**.

Estos coches se parecen mucho, excepto que el rojo es más rápido. Ces voitures se ressemblent beaucoup, excepté que la rouge est plus rapide.

• La subordonnée de restriction peut avoir une valeur de condition avec *a no ser que*, *a menos que* (à moins que), *como no sea (fuera) que*, *con tal (de) que*, *siempre que* (pourvu que), *salvo que* (sauf que) qui introduisent une hypothèse restrictive. Le mode employé est le **subjonctif**.

*No hay ninguna novedad **a no ser que cambie de opinión.*** Il n'y a rien de neuf à moins qu'il ne change d'avis.

• Après **salvo**, **excepto**, **fuera de**, **aparte de**, le mode est l'**infinitif**.

*Puedes decir lo que quieres **salvo insultarme**.* Tu peux dire ce que tu veux sauf m'insulter.

D L'expression de l'opposition.

• Certaines conjonctions ou locutions introduisent des subordonnées d'opposition, de contradiction. Ces subordonnées sont introduites par **sin que** (sans que) suivi du **subjonctif** ou **sin** (sans), **en vez de** (au lieu de) suivi de l'**infinitif**.

*Preparé la fiesta de Pablo **sin que** Pedro lo **supiera**.* J'ai préparé la fête de Paul sans que Pierre le sache.

• La proposition introduite par **sin** suivi de l'infinitif peut avoir son sujet propre, différent de celui de la principale mais de forme pronominale. Dans ce cas, l'expression de l'opposition est rendue en français par « sans que » + verbe conjugué.

*Preparó la fiesta de Pablo **sin saberlo** yo.* Il a préparé la fête de Paul sans que je le sache.

5 Les propositions relatives ou adjectivales

A D'un point de vue sémantique, on distingue deux sortes de relatives.

• **Les relatives déterminatives** sont solidaires de l'antécédent : donc elles en sont indissociables. Elles forment avec lui un seul groupe porteur de sens. La suppression de ce groupe modifierait le sens de la phrase et produirait un énoncé incomplet. A l'oral, ces relatives se construisent sans pause et à l'écrit sans signe de ponctuation.

Los alumnos que están en la parte alta del anfiteatro no oyen la conferencia. Les étudiants qui sont en haut dans l'amphithéâtre n'entendent pas la conférence.

Cette phrase signifie que seuls les étudiants placés en haut de l'amphithéâtre n'entendent pas la conférence. D'autres étudiants qui ne sont pas en haut de l'amphithéâtre entendent bien.

Ce type de proposition relative fonctionne réellement comme un adjectif spécificatif qui restreint ou précise le sens de l'antécédent.

• **Les relatives explicatives** modifient le contenu sémantique de l'an-técédent sans pour autant être indispensables. Elles peuvent être supprimées sans modifier le sens global de l'énoncé.

Elles sont séparées par une pause à l'oral. A l'écrit, elles sont entre deux virgules ou après une virgule en fin de phrase.

Los alumnos, que están en la parte alta en el anfiteatro, no oyen la conferencia.
Les étudiants, qui sont en haut dans l'amphithéâtre, n'entendent pas la conférence.

Cette phrase signifie que tous les étudiants sont en haut de l'amphithéâtre et n'entendent pas la conférence contrairement à un autre groupe non étudiant qui ne se trouve pas en haut de l'amphithéâtre.

B **D'un point de vue syntaxique**, les pronoms relatifs occupent les fonctions propres au nom : sujet, attribut, complément de nom, complément d'objet direct et indirect, complément circonstanciel (voir p. 144).

• Le verbe est à l'indicatif quand l'action de la subordonnée est réelle. C'est le cas le plus fréquent.

El tren que pasa es el AVE. Le train qui passe, c'est le TGV.

• Le verbe est au subjonctif quand l'action de la subordonnée est irréelle.

Quiere una casa que sea inmensa. Il veut une maison qui soit très grande.

Le futur de la subordonnée relative en français équivaut en espagnol au présent du subjonctif.

Dame lo que quieras. Donne-moi ce que tu voudras.

Le conditionnel de la subordonnée relative en français équivaut en espagnol à l'imparfait du subjonctif.

Dijo que los que quisiesen volver a casa lo hiciesen.
Il dit que ceux qui voudraient retourner à la maison le fassent.

Comme en français, on peut employer l'infinitif pour envisager un fait réalisable.

No sé a quién pedir ayuda. Je ne sais à qui demander de l'aide.

La notion de grandeur appliquée à un nom peut être exprimée par des adjectifs mais aussi par des suffixes, éléments qui s'ajoutent au radical du nom.

*Vivo en una casa **pequeña**.* = *Vivo en una cas**ita**.*
J'habite une petite maison. = J'habite une maisonnette.
*Juan heredó la casa **grande** de sus abuelos.*
Jean a hérité de la grande maison de ses grands-parents.
*Juan heredó el cas**ón**, mejor dicho el cas**erón** de sus abuelos.*
Jean a hérité de la grande maison, ou plutôt de la maison seigneuriale et délabrée de ses grands-parents.

• Avec un adjectif, ces suffixes ont une valeur intensive.

*Verás, es un señor alt**ito** y simpatic**ón**.*
Tu verras, c'est un monsieur plutôt grand et bien sympathique.

• On emploie les suffixes diminutifs avec tous les noms et des adjectifs dont le sens le permet (voir p. 45). Pour les augmentatifs, l'emploi relève davantage de l'usage. Ils se doublent souvent d'une valeur péjorative. Les suffixes collectifs relèvent eux aussi du lexique.

LES SUFFIXES AUGMENTATIFS

A Le suffixe *-ón / -ona* et ses variantes

• Valeur d'augmentatif (nom), d'intensité (adjectif).

un lugar (un bourg) ► *un lugar**ón*** (un gros bourg)
una merienda (un goûter) ► *una merend**ona*** (un goûter de fête)
simple (simple, naïf/ve) ► *simpl**ón** / **-ona*** (simplet/te)
borracho / a (saoul/e) ► *borrach**ón** / **-ona*** (poivrot/e)
juguetear (folâtrer) ► *juguet**ón** / **-ona*** (joueur/euse)

-arrón : *una nube* (un nuage) ► *un nub**arrón*** (un gros nuage)

-erón : *una gota* (une goutte) ► *un got**erón*** (une grosse goutte)

-etón : *un mozo* (un jeune homme) ► *un moc**etón*** (un grand gaillard)
guapo / a (beau) ► *guap**etón** / -etona* (bien fait / e, joli cœur)

• Valeur péjorative.

– Le suffixe *-ón / -ona* ou ses variantes donne souvent une valeur **péjorative** au nom et à l'adjectif, ou la renforce le cas échéant.

una mujer (une femme) ► *una mujerona* (une matrone)
grande (grand) ► *grandullón/-ona* (trop grand / e, échalas)
gordo / a (gros / se) ► *gordinflón/-ona* (rondouillard / e, patapouf)

– Il sert à former des adjectifs péjoratifs **à partir de verbes**.
responder (répondre) ► *respondón / -ona* (discutailleur / euse, insolent)
chillar (pousser des cris) ► *chillón / -ona* (braillard/e, criard(e))
comer (manger) ► *comilón / -ona* (gros / se mangeur / euse)

– Il sert à former des adjectifs **à partir de noms**...
... avec le sens de « qui a un grand... » comme le suffixe *-udo / -uda* ;
la barriga (le ventre) ► *barrigón / -ona* = *barrigudo / -a* (qui a un gros ventre)

... avec un sens privatif.
el rabo (la queue) ► *rabón / -ona* (sans queue ou à queue très courte)
el pelo (les cheveux) ► *pelón / -ona* (tondu / e, chauve) ► *la Pelona* = la Camarde (la Mort)

• **Formation de nouveaux mots.**

– **Le suffixe *-ón*** (comme le suffixe *-illo*) sert à former de **nouveaux mots**.
una silla (une chaise) ► *un sillón* (un fauteuil)
una tabla (une planche) ► *un tablón* (un panneau d'affichage)
una caja (une boîte) ► *un cajón* (un tiroir)

– Le suffixe *-ón* sert à former des noms dérivés de verbes en *-ar*.
resbalar (glisser) ► *resbalón* (glissade, dérapage, faux-pas)
apagar (éteindre) ► *apagón de luz* (coupure de courant)
apretar (serrer) ► *apretón de mano* (poignée de main)
madrugar (se lever tôt) ► *darse un madrugón* (se lever à l'aube, tomber du lit)

B Le suffixe *-azo / -aza*

Cet augmentatif qui s'emploie essentiellement avec des noms a le plus souvent, mais pas toujours, une **valeur péjorative**.
el calor (la chaleur) ► *un calorazo* (une forte chaleur)
el gusto (le goût, le plaisir) ► *un gustazo* (un immense plaisir)
una mano (une main) ► *una manaza* (une grosse main, un battoir)
una boca (une bouche) ► *una bocaza* (une grande bouche, un four) ► *un/a bocazas* (une grande gueule)
pícaro / -a (coquin/e, voyou) ► *picarón / -ona* (grand / e coquin / e) ► *picaronazo / -a* (fieffé / e coquin / e)

C Le suffixe *-ote / -ota*

Ce suffixe augmentatif qui s'emploie avec noms et adjectifs a souvent une **valeur de dérision,** affectueuse ou non.
una cabeza (une tête) ► *una cabezota* (une grosse tête, une citrouille)
una palabra (un mot) ► *una palabrota* (un gros mot)
alegre (joyeux / se) ► *alegrote / -a* (hilare, réjoui(e))
franco (franc / che) ► *francote / -a* (qui va droit au but, sans façons)

LES SUFFIXES PÉJORATIFS

A **Le suffixe** *-ucho / -ucha* très vivant s'emploie avec des noms et des adjectifs. Sa valeur péjorative liée à la petitesse peut se doubler de commisération.

una casa (une maison) ► *una casucha* (une chaumière)
pálido / -a (pâle) ► *paliducho / -a* (palichon / ne)

B **Les suffixes** *-acho/-acha, -achón/-achona.*

el pueblo (le peuple) ► *el populacho* (le bas peuple, la populace)
un pueblo (un village) ► *un poblacho / poblachón* (un trou, un bled)
rico / -a (riche) ► *ricacho / -a, ricachón / -ona* (richard / e)

C **Les** *suffixes -astro (-astre), -aco, -ajo, -uza, -orrio...* sont spécifiques à certains noms.

un poeta (un poète) ► *un poetastro* (un rimailleur)
un pollo (un poulet) ► *un pollastre* (un jouvenceau) ► *un / -a pollastro / -a* (un jeune coq / une jouvencelle)
un libro (un livre) ► *un libraco* (un bouquin)
bello / -a (beau/belle) ► *bellaco / -a* (scélérat/e)
una hierba (une herbe) ► *un hierbajo* (une mauvaise herbe)
la gente (les gens) ► *la gentuza* (la racaille)
una villa (une ville) ► *un villorrio* (un bled)

LES COLLECTIFS

Les collectifs désignent un ensemble d'éléments du même ordre.

A **Les suffixes** *-ar, -al, -edo, -eda* désignent souvent un lieu planté d'arbres, de céréales…

un pino (un pin) ► *un pinar* (une pinède)
un olivo (un olivier) ► *un olivar* (une oliveraie)
un haba (une fève) ► *un habar* (un champ de fèves)
una paloma (un pigeon) ► *un palomar* (un pigeonnier)
un naranjo (un oranger) ► *un naranjal* (une orangeraie)
el trigo (le blé) ► *un trigal* (un champ de blé)
el arroz (le riz) ► *un arrozal* (une rizière)
una piedra (une pierre) ► *un pedregal (*un terrain rocailleux)
el lodo (la boue) ► *un lodazal* (un bourbier)
la viña (la vigne) ► *el viñedo* (le vignoble)
un árbol (un arbre) ► *una arboleda* (un bosquet)

Mais : *un álamo* (un peuplier) ► *una alameda* (une allée d'arbres, une allée de peupliers, une peupleraie)
el polvo (la poussière) ► *una polvareda* (un nuage / tourbillon de poussière)

Les suffixes *-ado / -ada, -ío / -ía, -erío / -ería, -era, -aje, -amen /*
-ambre, -amento / -amenta.

una tecla (une touche) ► *un teclado* (un clavier)
un alambre (un fil de fer) ► *una alambrada* (un grillage de barbelés)
un árbol (un arbre) ► *un arbolado* (un bois)
la gente (les gens) ► *el gentío* (la foule)
un cofrade (un confrère) ► *una cofradía* (une confrérie)
un estante (une étagère) ► *una estantería* (un rayonnage)
un chiquillo (un gamin) ► *la chiquillería* (la marmaille)
un coche (une voiture) ► *una cochera* (un garage)
un perro (un chien) ► *una perrera* (un chenil, une fourrière)
una ola (une vague) ► *el oleaje* (la houle)
una cortina (un rideau) ► *el cortinaje* (le voilage)
una vela (une voile) ► *el velamen* (la voilure)
un pelo (un poil) ► *el pelamen / pelambre* (le pelage)
un / a arma (une arme) ► *el armamento* (l'armement)
un hueso (un os) ► *la osamenta* (l'ossature, les ossements)

UN COUP DE...

A **Le suffixe** *-ada* (qui peut aussi avoir un sens collectif) s'emploie surtout pour des coups donnés avec un objet pointu.

• Sens concret
cornada (coup de corne), *cuchillada* (coup de couteau), *puñalada* (coup de poignard), *estocada* (estocade), *dentellada* (coup de dents), *patada* (= *puntapié*, coup de pied), *cabezada* (coup de tête, coup reçu sur la tête, dodelinement)...

• Sens abstrait
mirada (regard), *ojeada* (coup d'œil), *corazonada* (pressentiment), *redada* (coup de filet où *-ada* = collectif)...

B **Le suffixe** *-azo* (qui est aussi un augmentatif) est le plus vivant des deux. Il suppose souvent un grand mouvement (de bras...).

hachazo (coup de hache), *machetazo* (coup de machette, de coutelas), *sablazo* (coup de sabre), *latigazo* (coup de fouet), *escobazo* (coup de balai), *botellazo* (coup de bouteille), *balazo* (= *tiro*, coup de feu)...

C Souvent les deux suffixes sont possibles.

• Sens concret
manotada / manotazo (tape), *porrada / porrazo* (coup de massue), *tijeretada / tijeretazo* (coup de ciseaux), *navajada / navajazo* (coup de couteau)...

• Sens figuré
flechazo (coup de foudre*), *echar un vistazo* (= *ojeada*, jeter un coup d'œil)...

La dérivation à l'aide d'un suffixe est un processus très vivant en espagnol qui permet de créer de nouveaux mots qui relèvent du lexique plus que de la grammaire.